KB144810

비주얼
영문법
그래머콘

한눈에 그림으로 쏙쏙 이해되는

비주얼 영문법 그래머콘

글·그림 한송이

BM (주)도서출판 성안당

추 천 사

김성효 전북교육청소속 초등학교 교감, 『교사의 말 연습』 외 25권

영어 문법을 재미있게 배울 수 있는 책입니다. 친절한 선생님이 옆에 딱 붙어 앉아서 차근차근 설명해 주는 참으로 실용적이고 따뜻한 책이에요. 이렇게 친절하고 재미있는 영어 문법이라면 당장 영어 공부를 시작하고 싶어질 겁니다. 영어 때문에 고민 많은 직장인, 영어 공부를 시작하는 성인, 기초부터 탄탄하게 쌓고 싶은 학생들 모두에게 추천합니다.

배혜림 경남교육청 고등학교 교사, 『교과서는 사교육보다 강하다』 저자

『비주얼 영문법 그래머콘』은 그림 반, 글 반으로 문법이 정리되어 있어서 이해가 잘 됩니다. 중학교 영어 시험 중 학생들이 제일 어려워하는 영어 문법 부분을 수월하게 접하도록 돕는 교재가 있었으면 좋겠다고 늘 생각했습니다. 그림이 많아 영어 문법을 처음 공부하는 초등학교 저학년, 고학년뿐 아니라 중학생들에게도 좋을 것 같습니다. 학생들이 영어에 한 발 더 수월하게 다가갈 수 있는 책이 되길 바랍니다.

김태훈 강원교육청 고등학교 교사, 『학생생활지도와 학부모 상담』 저자

딱 보자마자 '내가 어렸을 때 이 책으로 영어 공부했으면 정말 쉽게 배웠겠구나!' 했어요. 초등 고학년 아이가 둘 있는데 보고 나서 정말 쉽게 정리되었다고 칭찬하던걸요. 아이들 눈에도 쉽게 느껴지나 봐요. 출간되면 바로 사서 아이들에게 주려고 해요. 보자마자 "와!" 했다니까요. 자세한 설명에 예쁜 글씨체로 필기까지 해 주셨어요. 공책에 따라 쓰기만 해도 저절로 영어 공부가 되겠더라고요. 영어에 관심이 생기고 공부하고 싶어지는 책입니다.

박은선 경기교육청 고등학교 교사, 『초등 공부의 정석』 저자

친근한 문체와 간결한 그림으로 구성되어 딱딱한 영문법 공부도 만만하게 만듭니다. 우등생의 노트 필기를 보듯 탄탄한 핵심 내용이 손글씨체로 요약되어 있어 머릿속에 쏙쏙 들어옵니다. 문법 공부를 처음 시작하는 초등 고학년 학생 및 예비 중학생, 엄마표 영어로 원서는 익숙한데 문법 정리가 안 된 초등학생, 빠른 시간에 문법 개념을 이해하고 싶은 중학생들에게 추천합니다. 영문법에 자신감을 심어 주고 내신 성적에도 도움이 되리라 확신합니다.

박현수, (현)더배움교육연구소 대표, 『야무지게 읽고 쓰는 문해력 수업』 저자

제가 영문법을 공부할 때 『비주얼 영문법 그래머콘』 책이 있었으면 어땠을까? 즐거운 상상을 하며 읽은 책입니다. 어렵고 따분하게 느끼기 쉬운 영문법을 재미있게 배울 수 있는 책이거든요. 자녀와 함께 읽고 싶다는 생각이 절로 듭니다. 영문법 기초를 탄탄하게 잘 쌓아가고 싶은 학생과 성인이 꼭 읽어 보기를 추천합니다. 영어를 친숙하게 느끼게 해 주는 설명과 눈에 쏙쏙 들어오는 그림이 함께 하는 『비주얼 영문법 그래머콘』은 독자가 영문법을 이해하는 데 도움을 줄 것입니다.

정다해 서울교육청 중학교 교사, 『평생 써먹는 놀이수업 280』 저자

어려운 영문법을 놀이처럼 쉽게 익힐 수 있는 책입니다. 귀여운 그림과 도식화된 구조를 통해 읽기만 해도 이해가 쏙쏙 됩니다. 문법이 어려운 왕초보 아이들부터 영문법에 싫증난 성인까지 두루두루 볼 수 있는 유용한 책이에요. 우리집 초등 아들과 중등 딸도 강력 추천!

김설훈 경기도교육청 초등교사, 구글공인트레이너, 『초중등 공부 능력 키우는 교과서 공부 혁명』 저자
기억하나요? 우리가 어릴 때 딱딱한 영문법 책을 들여다보며 느꼈던 숨 막히던 그 느낌을. 우리가 그랬다고 지금 학생들도 그 감정을 느껴야 할까요? 아닙니다. 그러지 않아도 됩니다. 그러지 않아야 합니다. 『비주얼 영문법 그래머콘』이라는 제목에 나와 있듯이 시각적인 요소로 학생들의 흥미를 불러일으킵니다. 이 책은 '영문법을 배우는 것이 지루하고 어렵다'라는 학생들의 편견을 없애 줄 거라고 자신합니다. 요즘 학생들의 마음을 움직이려면 시각적인 요소가 필수입니다. 그런 점에서 '요즘 학생'의 흥미를 제대로 자극하지 않을까 생각합니다.

윤지선 전국작가교사협회 책쓰샘 대표, (사)교사크리에이터협회 집필팀장, 『초등교사 영업기밀』 저자
슬기로운 영어 생활을 위한 쉽고 재밌는 책의 탄생! 영어 능력자가 되기 위한 첫걸음. 그 설레는 처음을 빛내줄 재밌고 친절한 『비주얼 영문법 그래머콘』의 탄생을 축하합니다.

김성화 경기도교육청 초등교사, 『부의 미래를 여는 11살 돈공부』 저자
영문법을 시각적으로 소개하는 신박한 책입니다. 실제로 사용할 수 있는 예시를 통해 쉽고 유용하게 영문법을 익힐 수 있습니다. 아무리 해도 늘지 않는 영어 실력 때문에 골치 아픈 누군가에게 초보의 문턱을 사뿐히 넘게 해 주는 유용한 책입니다.

정예슬 함께성장책연구소 대표, 책사언니 유튜버, 『슬기로운 독서생활』 저자
『비주얼 영문법 그래머콘』은 영문법에 대한 편견을 깰 수 있게 도와주는 책입니다. 설명하고 암기하는 어려운 영문법이 아닙니다. 영문 구조의 틀과 원어민의 사고방식이 한눈에 보이는 시각 자료를 활용하여 학습의 효과를 극대화합니다. 영어 초보자들에게 길라잡이가 되어줄 필수 영문 학습서로 강력 추천합니다.

김선 경기도교육청 초등교사, TESOL 자격증 보유, 『공부자존감은 초3에 완성된다』 저자
영어교육격차 해소 지원단으로 교과부진 아동을 가르치며 늘 조금만 더 친절한 설명의 영어 문법책이 있으면 좋겠다고 생각했습니다. 마치 일대일 과외 선생님이 가르쳐 주듯 친절한 말투와 귀여운 그림의 설명은 아이들로 하여금 공부해 보고 싶다는 의지를 북돋우리라 기대됩니다. 문법으로서의 영어가 아닌 문화로서의 영어를 배울 수 있는 『비주얼 영문법 그래머콘』을 강력히 추천합니다.

심훈철 EBS SW 강사, KAIST 영재키움 멘토, 『교과서 공부혁명』 저자
어려운 영문법 개념을 이미지로 배울 수 있는 좋은 책입니다. 기존의 활자로만 이루어진 평면적 책의 구성을 벗어나 이미지를 이용한 입체적 구성을 통해 처음 영문법을 접하는 아이들, 단순 암기만 했던 아이들에게 거부감 없이 직관적으로 영문법의 기초를 다질 수 있는 책입니다.

김문영 (현)달콤쌤인문학, 더배움교육연구소 대표, 『교과서가 쉬워지는 초등인문학(가제)』 예정
'비주얼'로 설명하니 문법에도 자신감이 생깁니다! 아이들이 지루해하는 한국식 문법을 그림과 그래픽으로 설명해 주셔서 직관적으로 이해하기 쉽고, 문법이 어렵지 않게 느껴지는 책이에요. 중학생인 저희 딸도 너무 쉽게 이해된다고 친구들에게도 추천하고 싶다고 하네요.

프롤로그

저는 제가 영어책을 쓰고 싶어할 거라고 상상해 본 적이 없습니다. 영어교육과를 졸업했으나 원래 수학과 한자를 무척 좋아했고, 영어에는 관심이 없던 사람이었기 때문입니다. 그런데 여러 나라에서 살다 보니, 영어가 얼마나 중요한지 절절히 느끼게 되었습니다. 그러다 제가 영문법에 관심을 갖게 된 순간이 왔습니다. 저의 세 아이 중 둘째가 영어 공부를 시작했는데, 말하거나 작문을 할 때 영어 문법을 너무나 어려워하는 것을 보게 된 것입니다.

"She is play soccer."

7~8살인 아들에게 제가 배워 왔던 영어 방식으로 위 문장처럼 쓰면 안 된다고 설명하려니 힘들어하더군요. 이를 보면서 가장 쉬운 영어 공부 방법을 찾아보기로 결심했습니다. '누구든 보면 "아하!" 할 수 있는 그림이나 만화로 영문법을 설명해 보자.' 그리고 그것이 제 아이들과 다른 어린이들, 나아가 중고등학생들이나 어른들에게도 도움이 될 것이라는 생각을 하게 되었습니다.

"이건 목적격이니까 이렇게 써야 해. to부정사에는 명사, 형용사, 부사적 용법이 있어."

이렇게 어려운 문법 설명을 대신할 방법을 찾고 싶었습니다. 요즘은 유치원 때부터 영어를 배우는데, 가르치는 방식은 일본식 한자어에서 비롯된 '분사', '3인칭 단수' 등의 용어를 사용하는 것에 머물러 있습니다. 그래서 저학년도, 영포자도, 할아버지도 이해할 수 있는 다른 방법을 고민했습니다.

오랜 시간 고민하면서 언어 논리를 말로 설명하는 것이 아니라, 언어의 규칙을 그림으로 이해할 수 있도록 만들고 싶었습니다. 핵심 아이콘을 도형으로 그림화하는 과정에서 수많은 수정을 반복했습니다. 매일 잠자기 전 또는 아침에 깨어나자마자, 아이들에게 어떤 그림으로 설명을 하면 찰떡같이 알아들을 수 있을까 생각했습니다. 특히, 영문법을 단순화한 그림 모형들은 생각에 생각을 거듭해서 나온 결과물입니다. 비주얼 씽킹을 이용하여 이미지로 설명하는 것은 좌뇌와 우뇌를 동시에 활성화할 수 있게 해 주고, 장기 기억 및 실전에 곧바로 적용하기도 쉽습니다.

누가 봐도 쉽게 이해할 수 있게 만들어 보자는 목표로 그림을 그리고 글을 쓰다 보니, 영어권 사람들과 한국 사람들의 사고방식에 큰 차이가 있다는 점부터 설명을 시작해야겠다고 구성을 잡았습니다. 제 그림과 글이 영어의 느낌을 전달하고 영어에 대한 감(感)을 잡는 데 도움이 되기를 간절히 소망합니다.

독자 여러분을 제 아이들처럼 사랑하는 마음으로 그리고 썼습니다. 전공자가 아니다 보니 부족한 면도 있을 수 있겠지만 너그러이 받아 주시길 바랍니다. 이 책을 읽고 한 명이라도 영어 문법이 쉬워졌다는 이야기를 해 주신다면 마음 깊이 보람과 기쁨이 가득할 거 같습니다. 고맙습니다.

목 차

CHAPTER 3 동사는 모든 걸 결정하는 엔진

CHAPTER 4 멋진(ㄴ) 형용사

CHAPTER 5 액세서리 같은 부사

CHAPTER 6 전치사와 연결 다리 접속사

CHAPTER 7 동사의 변신 (1) 구름처럼 바뀌는 to부정사

CHAPTER 8 동사의 변신 (2) 동명사

CHAPTER 9 문장 기차와 문장의 종류

CHAPTER 10 조동사

CHAPTER 11 시제

CHAPTER 12 의문사(의문사는 품사가 아니다!)

CHAPTER 13 관계대명사와 관계부사

CHAPTER 14 분사

CHAPTER 15 가정법

아이콘으로 표현한 영문법 이미지, 그래머콘

영어의 품사는 8가지이다. 하지만 우리나라 사람들이 제일 헛갈리는 문법을 이해하기 위해서는 동사를 잘 알아야 한다. 따라서 동사를 자동사, 타동사, 조동사로 세분해서 10품사로 구분하여 모양을 만들었다. 그 외 문법에서 중요한 to부정사, 동명사, 분사 등도 문법 이해형 그림으로 제작하였다.

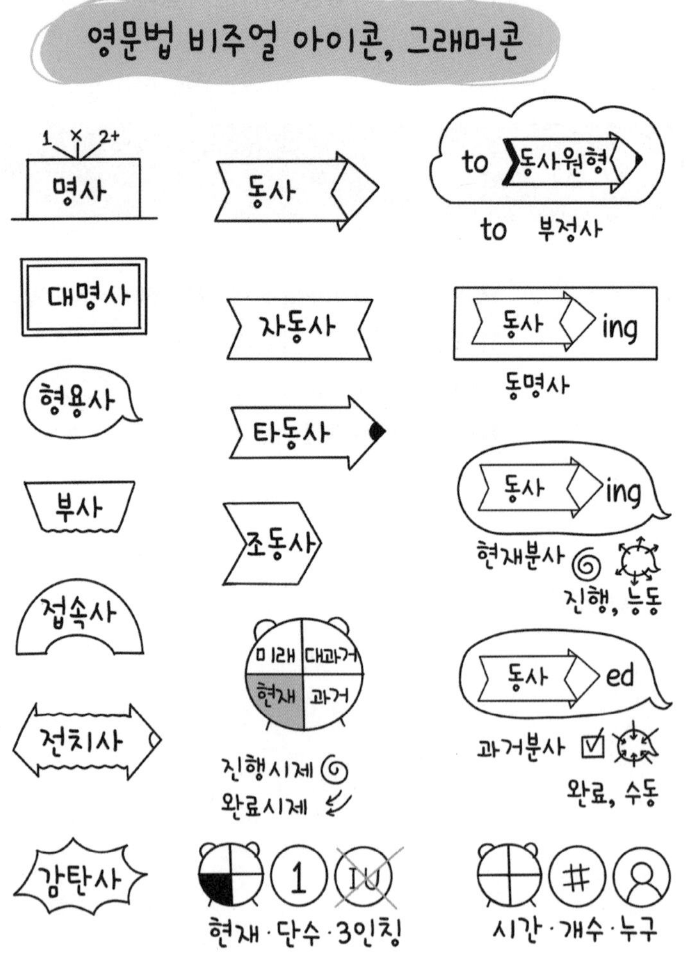

영문법 비주얼 아이콘, 그래머콘
1 × 2+
명사
동사
to 동사원형
to 부정사
대명사
자동사
동사 ing
동명사
형용사
타동사
부사
조동사
동사 ing
현재분사
진행, 능동
접속사
미래
대과거
현재
과거
동사 ed
전치사
진행시제
완료시제
과거분사
완료, 수동
감탄사
1
IU
현재·단수·3인칭
#
시간·개수·누구

8품사

품사(8품사 및 조동사, to부정사, 동명사, 분사, 시제의 이미지)

품사별 이미지	도형 설명
1 × 2+ 명사	**명사(noun)** 명사는 직사각형 모양이다. 또한 영어식 사고에서 명사는 셀 수 있는 명사와 셀 수 없는 명사를 구분하는 것이 가장 중요하다. 옆의 그림에서는 직사각형 위에 3개의 안테나가 작게 그려져 있다. 안테나 위에 '1, X, 2'의 뜻은 1개, x(셀 수 없다), 2(2개이상)이라는 뜻이다. 셀 수 있는데 1개일 경우 부정관사 a나 an을 꼭 써야 하고, 2개 이상이면 명사 뒤에 s 또는 es를 붙여서 복수를 표현해야 한다. 또한 x(셀 수 없는 수)인 경우는 부정관사나 s를 붙이지 않는다. 영문법을 많이 익힌 사람들도 가장 많이 실수하는 문법 오류가 a 관사를 빠뜨리는 것이기 때문에, 직사각형이되 앞뒤 선을 연장해서 관사나 복수 형태를 표현한다. 예 an airplane, flowers, water
감탄사	**감탄사(interjection)** 감탄사는 놀라움이나 감격 등을 표현하는 품사인데, 많이 쓰이는 편은 아니다. 감탄 자체를 이미지로 표현한다. 예 oh, oops
대명사	**대명사(pronoun)** 대명사도 명사와 같이 직사각형 모양이다. 선을 두 번 겹친 직사각형으로, 이미 나온 명사를 대신한다. 대명사는 명사처럼 개수에 따라 관사나 복수를 사용하지는 않는다. 지시대명사, 인칭대명사(역할에 따라 모양이 바뀐다), 관계대명사 등 다양하다. 예 this, those, him, they, who, myself
형용사	**형용사(adjective)** 명사를 꾸며 주는 역할을 하거나, 어떠하다고 서술해 주는 역할을 한다. 만약 뒤에서 꾸며 줄 경우에는 꼬리의 방향을 바꿀 수 있다. 주로 명사 앞에서 명사를 꾸미거나 주어나 목적어를 보충해 주는 보어의 역할로 쓰인다. 예 cute, lovely, bad, some

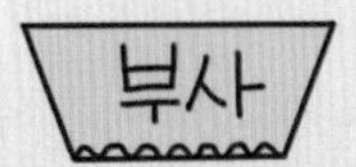
부사

부사(adverb)

부사는 동사, 형용사, 다른 부사, 문장 전체를 꾸며 주는데, 윗변이 더 긴 사다리꼴 모양으로 표현한다. 아랫변이 물결무늬인 이유는 부사가 전체적인 문장 구조를 파악할 때는 생략이 가능하다는 점을 표현한 것이다.

예 early, fast, always

접속사

접속사(conjunction)

접속사는 단어와 단어, 구와 구, 문장과 문장 사이를 연결해 주는 접착제 다리 역할을 하기 때문에 아치형 다리 모양이다.

예 and, because, or, though

전치사

전치사(preposition)

전치사는 명사 앞에 위치하여, 반드시 뒤에 명사를 목적어로 가지면서 특수한 관계를 표현한다. 전치사와 전치사의 목적어(명사)가 합쳐져서 형용사구 또는 부사구의 역할을 한다.

*오른쪽 끝에 진한 삼각형을 가진 이유는 목적어처럼 타깃(별 모양-명사류만 입장 가능)이 와야 하기 때문이다.

예 behind him, at school, by seeing him

자동사

자동사(intransitive verb)

동사는 문장을 이끄는 가장 핵심이며, 자동사와 타동사가 있다. 자동사는 [목적어가 필요 없는 동사]로서 스스로 온전한 완전자동사와 보충하는 말이 필요한 불완전자동사(꼬리가 달린 모양)로 나뉜다.

예 go, sleep, look, is

타동사

타동사(transitive verb)

타동사는 [타깃(목적어)이 바로 다음에 나와야만 하는 동사]이다. 쏘는 화살표(로켓)와 과녁(별)을 이미지로 표현한다. 목적어가 반드시 필요한 동사이며, 목적어에는 명사류가 들어갈 수 있다.

*오른쪽에 진한 삼각형을 가진 이유는 타깃(별모양-명사류만 입장 가능)이 꼭 와야 하기 때문이다. 마치 로켓을 쏘아올리는데 도착 목적지의 별까지 쏘아올리는 느낌으로 표현한다.

예 like, kick, marry

문법용 그래머콘

조동사

조동사(auxiliary verb, modal verb)

조동사는 동사 앞에서 동사를 도와주는 역할을 한다. 조동사가 나오면 동사원형이 나와야 한다. 동사(로켓)을 밀어주는 보라색 부스터로 이미지를 표현한다.

예 can, must, will, may

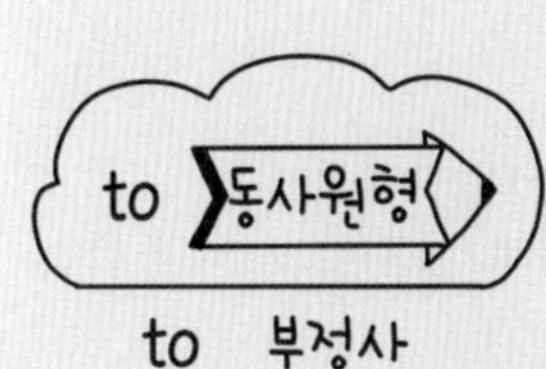
to
동사원형
to 부정사

부정사(infinitive)

부정사는 구름이 자유롭게 변형되듯이 정해져 있지 않다는 뜻이다. 부정사는 동사(자동사나 타동사)가 명사(직사각형), 형용사(a모양), 부사(사다리꼴)로 그 역할을 바꾸기 때문에 구름처럼 모양을 표현한다.

예 To see is to believe. I want to eat this pizza.

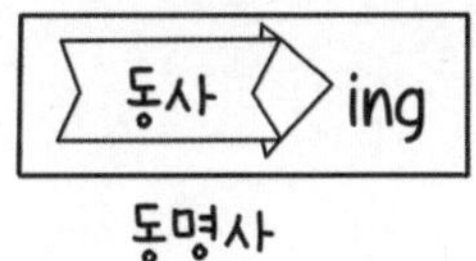
동사
ing
동명사

동명사(gerund)

동사에 ing를 붙여서 동사를 명사로 바꾸어서 사용한다. 동사와 명사의 기능을 다 가진다. 동사에 ing가 붙으면 명사(직사각형 모양)가 되어서 주어, 목적어, 보어, 전치사의 목적어 자리에 들어갈 수 있다. ing가 붙어서 분사(형용사)로 바뀌기도 하기에(겉모습이 똑같음) 동명사인지, 분사인지는 글의 문맥으로 판단해야 한다.

예 He went there by riding my bike.
I like watching TV.

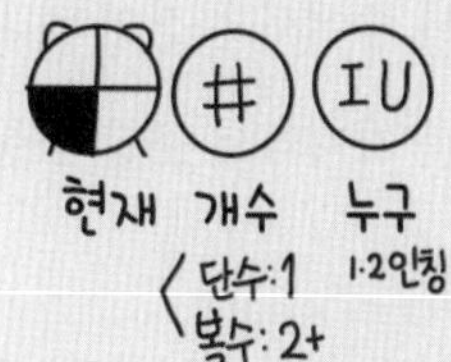
#
IU
현재
개수
누구
단수:1
복수:2+
1·2인칭

'3인칭 단수 현재'의 표현

동사를 쓸 때 시제가 현재, 과거, 과거완료, 미래인지 확인을 하고, 현재일 경우 3인칭 단수는 s를 붙여야 하는데, 첫 번째 원은 시계 모양으로 시제를 표현한다. 두 번째 원은 개수를 뜻해서 #은 1개 또는 2개 이상을 표현한다. 현재형에 개수가 1개라면 i, you인지 아닌지 파악해서 현재/1명/I, You가 아닐 때 동사 뒤에 s를 쓰도록 중요도 순서로 표현한다. 동사의 변화에서 매우 중요하다.

예 Thomas loves her.

미래
대과거
현재
과거
진행시제
완료시제

시제(tense)

시간을 동사에서 표현하는데 현재나 과거 기준을 한눈에 보이기 위해서 현재칸, 과거칸, 현재 이후, 과거 이전으로 나눈다. 만약 진행시제나 완료시제가 올 경우 해당 부분에 기호를 더 추가하여 그림만으로 시제 표현이 가능하여, 12가지 시제를 다 나타낼 수 있다.

예 She is playing the piano.
She had lived in Texas.

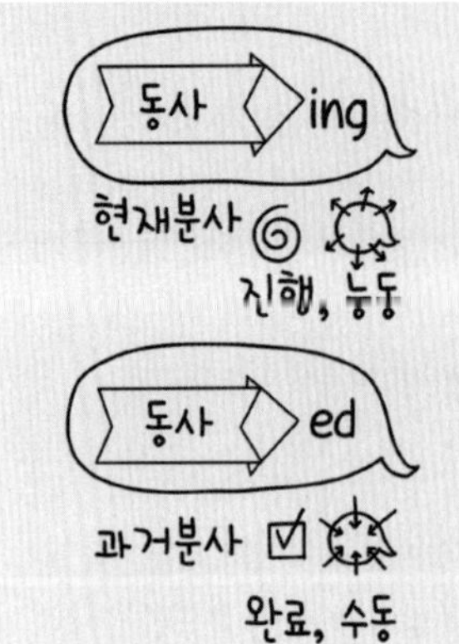
동사
ing
현재분사
진행, 능동
동사
ed
과거분사
완료, 수동

분사(participle)

분사는 동사이면서도 형용사가 되는 것을 말한다.
현재분사는 ing가 붙어서 진행이나 능동(동사 방향 이 바깥쪽으로 향함)의 의미를 나타낸다.
과거분사는 주로 ed가 붙지만, 동사마다 불규칙하게 변하므로 따로 외워야 한다. 과거분사는 완료나 수동(동사 방향이 안쪽으로 향함)의 의미를 나타낸다. 이것을 알면 완료시제나 수동태의 이해가 쉬워진다.

문장의 5형식(문장을 엑스레이로 찍으면 뼈대만 남게 된다)

영어를 이해하는 핵심인 문장의 5형식을 색과 이미지로 한눈에 보이도록 제작하였다. 5형식의 이미지는 색이 들어간 평면이며, 8품사 중에서 문장의 뼈대를 이루는 명사류(명사, 대명사)와 형용사, 자동사와 타동사를 가져와서 문장의 형식 그림 아래에 작게 표현하였다.

자동사와 타동사를 그대로 이용한 것은 문장의 형식에서 자동사와 타동사의 구별이 제일 중요하기 때문이다. 또한 뼈대가 되는 주어, 목적어에는 명사류가 들어간다는 점은 원(주어), 별(목적어) 아래에 직사각형(명사, 대명사)으로 작게 표현하였다. 보어에는 명사와 형용사가 들어갈 수 있다는 점을 육각형(보어) 아래에 작게 직사각형(명사, 대명사)과 a 모양 말풍선(형용사)으로 표현하였다.

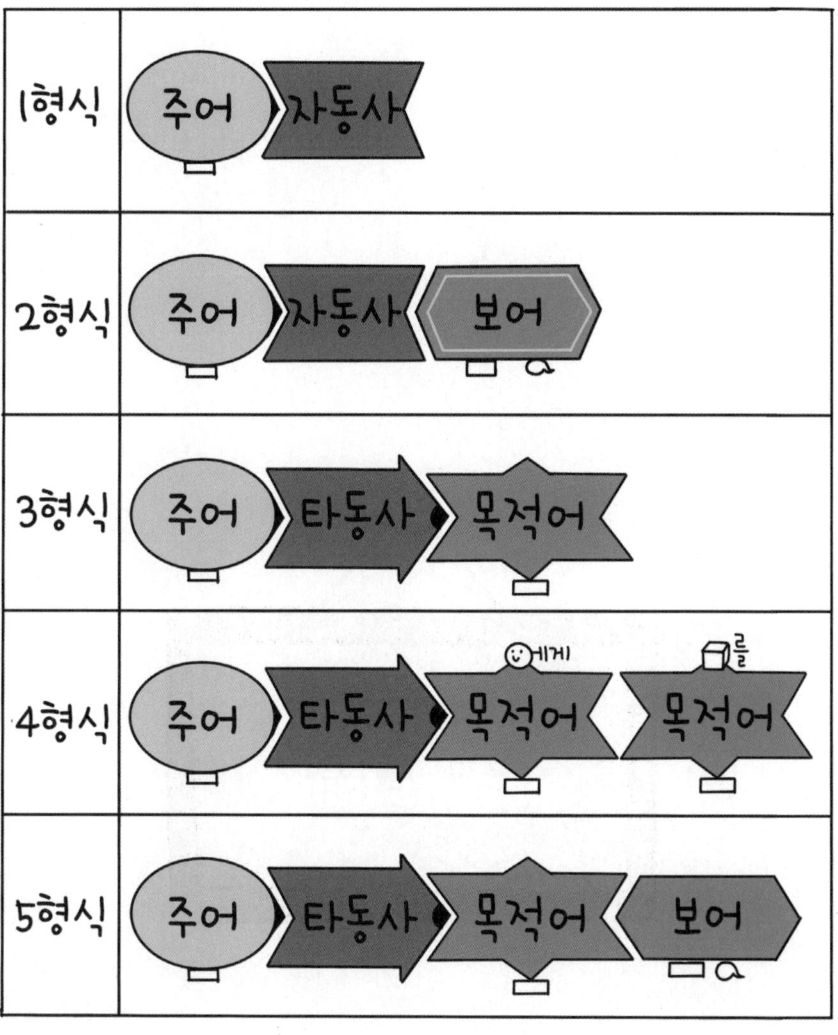
1형식
주어
자동사
2형식
주어
자동사
보어
3형식
주어
타동사
목적어
4형식
주어
타동사
에게
목적어
를
목적어
5형식
주어
타동사
목적어
보어

How do native speakers think?

CHAPTER 01

영어는 생각이 흐르는 길

수연이는 그냥 다짜고짜 영어 문법을 외웠지만, 사실 이걸 왜 배우는지도 모르겠다. 단어만 알면 엉터리 순서로 말해도 미국인들이 알아서 챙겨 듣던데 이걸 왜 배워야 하냐고 투덜거렸다. 어떻게 도와줄 수 있을까? 지금부터 송이샘과 같이, 영어의 생각과 한국어의 생각이 어떻게 다른지부터 차근차근 짚고 넘어가 보자. ●▲■

1-1 영어는 생각의 순서대로 말이 나온 거야

영어는 원어민의 생각의 순서대로
말이 되어 나온 거야.

그래서 영어권 사람(원어민)의 사고방식을
이해하는 것이 중요해. 게임을 이기려면
게임 규칙을 이해하고 시작해야 되겠지?

영어로 말을 하고 글을 쓰려면, 영어권 사람들의 생각의 순서와 구조에 익숙해져야 해. 왜냐하면 영어는 그들 마음에서 떠오르는 생각의 순서대로 말이 나온 것이기 때문이야. 우리도 생각의 순서를 바꾸어 말하고 쓰도록 세팅한다면 훨씬 도움이 되겠지? 영어권 사람들은 중요한 본론부터 생각하기 때문에 그 생각의 순서대로 말을 하고 자세한 설명은 뒤로 붙이는 방식이야.

한국인 나는 작년에 우리 옆집에 살던 은영이를 사랑…해
했었지.
하진 않았어.

영어인 I love Enyoung who lived in my neighborhood last year.
loved
don't love

주인공 이후에 가장 중요한 동사가 나오는 것이 영어로 생각할 때의 가장 큰 특징이야. 동사가 핵심이고, 이후에도 일단 중요한 것부터 등장해. 마치 드라마에서 주인공이 등장하고 나중에 조연들이 출연하듯이 말이야. 한국어는 최종 결론을 내리는 동사가 맨 나중에 등장하기 때문에 영어와는 정반대의 순서인 거야.

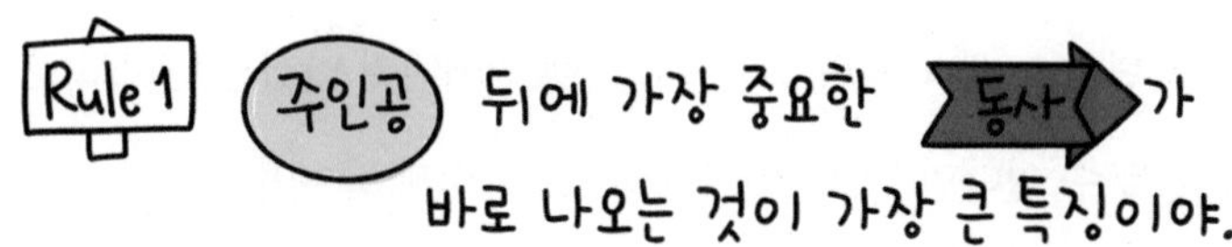
Rule 1
주인공 뒤에 가장 중요한 동사가
바로 나오는 것이 가장 큰 특징이야.

1-2 원어민의 사고방식은 개수에 매우 예민해

영어로 생각할 때 먼저 알아두어야 하는 것은, 우리가 생각하는 것보다 훨씬 더 개수에 예민하고 엄청 중요시한다는 거야.

한 대이든 여러 대이든 중요하지 않아.
꼭 강조해야 할 경우에만
'자동차들이 있네'라고 생각하고 말하지.

한국인 자동차가 있네.

영어인 셀 수 없나? 자동차는 셀 수 있는 명사니까 그 다음 단계로 진행해.
셀 수 있으면? 1개냐? a car (바로 관사 붙여야 해.)
2개 넘냐? cars (2개가 넘으면 뒤에 s가 붙어야 해.)

영어는 숫자에 매우 매우 민감해. 개수에 따라서 명사(Noun)도 달라지지만 그에 따른 동사까지 달라지기 때문에, 어떤 대상을 바라보는 시각 자체를 바꾸어야 영어로 생각하는 방식을 습득할 수 있는 거야. 쉽게 말해서 내 머리에 원어민의 안테나를 단다고 생각해 봐. 또는 내 눈에 원어민의 안경을 쓴다고 생각해 봐. 셀 수 없나? 셀 수 있다면 1개인가? 2개 넘나? 이렇게 말이야.

Rule 2 자동으로(무조건 반사처럼) 개수 # 를
따져서 생각해.
무의식적으로
자동으로
셀 수 없나?
셀 수 있으면 1개?
셀 수 있으면 2개 넘나?

이 사고방식이 받쳐 주어야 나머지 명사(이름표)의 변화나 동사(행동)의 변화가 자연스럽게 받아들여지는 거야. 영어 문법에서 singular(1개), plural(2개 이상)이란 단어가 있다는 것은 대상을 바라보는 사고방식 자체가 다르다는 거지.

개수에 따라서!!! 명사도 바뀌고, 그걸 가리키는 대명사도 바뀌고, 가장 중요한 동사도 바뀐다니! 자, 이제부터는 세상을 보는 내 머리에 3개의 안테나(또는 내 눈에 3가지 방식의 영어 안경을 쓴다고 생각해도 좋아)를 달고 생각하는 거야. 할 수 있지?

1-3 영어 문장의 핵심은 동사에 달려 있어

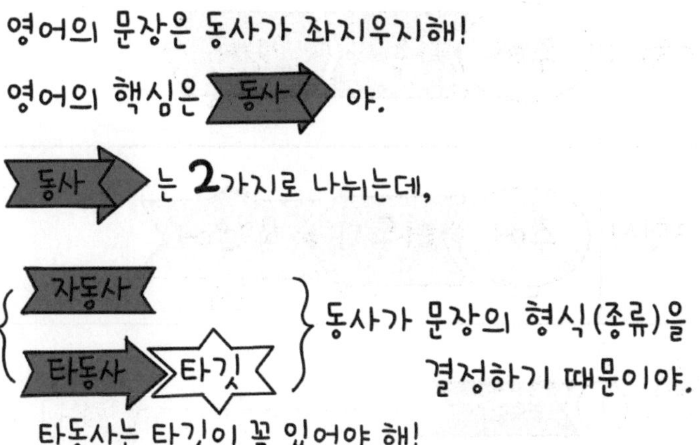
영어의 문장은 동사가 좌지우지해!
영어의 핵심은 동사 야.
동사 는 2가지로 나뉘는데,
자동사
타동사
타깃
동사가 문장의 형식(종류)을
결정하기 때문이야.
타동사는 타깃이 꼭 있어야 해!

동사가 문장 기차 전체를 움직이는 엔진이므로 제일 중요해. 특히 동사에 따라 문장의 종류(문장 기차의 모양)가 결정되기 때문에 영어의 핵심을 뚫으려면 동사에 대한 감각을 길러야 해.

동사는 자동사와 타동사로 나뉘는데, 자동사는 동사 스스로 충분하거나 살짝 보충이 필요한 정도라서 타깃이 없어도 되는 동사를 말해. 그래서 주어와 부드럽게 연결되는 느낌의 그래머콘을 완성했어. 그에 비해 타동사는 반드시 타깃(목적어)이 있어야 해. 총이나 화살로 맞추는 그림을 상상해 보면 반드시 목표물인 타깃이 있지? 타동사도 그런 거야. 타동사와 타깃! 이 둘은 세트 메뉴라고 보면 돼. 자, 타타 세트 메뉴라고 중얼거려 봐. 즉, 자동사는 타깃이 없어도 되고, 타동사는 날아가는 로켓이나 화살표가 꼭 타깃을 만나야 하는 것처럼 목적어가 있어야 해. 그래야 영어의 1, 2형식과 3, 4, 5형식을 이해할 수 있거든. 자동사도 타깃을 갖고 싶다면 전치사를 끌어와서 타동사처럼 변신을 해야 해.

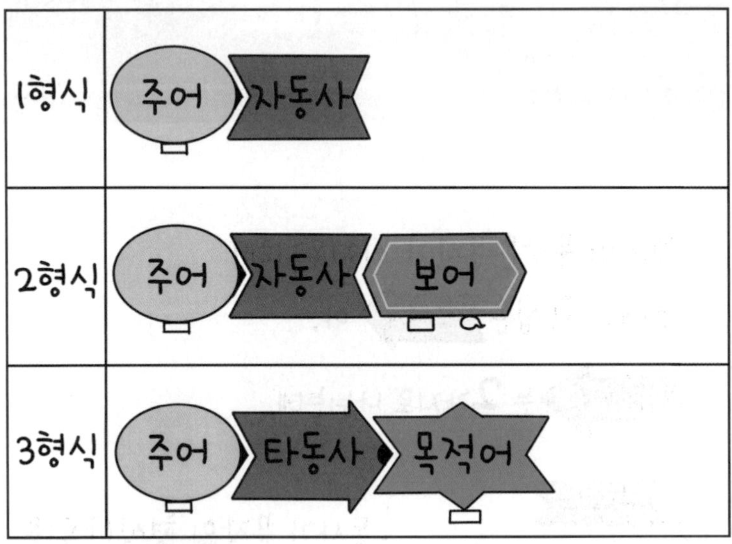
1형식
주어
자동사
2형식
주어
자동사
보어
3형식
주어
타동사
목적어

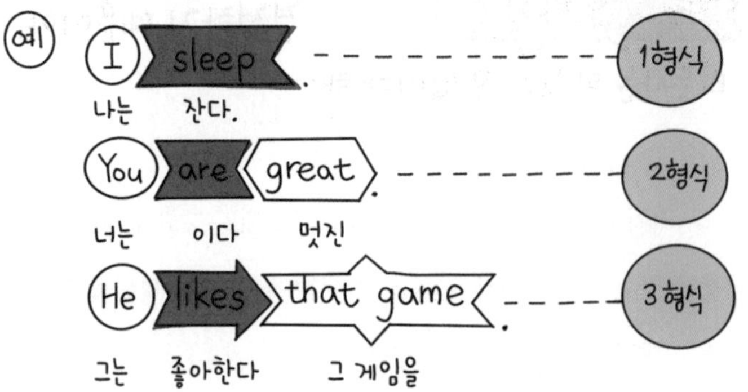
예
I sleep.
나는 잔다.
1형식
You are great.
너는 이다 멋진
2형식
He likes that game.
그는 좋아한다 그 게임을
3형식

1-4 영어는 위치와 순서가 매우 중요해

한국어는 뜻글자에 뜻이 없는 '은, 는, 이, 가, 을(를), 다' 등의 달라붙는 글자에 따라서 해석을 하지만, 영어는 달라붙는 글자(조사)가 전혀 없다는 게 큰 차이야.

영어는 **위치**가 중요해~**순서**가 엄청 중요해!

한국인의 사고방식을 관찰해 보면

나[는] 엄마[를] 사랑한[다]
엄마[를] 내[가] 사랑한[다]
사랑한[다] 나[는] 엄마[를]

순서가 바뀌어도 다 같은 의미야.

쉽게 말해서, 한국어는 뜻이 있는 글자에 딱풀로 붙인 글자(조사)에 따라서 역할이 정해지는 거야.

한국어는 '-은, -는, -이, -가, -을, -를, -다, -요' 등의 조사(달라붙는 글자)에 따라서 해석을 해.

뜻글자에 [딱풀로 붙인 글자]에 따라서 역할이 정해져.

조사	역할	예
-은 -는 -이 -가	주인공(주어)	우진이는, 그 여자가
-을 -를	과녁 대상 목표물 (목적어)	떡볶이를, 게임을
-다 -이다 -요 -한다	행동한다 상태이다 (동사)	먹는다, 좋아한다

하지만 영어에는 그런 딱풀처럼 붙이는 단어(조사)가 없어. 그럼 어떻게 하지?

영어는 바로 위치, 순서에 따라서 뜻이 정해지는 거야. 보통 흔하게 보는 순서가 다음과 같아. (3형식 그래머콘)

영어권 사람(원어민)의 사고방식을 관찰해 보면
영어는 바로 위치, 순서에 따라서 뜻이 정해져.
보통 흔하게 보는 순서가 다음과 같아. (문장구조 3형식)

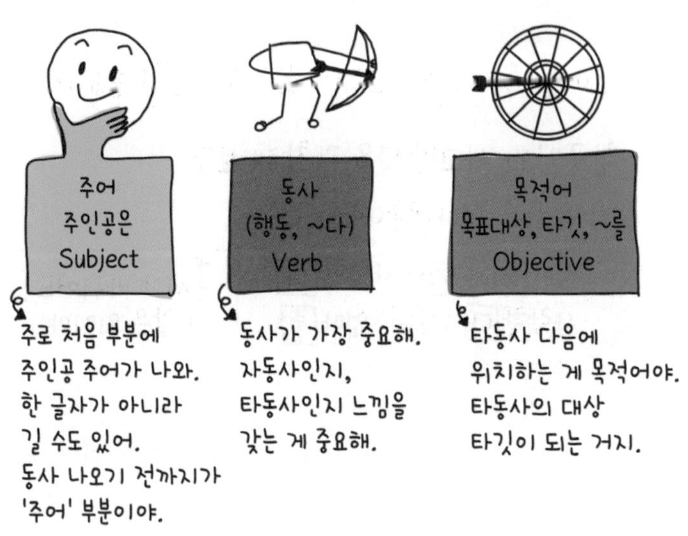
주어
주인공은
Subject
동사
(행동, ~다)
Verb
목적어
목표대상, 타깃, ~를
Objective
주로 처음 부분에
주인공 주어가 나와.
한 글자가 아니라
길 수도 있어.
동사 나오기 전까지가
'주어' 부분이야.
동사가 가장 중요해.
자동사인지,
타동사인지 느낌을
갖는 게 중요해.
타동사 다음에
위치하는 게 목적어야.
타동사의 대상
타깃이 되는 거지.

이것을 더 간단히 한눈에 보일 수 있도록 그래머콘(그래머 아이콘)으로 도식화해서 요약하면 다음과 같아.

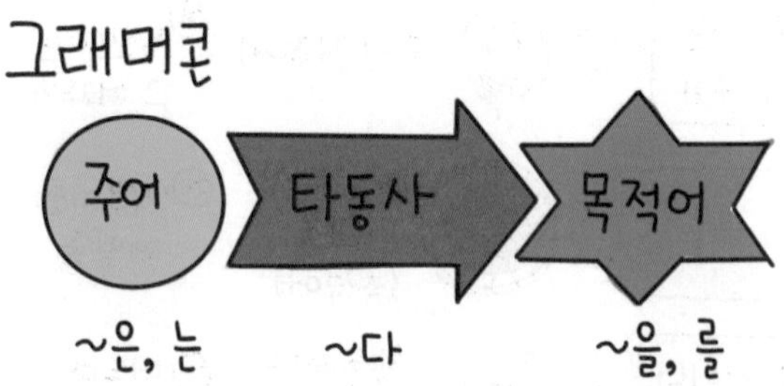
그래머콘
주어
타동사
목적어
~은, 는
~다
~을, 를

1-5 영어 문장 기차 3가지만 우선 배워 보자

영어 문장 기차는 5가지가 있어. 가장 흔하게 쓰이는 문장이 1, 2, 3형식인데 가장 중요한 이 3가지 형식을 먼저 알아보고, 나머지 2가지는 뒤에서 배워 보자.

(1) 1형식: 주인공+자동사

주어와 자동사가 뼈대로 된 문장이야. 자동사는 타깃 목적어가 없어도 되는 동사를 말해. '간다(go), 잔다(sleep), 달린다(run)' 등이 있어. 주인공 자리에는 명사가 입장하고, 동사 자리에는 자동사가 입장할 수 있지.

그런데 더 긴 문장도 봤다고? 맞아. 1형식이 아주 길 수도 있다는 걸 기억해줘. 아무리 길어도 전치사 덩어리나 부사 등을 다 빼면 결국 주어와 자동사가 남는데, 이것을 1형식이라고 해.

예 I go to school every day. → 핵심 뼈대는 I go (1형식)

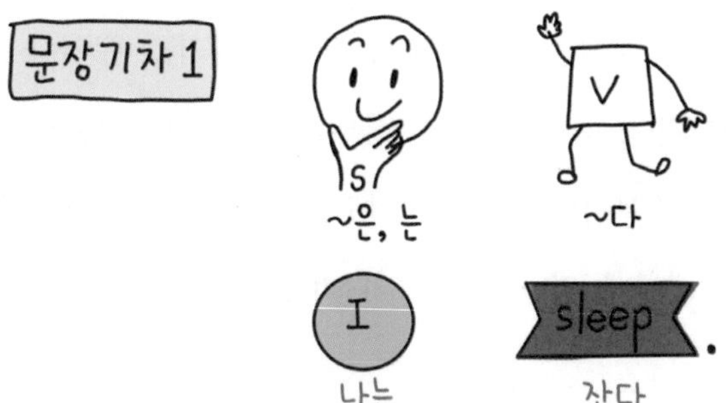
문장기차 1
S
~은, 는
V
~다
I
나는
sleep.
잔다

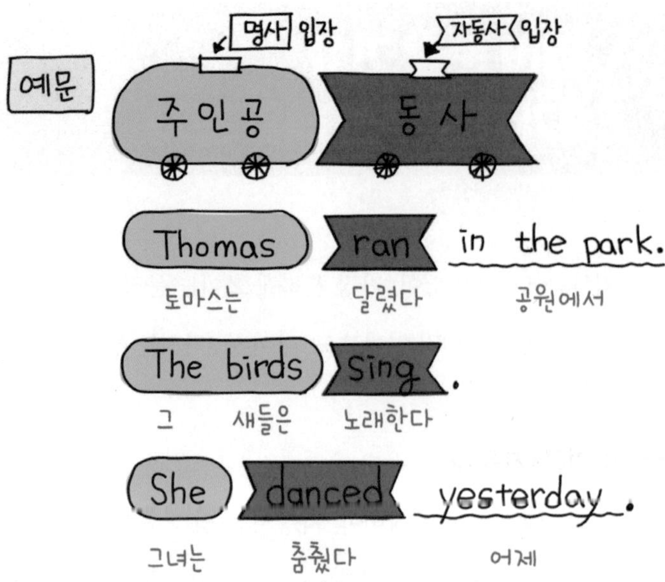
명사 입장
자동사 입장
예문
주인공
동사
Thomas
ran
in the park.
토마스는
달렸다
공원에서
The birds
sing
그
새들은
노래한다
She
danced
yesterday.
그녀는
춤췄다
어제

(2) 2형식: 주인공+자동사(연결)+보어(보충 설명)

1형식처럼 자동사가 나오긴 하지만 뭔가 보충 설명이 필요한 문장이 바로 2형식이야. '그 꽃은/이다'라고 끝나면 어정쩡하지? '그 꽃은/이다/예쁜'으로 끝나서 주어를 보충 설명해 줘야 문장이 완성되는 거지. 이때의 자동사는 주어와 보어를 연결해 주는 느낌이야. 여기서 중요한 건, 보어 칸에는 명사랑 형용사만 입장할 수 있다는 거야. 보어는 보충하는 말인데 2종류거든. '무엇이다'라고 설명할 때 명사가 들어가거나, '어떠하다'라고 상태를 묘사할 때 형용사가 들어가는 거야. 초록색 보어 칸에 부사나 동사가 들어오면 안 되는 거지. 뒤에서 차차 그래머콘으로 쉽게 가르쳐 줄게. 일단은 읽고 지나가 보자.

예 You look beautifully. 너는 보인다. 아름답게 (×): 한국인이 자주 하는 실수

You look beautiful. 너는 보인다. 아름다운 (○)

That sounds great. 그거 들린다. 멋진 (○)

왜? 보어 칸에는 형용사가 들어가야 하기 때문이지! 부사는 들어갈 수 없어.

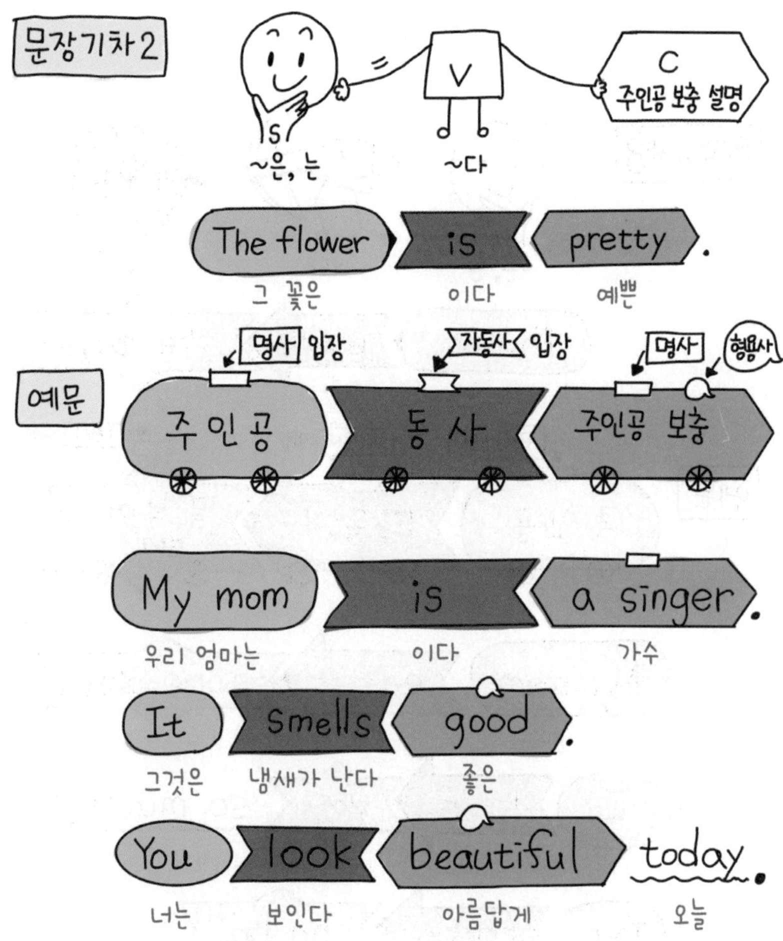

문장기차 2
S
~은, 는
V
~다
C
주인공 보충 설명
The flower is pretty.
그 꽃은 이다 예쁜
명사 입장
자동사 입장
명사
형용사
예문
주인공
동사
주인공 보충
My mom is a singer.
우리 엄마는 이다 가수
It smells good.
그것은 냄새가 난다 좋은
You look beautiful today.
너는 보인다 아름답게 오늘

(3) 3형식: 주인공+타동사+타깃(화살을 받는 목표 대상)

영어 문장 중에서 가장 흔하게 보이는 문장 구조야.

“주인공은 / 행동(상태)한다 / - 타깃을”

일단 그림을 익혀 보고 '주인공+타동사+타깃'으로 이루어진 문장의 느낌을 이해해 보자. 참고로 주인공 자리와 타깃(목적어) 자리에는 명사가 들어와야 해. 입장 조건이 명사만 가능하다는 것이기 때문에 나중에 to부정사와 동명사도 사용하게 되는 거지. 뒤에서 자세히 알려 줄게.

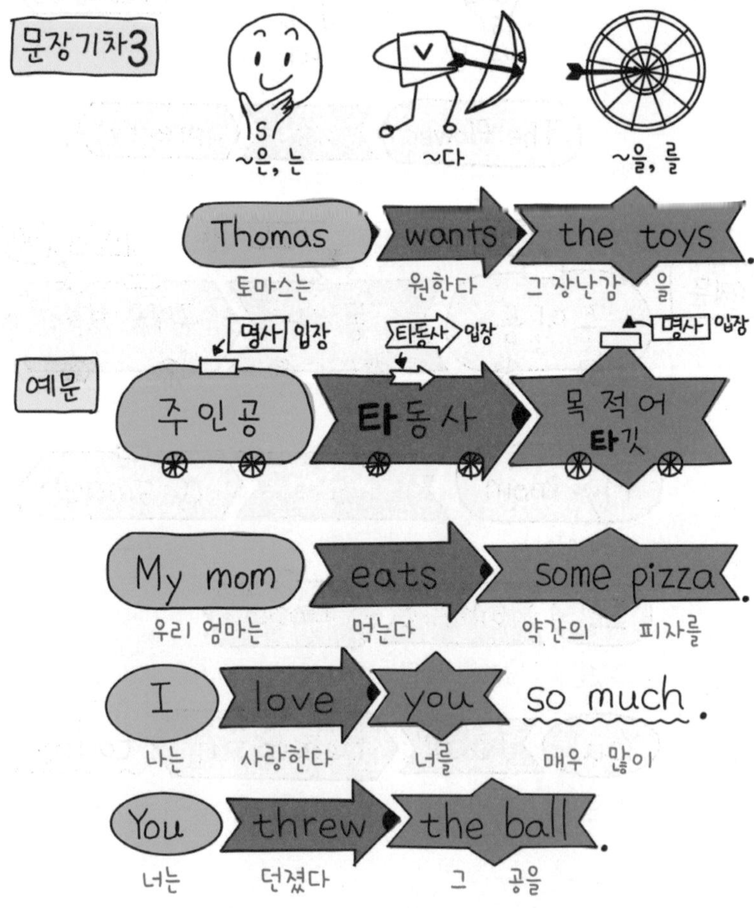
문장기차3
S
~은, 는
V
~다
~을, 를
Thomas wants the toys.
토마스는 원한다 그 장난감 을
명사 입장
타동사 입장
명사 입장
예문
주인공
타동사
목적어
타깃
My mom eats some pizza.
우리 엄마는 먹는다 약간의 피자를
I love you so much.
나는 사랑한다 너를 매우 많이
You threw the ball.
너는 던졌다 그 공을

(4) 네 번째, 다섯 번째 문장 기차는 나중에 다시 이야기해 줄게.

일단은 세 종류의 문장 기차가 가장 핵심이라서 그래. 만약 나머지 문장 기차도 궁금하다면 다음 그래머콘 도표를 한번 훑어 봐. 그럼 구체적으로 비주얼 아이콘인 그래머콘으로 문장을 만드는 재료에 대해 파헤쳐 볼까?

영어 문장이 생물이라 상상해 봐. 만약 엑스레이로 찍는다면,
핵심 뼈대만 보이겠지? 그게 바로 문장의 1, 2, 3, 4, 5형식이야.

눈에 보이는 문장의 5형식(그래머콘으로 표현)

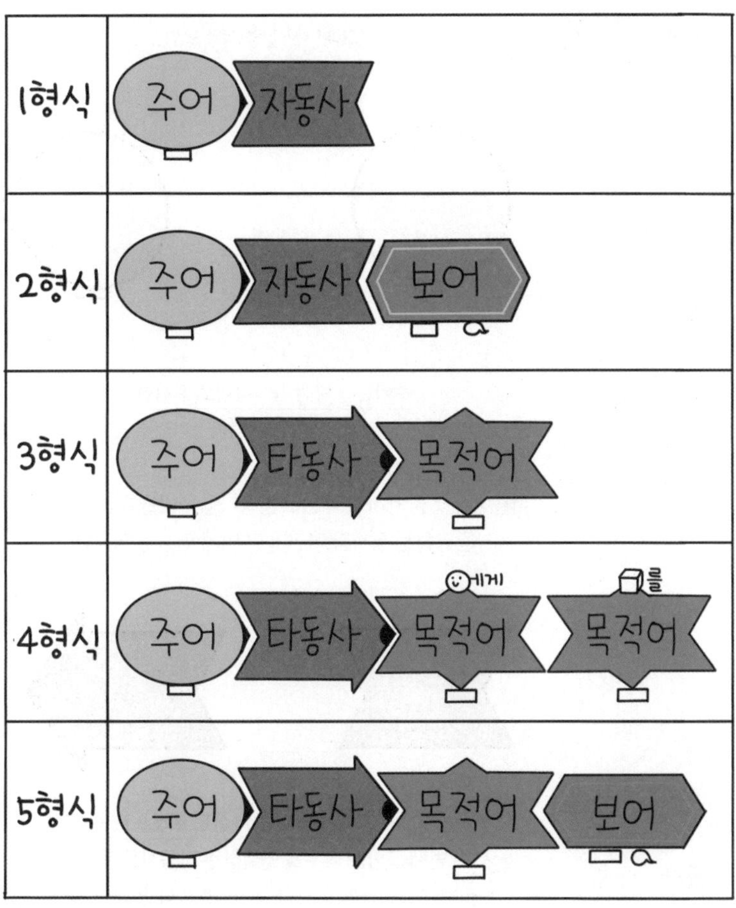

1형식
주어
자동사
2형식
주어
자동사
보어
3형식
주어
타동사
목적어
4형식
에게
를
주어
타동사
목적어
목적어
5형식
주어
타동사
목적어
보어

영문법을 이해하는 핵심인 문장의 5형식을 색과 이미지로 요점이 보이도록 그래머콘(그래머 아이콘)으로 만든 거야. 사실 주어 다음에는 서술어라는 용어가 와야 하는데 자동사와 타동사를 그대로 사용한 이유는, 문장의 형식에서 자동사와 타동사의 구별이 제일 중요하기 때문이야.

또한 주어, 목적어에는 명사류가 들어간다는 점은 각각의 모양 아래에 직사각형(명사, 대명사, 동명사, to부정사의 명사적 용법 등)으로 작게 표현했어. 보어 자리에는 명사와 형용사가 들어갈 수 있다는 점은 육각형(보어) 아래에 작게 직사각형(명사류)과 a 모양 말풍선(형용사류 - 형용사, 현재분사, 과거분사 등)으로 표현했지.

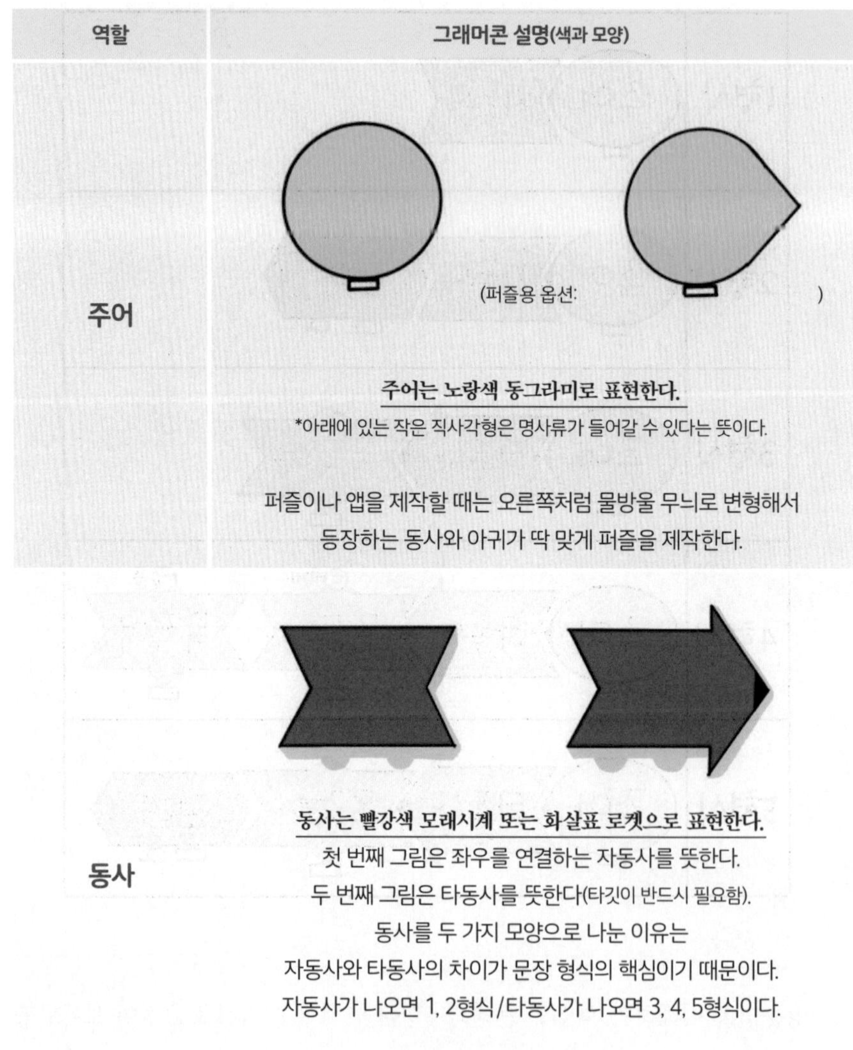

역할	그래머콘 설명(색과 모양)
주어	(퍼즐용 옵션:) **주어는 노랑색 동그라미로 표현한다.** *아래에 있는 작은 직사각형은 명사류가 들어갈 수 있다는 뜻이다. 퍼즐이나 앱을 제작할 때는 오른쪽처럼 물방울 무늬로 변형해서 등장하는 동사와 아귀가 딱 맞게 퍼즐을 제작한다.
동사	**동사는 빨강색 모래시계 또는 화살표 로켓으로 표현한다.** 첫 번째 그림은 좌우를 연결하는 자동사를 뜻한다. 두 번째 그림은 타동사를 뜻한다(타깃이 반드시 필요함). 동사를 두 가지 모양으로 나눈 이유는 자동사와 타동사의 차이가 문장 형식의 핵심이기 때문이다. 자동사가 나오면 1, 2형식/타동사가 나오면 3, 4, 5형식이다. *그림자에 바퀴를 넣는 것은 옵션이다. 문장에서 가장 중요한 부분은 동사이므로 멈춰 있는 상태나 움직이는 동작을 뜻하는 바퀴를 넣어서 제일 돋보이게 하기 위해 그림자를 넣을 수 있다.

목적어	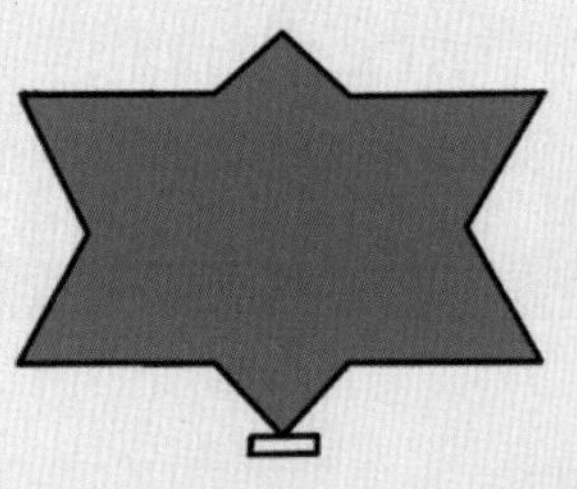 **목적어는 타동사의 타깃 대상이며, 파랑색 별이다.** 타동사가 등장하면 꼭 타깃인 목적어가 와야 한다. 목적어는 타깃의 느낌을 살려서 화살이 쏘아진 충격, 또는 로켓이 가는 목적지를 생각해서 파랑색 별 모양이다. 3, 4, 5형식은 타동사가 나오기 때문에 목적어가 등장한다. * 아래에 있는 작은 직사각형은 목적어에 명사류가 들어간다는 뜻이다.
보어	 **보어는 보충 설명을 해 주는 부분이며 초록색 육각형이다.** 주어를 보충해 줄 경우에는 (주격 보어) 초록색 육각형 안에 주어와 같은 노란색이 들어간다. 목적어를 보충해 줄 경우에는 (목적격 보어) 초록색 육각형 안에 목적어와 같은 파랑색이 들어간다. 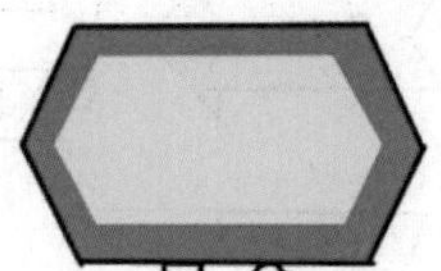  *초록색 육각형 아래의 작은 직사각형과 a 모양 말풍선은 보어 자리에 명사나 형용사가 들어갈 수 있다는 뜻이다.

위의 그림은 아주 작아 보이지만 나중에 영문법을 이해하는 핵심 키워드가 될 거야. 학생들이 가장 어려워하는 to부정사나 동명사를 왜 배우는지, 왜 이 자리에 현재분사를 넣는지 등을 그래머콘을 이용해 단박에 이해할 수 있거든.

1-6 영어 나라에는 8가지 신분이 있어

먼저 전체 8가지 종류를 비주얼 그래머콘 그림으로 이해해 봐. 이 그래머콘은 우리 아이들에게 영어를 효율적으로 가르치려고 오랫동안 생각에 생각을 거듭해서 만든 영문법 아이콘이야. 영어를 시각적으로 표현해서 가장 쉽게 가르쳐 주려고 한 거지. 너희에게도 그래머콘이 많이 많이 도움이 되길 바랄게. 파이팅!

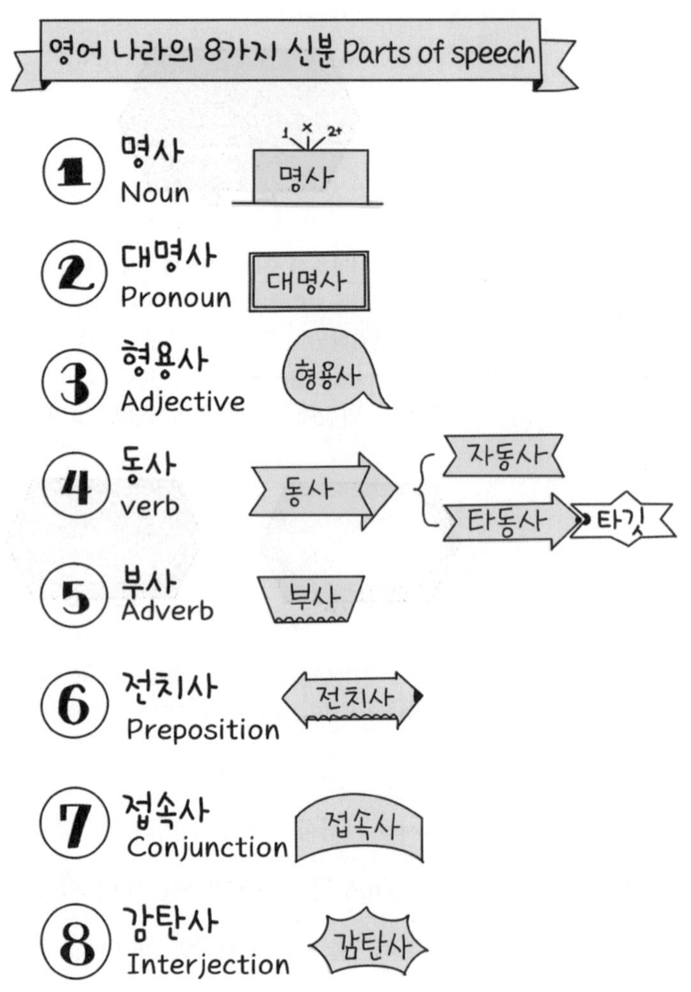

영어 나라의 8가지 신분 Parts of speech
① 명사 Noun
명사
1 × 2+
② 대명사 Pronoun
대명사
③ 형용사 Adjective
형용사
④ 동사 verb
동사
자동사
타동사
타깃
⑤ 부사 Adverb
부사
⑥ 전치사 Preposition
전치사
⑦ 접속사 Conjunction
접속사
⑧ 감탄사 Interjection
감탄사

영어 나라에는 8가지 종류의 신분이 있어. 게임에 등장하는 신분이나 레벨을 상상해 봐. 이 신분에 따라서 낄끼빠빠(낄 때 끼고 빠질 때 빠지는 것)가 매우 중요해. 그러려면 반드시 단어의 신분을 알아야 해. part of speech 단, 한 단어의 품사는 고정이 아니야. 내가 집에서는 엄마도 되고, 학교에서는 선생님도 되듯이, 문장에서 맡은 역할에 따라 품사가 달라져. 지금부터는 그 신분을 학교나 학원에서 배우는, 'n, v, a' 등의 추상적인 단어가 아니라, 그림 아이콘으로 이해할 거야(noun명사, verb동사, adjective형용사). 자, 그래머콘 영문법으로 진짜 출발하자.

(1) 명사(Noun)

대부분의 명사는 이름표 라고 생각하면 돼. 말 그대로 '이름 명(名)'인 거지. 쉽게 말하자면 명찰이 명사야. 책, 나비, 물병, Thomas, New York 같은 이름이야. 누군가의 이름표에 "명사(Noun)"라고 적혀 있는 것을 상상해 볼까? 자, 그럼 비주얼 씽킹을 이용해서 영어식 생각을 익혀 보자. 한국어의 명사랑 무슨 차이가 있을까?

첫째, 가장 큰 차이는 관사야. 대부분의 명사는 '관사'라는 모자를 써야 하는데, 한국인에게는 관사가 참 낯설고 깜박하면 잊어버리는 존재이지.

관사가 없으면 머리 속에 둥둥 떠 있는 개념이고, 관사가 있어야 현실로 들어온 단어라 반드시 관사를 써 줘야 해. 게다가 관사를 통해 '1개'인지 '2개 이상'인지, '아무거나'인지 '그거'인지 완전 예민하게 밝혀야 해.

둘째, 영어식 사고방식은 개수에 완전 민감해. 그렇기 때문에 '셀 수 없나? 셀 수 있나? 셀 수 있다면 1개인가? 2개 이상인가?'를 항상 따져서 개수에 대한 정보를 밝혀 주어야 해.

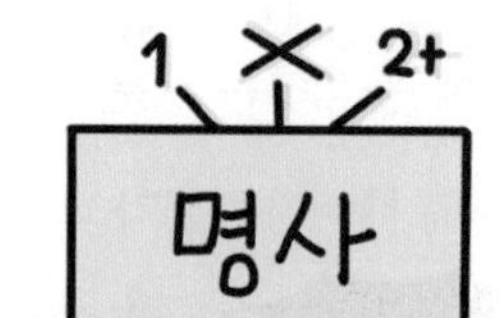
1
2+
명사

명사는 이름표야.

① 명사는 등장할 때 개수를 표현!

② 셀 수 없는 명사라면 관사도 없고 s/es도 없어.

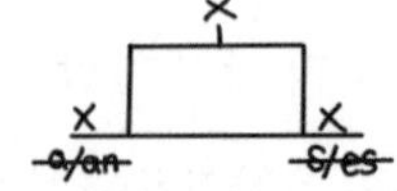
a/an
s/es

예 water

③ 셀 수 있는 명사인데 1개라면 관사 a/an을 꼭 붙여.

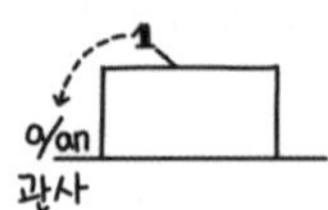
1
a/an
관사

예 a cup
an apple

④ 셀 수 있는 명사인데 2+개 이상이라면 s/es를 붙여.

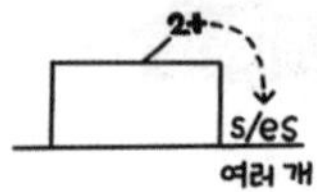
2+
s/es
여러 개

예 cups
potatoes

⑤ 대상을 볼 때 항상 개수를 따지는 눈을 길러야 해. (영어 안테나, 안경 쓰듯)

1
2+

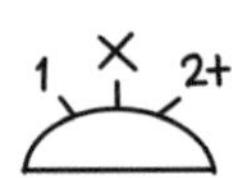
1
2+

(2) 대명사(Pronoun)

영어는 "같은 말 두 번 반복 안 한다! 반복을 질색한다!"는 특징 때문에 한 번 등장한 단어에는 대명사를 쓰는 거야. '대신 명사'를 줄여서 대명사라고 해. '대신할 대(代)'가 들어간 명사인 거지. 드라마에서 주인공 대신 나오는 대역 배우를 상상해 볼까?

예 토마스는 학교에 갔다. 토마스는 밥을 먹고, 토마스는 놀이터에 갔다. (반복 질색)

토마스는 학교에 갔다. 그는 밥을 먹고, 놀이터에 갔다.

아하! 한 번 등장한 명사 다음에는 대역 배우인 대명사가 오는 거구나.

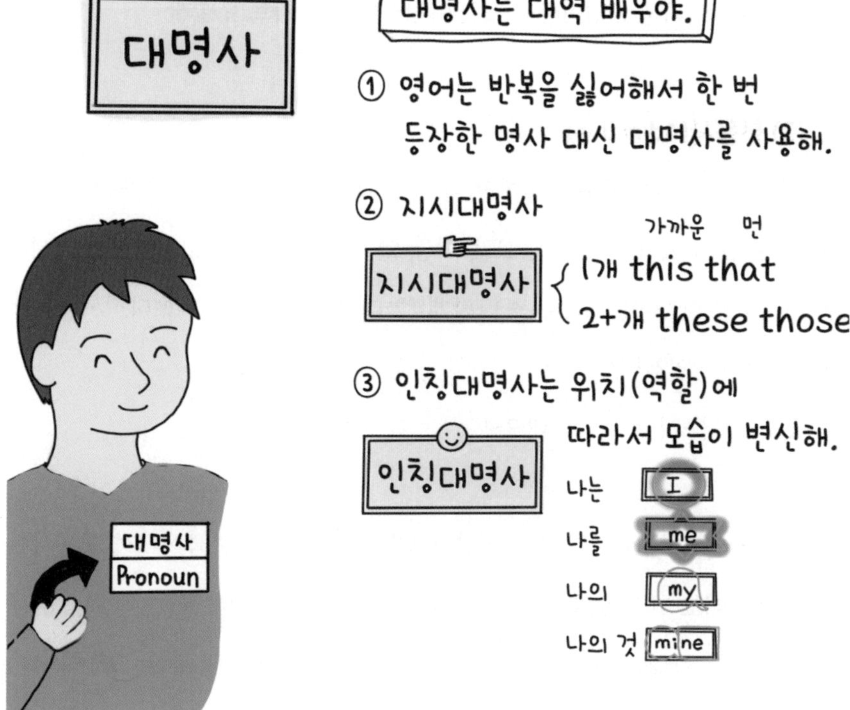
대명사
대명사는 대역 배우야.
① 영어는 반복을 싫어해서 한 번
등장한 명사 대신 대명사를 사용해.
② 지시대명사
지시대명사
가까운 먼
1개 this that
2+개 these those
③ 인칭대명사는 위치(역할)에
따라서 모습이 변신해.
인칭대명사
나는 I
나를 me
나의 my
나의 것 mine
대명사
Pronoun

중요한 대명사에는 크게 지시대명사와 인칭대명사, 관계대명사가 있어.

지시대명사는 명령하는 지시가 아니고, 무엇을 손가락으로 '가리킨다'라는 뜻의 지시(손가락 지, 보일 시)야. 즉 이것, 이것들, 저것, 저것들에 관한 대명사지. 문제는 한국인들은 그냥 이거, 저거로 사용하기 때문에 여기에 개수에 대한 감각을 기르는 게 중요해. 즉, '거리'와 '개수'를 동시에 느끼면서 말하고 써야 하는 거지. this is, that is, these are, those are는 나중에 자세히 알려 줄게.

인칭대명사는 사람을 가리키는 대명사야. 사람들이 상황에 따라 옷을 갈아입듯이 주어로 사용되는지 또는 목적어로 사용되는지, 그 위치에 따라 모양이 변신을 해.

I, me, my, mine. 나는, 나를, 나의, 나의 것.

관계대명사는 바로 앞 단어를 묘사하는 거야. '걔는, 걔를' 이런 느낌의 대명사이지. 이건 어려운 문법이라서 제일 마지막에 따로 가르쳐 줄게.

(3) 형용사(Adjective)

'형용사의 그래머콘은 어떻게 만들까? 가장 쉽게 와 닿는 것이 무엇일까?'라는 고민을 많이 했어. 형용사는 모양, 색상, 크기, 상태를 나타내며 명사를 자세하게 꾸며 주는 말이거든. 자, 퀴즈 나갈게! '놀다. 먹다. 자다'와 '예쁘다, 무섭다, 멋지다'의 차이를 알겠니?

그냥 '-다'로 끝나는데요~!

아니야. 앞의 3개는 동사지만 뒤의 3개는 형용사야. 한국어에서 형용사는 '-다'로도 쓰이고 '-ㄴ'으로도 쓰이거든(예쁜, 무서운, 멋진). 뒤의 3개는 행동이 아니라 모양, 크기, 상태를 자세히 설명해 주는 말이기 때문에 형용사야. 그럼 형용사로 쓰이는 단어의 공통점은 뭘까?

'착한, 예쁜, 잘생긴, 키 큰, 거대한, 멋진, 무서운, 쉬운 …' 이와 같이 모두들 '-ㄴ'으로 끝날 수 있다는 거야. 처음에는 아, 형용사는 '-ㄴ'으로 표현할 수 있으니까 'ㄴ' 모양으로 만들까 고민을 했어. 그러다 그건 한국 사람들에게만 해당되는 거라서, 모든 나라 사람들(누구나)이 이해하기 편하게 a를 감싼 말풍선 모양으로 만들었어. adjective의 첫 글자 a를 뜻하기도 하고, 동글동글하며 끝이 살짝 올라가서 주로 다음에 오는 명사를 꾸며 주기에 적합한 모양으로 말이야.

형용사는 2가지로 사용되는데 명사 앞에서 자세히 꾸며 주거나, 주인공이나 목적어를 자세히 보충 설명해 주는 보어로 쓰여.

형용사
ㄴ

형용사는 자세히 꾸며 주는 말이야.

① 모양, 크기, 색깔, 상태 등을 나타내며 자세하게 꾸며 주는 말이야.

② 대부분 'ㄴ'으로 끝나면서 꾸며 주는 말

예쁜, 좋은, 큰, 작은, 새로운, 검은, 유명한

③ 2가지 쓰임
- 명사를 꾸며 주기(주로 앞에서)
- 보어 자리에서 보충 설명하기

명사를 꾸며 주기	I saw a pretty girl. (뒤명사 꾸미기)
보어 자리에서 보충 설명하기	She is pretty. (주인공 보충 설명) I found her pretty. (목적어 보충 설명)

사고방식의 차이

한국어의 형용사	영어의 형용사
당신은 아름다운 소녀군요. 소녀는 아름답다.	You're a beautiful girl. A girl is beautiful. (O)
한국어의 형용사는 명사를 꾸미기도 하고, 동사처럼 서술어(~다)가 될 수도 있어. 예 적다, 맛있다, 무섭다	영어의 형용사는 서술어를 못해. 영어는 꼭 동사가 있어야 하고, 보어(보충칸)에 형용사가 들어가.

(4) 동사(Verb)

앞에서 말한 바와 같이, 동사가 가장 중요해. 문장 기차를 움직이는 힘, 방향, 종류를 모두 결정하는 건 **동사**야. 동사는 크게 자동사와 타동사(타깃 목표물이 필요)로 나눠지는 게 중요해.

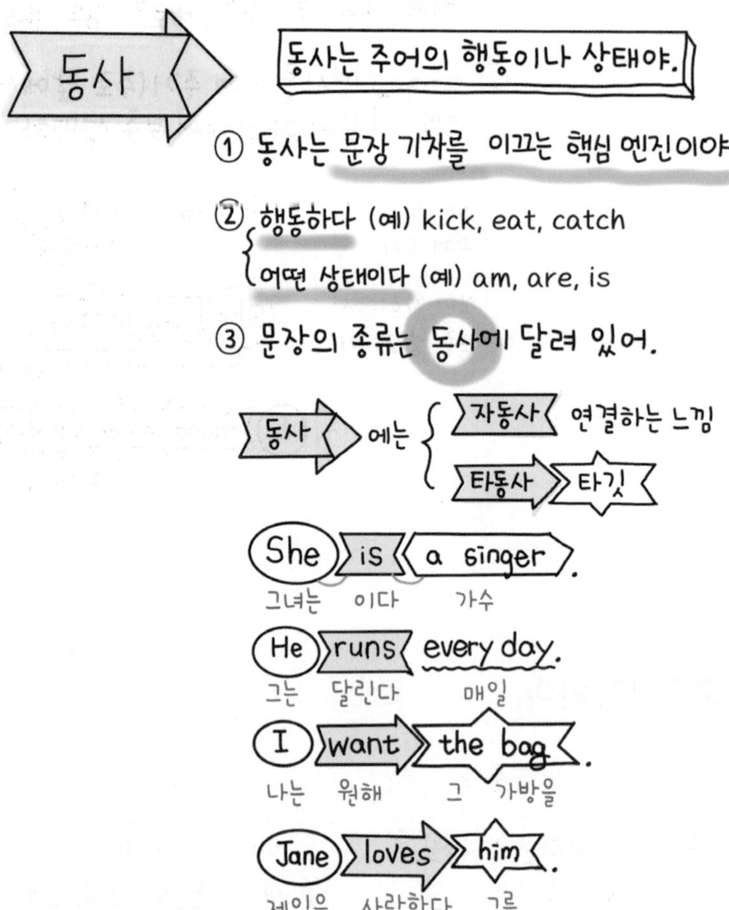
동사
동사는 주어의 행동이나 상태야.
① 동사는 문장 기차를 이끄는 핵심 엔진이야.
② 행동하다 (예) kick, eat, catch
어떤 상태이다 (예) am, are, is
③ 문장의 종류는 동사에 달려 있어.
동사 에는
자동사 연결하는 느낌
타동사 타깃
She is a singer.
그녀는 이다 가수
He runs every day.
그는 달린다 매일
I want the bag.
나는 원해 그 가방을
Jane loves him.
제인은 사랑한다 그를

자동사는 동작에 대한 목표물(타깃)이 없어도 되는 동사야. 반면 타동사는 총이나 화살처럼 맞추는 타깃(과녁)이 있어야지. 로켓이 쏘아지면 반드시 별을 맞춰야 한다고 상상하며 이미지 메이킹을 하는 것을 추천해. 또는 총이 쏘아져서 목표물에 맞는 느낌도 괜찮아. 직관적으로 이미지가 머리 속에 새겨지면 타동사의 느낌을 생생히 잡을 수 있거든.

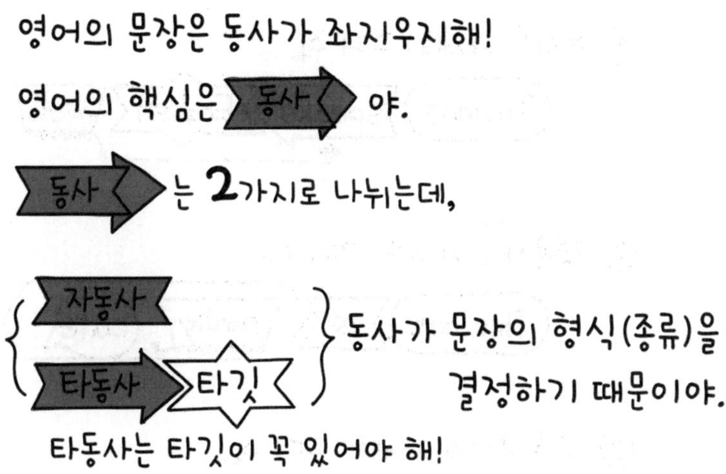
영어의 문장은 동사가 좌지우지해!
영어의 핵심은 동사 야.
동사 는 2가지로 나뉘는데,
자동사
타동사
타깃
동사가 문장의 형식(종류)을
결정하기 때문이야.
타동사는 타깃이 꼭 있어야 해!

(5) 부사(Adverb)

부사는 동사(verb), 형용사(adjective), 부사(adverb), 문장 전체를 꾸며 주는 다양한 역할을 해. 문장을 맛있게 만들어 주는 양념 같은 거라고 할까? 단, 문법에서 주의할 점은 부사나 부사 덩어리는 문장 기차의 뼈대에 속하지 않는다는 거야. 영어 문장을 생물이라 여기고, 엑스레이를 찍어 보면 뼈대만 보이는 상상을 해 봐. '엑스레이로 찍으면 부사는 찍히지 않는다'라고 이미지 메이킹을 해 줘. 부사는 의미상으로는 큰 차이를 줄 수 있지만, '문장 확인용 엑스레이'로 찍을 경우에는 찍히지 않는 헝겊 리본 같은 거라 뼈대에 포함되지 않는다고 생각해.

그럼 어떤 식으로 사용되는지 한번 볼까?

부사

부사는 동사, 형용사, 다른 부사, 문장 전체를 자세히 꾸며 줘.

① 동사를 자세히 꾸며 줘.

Thomas
speaks
English
well.
토마스는
말한다
영어를
잘

② 형용사를 자세히 꾸며 줘.

This cat
is
really
cute.
이 고양이는
이다
정말로
귀여운

③ 다른 부사를 자세히 꾸며 줘.

The cat
moved
very
carefully.
그 고양이는
움직였다
매우
조심스럽게

④ 문장 전체를 자세히 꾸며 줘.

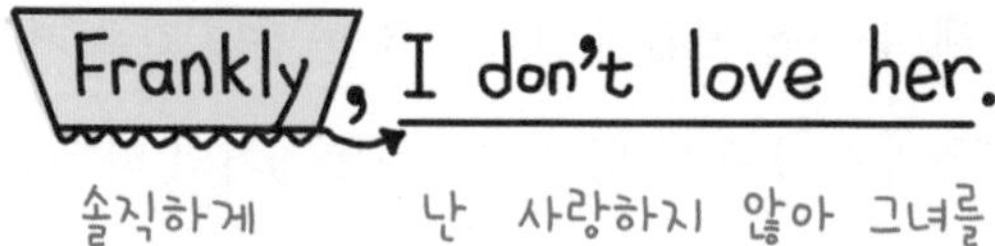
Frankly, I don't love her.
솔직하게
난 사랑하지 않아 그녀를

(6) 접속사(Conjunction)

여러 개 사이에서 그 사이를 연결해 주는 기차의 **연결 고리** 같은 역할을 해. 단어와 단어를 이어 주거나, 단어 덩어리끼리 이어 주기도 하고, 문장 전체와 문장 전체를 이어 주는 접착제 같은 일을 하지.

단, 연결하는 애들은 같은 성격(종류)이어야 해!!
명사와 명사, 형용사와 형용사, 구와 구 등 같은 종류끼리만 연결 고리로 잇는 거야.

접속사
딱풀
Glue

접속사는 접착제처럼 단어, 덩어리(구), 문장을 연결하는 연결 다리야.

① 단어와 단어를 연결 (같은 종류끼리)

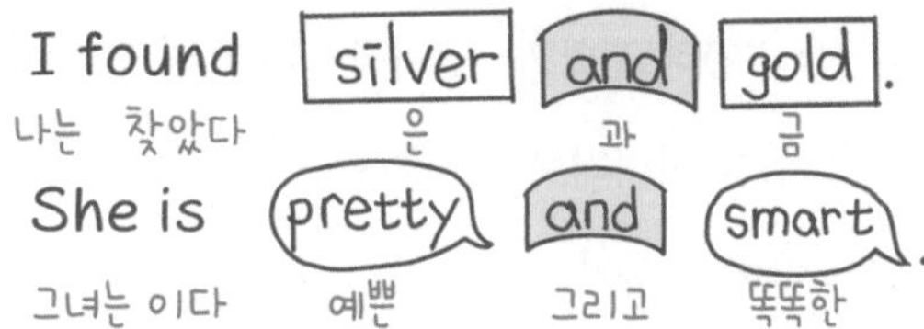
I found silver and gold.
나는 찾았다 은 과 금
She is pretty and smart.
그녀는 이다 예쁜 그리고 똑똑한

② 단어 덩어리(구)끼리 연결

He goes to school on foot or by bus.
그는 간다 학교로 발로 걸어서 또는 버스를 타고

③ '주어+동사'로 이루어진 문장(절)끼리 연결

I hate math but I love English.
나는 싫어해 수학을 그러나 나는 정말 좋아해 영어를

(7) 감탄사(Interjection)

어쩌다가 가끔씩 등장하지만 적절하게 놀라움이나 슬픔 등이 표현되는 감탄사가 필요한 경우가 있어. 사용 빈도가 많지는 않아.

감탄사
감탄사는 강한 감정을 표현하기 위해 놀라움, 기쁨, 슬픔, 흥분을 강조하는 말
Oops, I forgot her name.
아이쿠, 나는 잊었다 그녀의 이름을
Oh, what a surprise!
오, 깜짝 놀랐잖아!
Yuck! This tastes awful.
우웩, 이거 맛이 난다 끔찍한

(8) 전치사(Preposition)

전치사는 앞에 위치한다는 표현인데, 대체 어디 앞이란 말일까? 전치사는 반드시 명사 전에 오거든. 그래서 별명을 전명사로 불러 주고 싶어. 타동사처럼 오른쪽 타깃을 콕 찌르는 느낌이라, 전치사도 반드시 명사로 된 목적어(타깃)가 필요해. 전타 세트(전치사+타깃)라고 할까? 영어에서는 전치사가 매우 큰 역할을 하는데, 특히 전치사의 느낌을 이미지로 받아들이는 게 좋아. to, from, away 등등 전치사마다 그 느낌을 알아야 하거든.

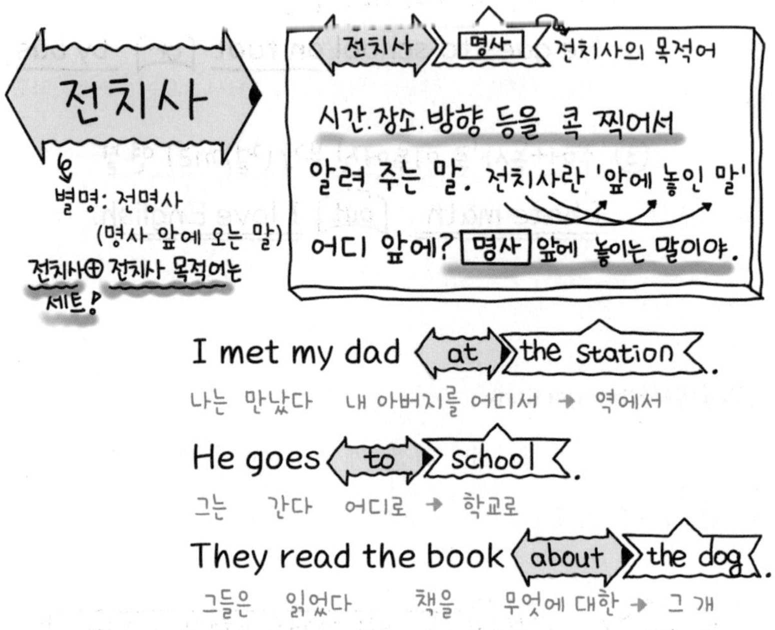
전치사
별명: 전명사
(명사 앞에 오는 말)
전치사⊕전치사 목적어는 세트!
전치사
명사
전치사의 목적어
시간.장소.방향 등을 콕 찍어서 알려 주는 말. 전치사란 '앞에 놓인 말'
어디 앞에? 명사 앞에 놓이는 말이야.
I met my dad at the station.
나는 만났다 내 아버지를 어디서 → 역에서
He goes to school.
그는 간다 어디로 → 학교로
They read the book about the dog.
그들은 읽었다 책을 무엇에 대한 → 그 개

그럼 지금까지 배운 영어 나라 신분 8품사를 총정리해 볼까?

1) 명사는 Noun. 이름표

예 Thomas, America, Korea, Stella, boy, cup, milk, time …

2) 대명사는 Pronoun. 명사의 대역 배우, 반복을 싫어해서 대신 등장함

예 this, these, that, those, I, you, him, her, it, yourself …

3) 형용사는 Adjective. 주로 'ㄴ'으로 끝나며 모양이나 상태를 나타내는 꾸며 주는 말

예 prettry, handsome, ugly, tall, small, sad, happy, fast(빠른) …

4) 부사는 Adverb. 동사, 형용사, 부사, 문장을 꾸며 주는 말

예 loudly, quickly, very, always, fast(빠르게) …

5) 접속사는 Conjunction. 단어끼리 문장끼리 연결해 주는 딱풀, 연결 다리

예 and, but, or, so, because, while …

6) 감탄사는 Interjection. 감탄하는 소리, 기쁨, 슬픔, 놀라움

예 oh, oops, wow, phew …

7) 전치사는 Preposition. 별명은 전명사, 장소, 시간, 방향을 콕 찍어 알려 줌

예 at, in, under, with, on, by …

8) 동사는 Verb. 동작(행동)을 말하거나, 상태를 말하는 문장의 핵심 엔진

자동사는 자동으로 완성되거나 연결됨. 예 sing, sleep, is, look …

타동사는 반드시 타깃별이 있어야만 함. 예 kick, love, want, hit …

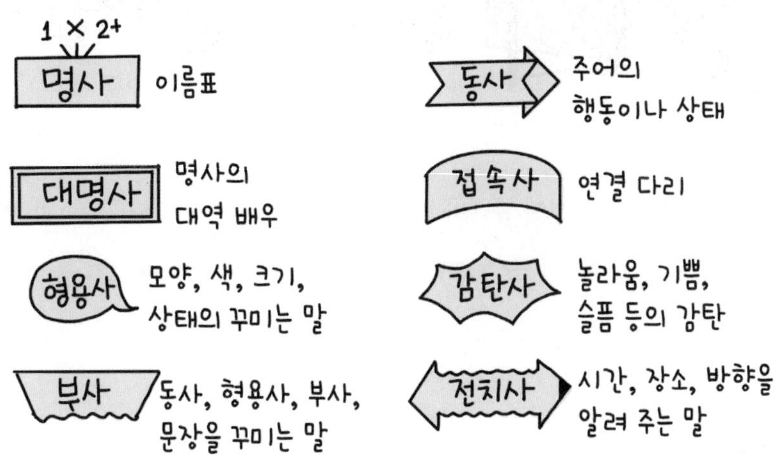

영어 나라의 8가지 신분(8품사)
1 × 2+
명사
이름표
동사
주어의
행동이나 상태
대명사
명사의
대역 배우
접속사
연결 다리
형용사
모양, 색, 크기,
상태의 꾸미는 말
감탄사
놀라움, 기쁨,
슬픔 등의 감탄
부사
동사, 형용사, 부사,
문장을 꾸미는 말
전치사
시간, 장소, 방향을
알려 주는 말

1-7 누가 무슨 칸에 탈 수 있을까? (입장 원칙)

영어 문장 기차를 배웠고, 영어 나라 8종류 신분에 대해 배웠지. 그럼 누가 무슨 칸에 탈 수 있을까? 기차 칸에 탈 수 있고 없고의 탑승 제한이 있기 때문에 앞으로 보게 될 동명사, to부정사와 같은 수많은 문법이 있는 거야. 하지만 원칙은 정말 간단해!! 기차 칸마다 들어갈 수 있는 레벨을 알아보자.

우선 동사 칸에는 당연히 동사가 들어가겠지? 주인공 칸에는 핵심이 되는 명사가 들어가야 해. 타깃(목적어) 칸에는 반드시 명사가 들어가야 하지. 보충 칸(보어)에는 2종류가 입장할 수 있는데, 명사나 형용사만 들어갈 수 있다는 것을 명심해.

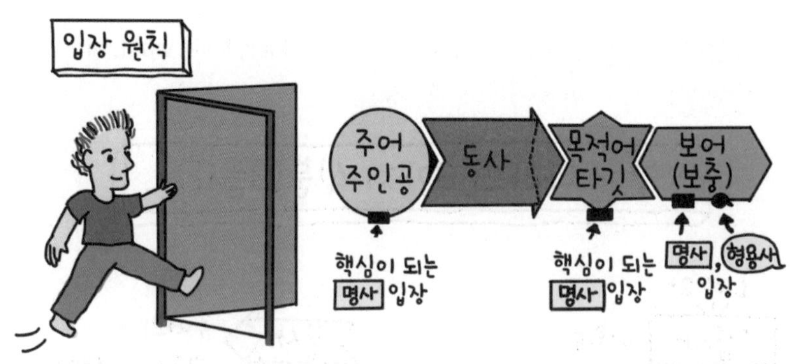

입장 원칙
주어 주인공
동사
목적어 타깃
보어 (보충)
핵심이 되는 명사 입장
핵심이 되는 명사 입장
명사, 형용사 입장

그럼 틀린 문장을 보여 줄테니 탐정이 되어서 어디가 틀렸나(입장이 안 되는데 잘못 들어간 부분)를 찾아볼까? (마지막 to부정사 부분은 나중에 자세히 알려 줄게.)

어디가 틀렸을까?
흠… 왜 틀린 걸까?

문장기차 1

Handsome run. (X)
잘생긴 남자들이 달린다.
주어에는 핵심이 되는 명사 가 꼭 있어야 하니까 명사 입장

Handsome men run. (O)

문장기차 2

She was quietly. (X)
그녀는 있었다 조용하게
보어에는 명사 나 형용사 만 들어가니까 명사, 형용사

She was quiet. (O)
조용한

문장기차 3

I eat delicious. (X)
나는 먹는다 맛있는 → 형용사
목적어에는 핵심이 되는 명사 가 들어가야 하니까 명사 입장

I eat delicious fruits.
과일들

We want go home. (X)
우리는 원한다 집으로 가는 것을

We want to go home. to부정사를 사용하면 명사로 바뀌니까 목적어에 입장 가능

1-8 하다/하니?/하지 않다/하구나!/하자/해라

문장의 종류에는 6가지가 있어.

평범~
평서문
You like that boy.
너는 그 님 사아이를 좋아한다.
??
의문문
Do you like that boy?
너는 그 남아아이를 좋아하니?
아니야!
부정문
You don't like that boy.
너는 그 남자아이를 좋아하지 않아.
오우!
감탄문
What a handsome boy!
How handsome!
정말 잘생긴 남자아이구나! 정말 잘생겼다!
하자
청유문
Let's kiss that boy.
그 남자아이에게 뽀뽀하자.
해
명령문
Forget that boy.
그 남자아이를 잊어버려.

QUIZ QUIZ

1 다음 밑줄 친 단어의 품사는 무엇인지 쓰시오.

① I read the book.
② My mom made a pretty doll.
③ He goes to school early.
④ Wow! You and he are teenagers.

2 다음 밑줄 친 부분이 자동사인지 타동사인지 쓰이오.

① He looks gorgeous. 그는 근사해 보여.
② I like this pizza. 나는 피자를 좋아해.
③ We run along the river. 우리는 강가를 따라 달린다.
④ I run the grocery store. 나는 식료품점을 운영한다.

3 다음 문장은 보기 중에서 무엇인지 쓰시오.

평서문 의문문 부정문 감탄문 청유문 명령문

① Do your homework.
② She doesn't love him anymore.
③ Let's watch this movie.
④ What pretty girls you are.

4 다음 문장에서 어법이 어색한 부분은 각각 어디인지 찾아 고치시오.

① She looks happily.
② Thomas married with her.
③ I like spicy.
④ He made me angrily.

QUIZ 정답

1

① 대명사 I(나는), 명사 the book(그 책) 나는 그 책을 읽었다.

② 동사-타동사 made(만들었다), 형용사 pretty(예쁜) 엄마는 예쁜 인형을 만들었다.

③ 전치사 to(로), 부사 early(일찍) 그는 학교에 일찍 간다.

④ 감탄사 Wow(우와), 접속사 and(와) 그와 너는 10대이다.

2

① He looks gorgeous. 자동사(look 보이다) He=gorgeous

② I like this pizza. 타동사(like ~를 좋아하다) I≠this pizza(타깃)

③ We run along the river. 자동사(run 달리다) 전치사 along 이후는 모두 부사구이다.

④ I run the grocery store. 타동사(run ~를 운영하다) I≠the grocery store(타깃)

위에서 보듯 run은 자동차, 타동사일 때 뜻이 달라진다.

그리고 핵심은 한 단어의 품사는 고정된 것이 아니라는 것이다.

3

① Do your homework. 명령문(동사원형으로 시작한다) 숙제 해라.

② She doesn't love him anymore. 부정문(does not의 축약형은 doesn't) 그녀는 그를 더 이상 사랑하지 않는다.

③ Let's watch this movie. 청유문(Let us의 줄임말 '우리가 ~하게 한다'가 '~하자'로 변함) 이 영화 보자.

④ What pretty girls you are. 감탄문(감탄할 때 명사가 있으면 what으로 시작, 명사가 없으면 how로 시작한다) 너희들은 정말 예쁜 소녀들이구나.

문장의 종류가 어렵다면 9장에 자세한 내용이 나와 있다.

4

① She looks happy. 그녀는 행복하게 보인다.
주격 보어 자리에는 부사는 안 되고 형용사가 가능하다 she=happy(행복한 상태인)

② Thomas married her. 토마스는 그녀와 결혼했다.
타동사는 타깃과 한 세트로 붙어서 전치사가 들어가지 않는다. my dad≠her

③ I like spicy food. 난 매운 음식을 좋아한다.
목적어 자리엔 명사류가 입장할 수 있다. 형용사만 단독으로 쓸 수 없다.

④ He made me angry. 그는 나를 화나게 만들었다.
목적격 보어 자리에도 부사는 안 되고 형용사가 가능하다. me=angry(화난 상태인)

CHAPTER 02

이름표 명사와 대역 배우 대명사

1
2+
명사
a/an
s/es

대신
대명사

2-1 이름표 명사의 특징

명사
a/an
s/es

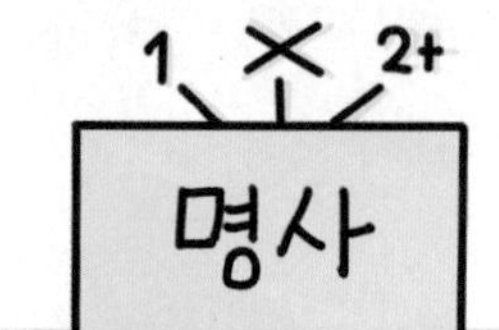

1 X 2+
명사

명사는 이름표야.

① 명사는 등장할 때 개수를 표현!

② 셀 수 없는 명사라면 관사도 없고 s/es도 없어.

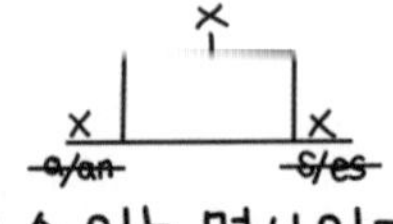

a/an
s/es

예 water

③ 셀 수 있는 명사인데 1개라면 관사 a/an을 꼭 붙여.

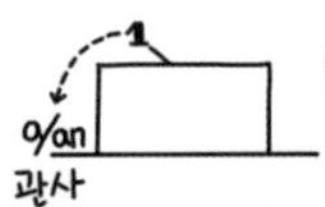

1
a/an
관사

예 a cup
an apple

④ 셀 수 있는 명사인데 2+개 이상이라면 s/es를 붙여.

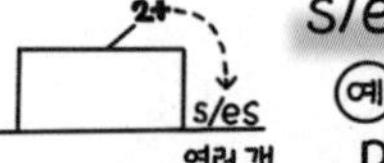

2+
s/es
여러 개

예 cups
potatoes

⑤ 대상을 볼 때 항상 개수를 따지는 눈을 길러야 해. (영어 안테나, 안경 쓰듯)

1 X 2+

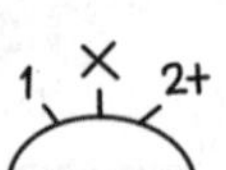

1 X 2+

명사는 이름표라서 이름표와 같은 직사각형 그래머콘 이미지로 외워 봐. 단, 이름표가 등장할 때는 주로 앞에 모자를 달고 나오고, 뒤에 s 꼬리가 붙을 준비도 해야 해. 모자 이미지는 한국인들이 관사(모자)와 복수형(2+)에 정말 약하기 때문에 오래 기억하라고 그려 준 거야.

명사는 등장할 때 신사처럼 모자를 내리며 Noun 등장해.

article 관사(모자)

영어의 사고방식은 명사가 등장하는 순간 어떤 아무거나인지, 특정한 그것인지, 1개인지, 2+개인지, 셀 수 없는지에 대한 정보를 표시하는 거야. 굉장히 구체적인 사고방식이지. -.-;;

명사를 생각하는 첫 관문은 바로 '셀 수 없냐? 셀 수 있냐?'인 거야. 그리스·로마 시대부터 서양 사람들은 무역을 했기 때문에 장사 셈이 분명한 유전자를 갖고 있다고나 할까? (반면, 한국인은 상하 질서가 분명해서 높임말과 반말을 따지는 것과 참 다르지?) 영어의 사고방식은 무엇보다 **개수**에 엄청 예민해서 대상을 볼 때 셀 수 있는지, 셀 수 없는지를 바로 구분하거든. 셀 수 있다면 무의식적으로 1개인지, 2개 이상인지까지 구분해서 명사의 앞뒤에 표현을 하는 거야. 우리는 그런 사고방식을 가진 적이 없기 때문에 의식적으로 안테나(안경)를 통해 대상을 바라보는 게 좋아.

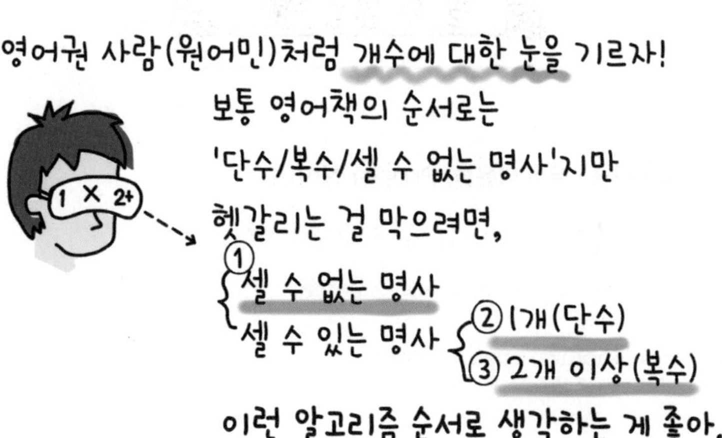

영어권 사람(원어민)처럼 개수에 대한 눈을 기르자!
1 X 2+
보통 영어책의 순서로는
'단수/복수/셀 수 없는 명사'지만
헷갈리는 걸 막으려면,
① 셀 수 없는 명사
셀 수 있는 명사
② 1개(단수)
③ 2개 이상(복수)
이런 알고리즘 순서로 생각하는 게 좋아.

2-2 셀 수 없는 명사를 먼저 생각하기

일반 문법책의 순서와 반대로 오히려 셀 수 없는 명사를 먼저 알려 주는 이유는, 영어권 사람들이 셀 수 없다 생각하는 대상이 우리에게는 낯설기 때문이야.

그리고 셀 수 없는 명사에는 관사(모자)나 2+(s/es) 등 앞뒤에 뭔가를 붙여야 할지 전혀 생각할 필요가 없어. 쉽게 말해서 우유가 여러 개 있어도 milks(×)가 아니고, 빵이 4개 있어도 four breads(×)가 아니라는 거야. 액체나 덩어리 개념이라서 여러 개가 있어도 그냥 milk, bread로 사용해야 해. 몰랐다고? 그래서 셀 수 없는 명사부터 익히는 거야.

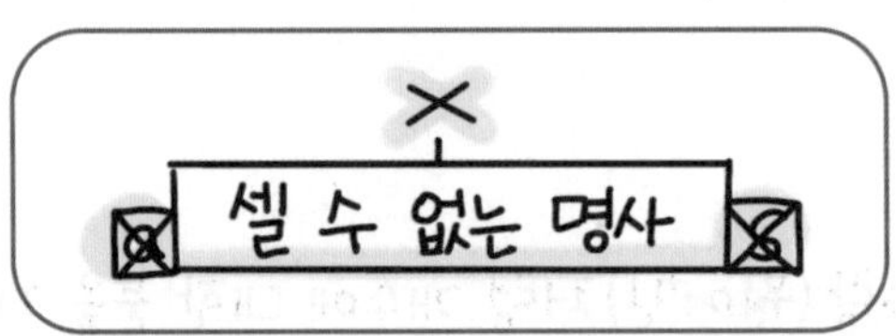
셀 수 없는 명사

(1) 고유명사(고유한 이름들) Proper Noun

사람 이름, 책 이름, 지역 이름 등은 고유한 뜻이 있어서 첫 글자를 대문자로 써. 고유한 이름은 개수를 셀 수 없는 이름표야.

예 Stella, Thomas, English, Korea

(2) 물질명사

알갱이 가루 같은 느낌의 명사, 액체나 기체 명사, 덩어리인데 잘라 쓰는 명사(빵, 고기, 치즈류) 등은 셀 수 없는 이름표야.

- 작고 작은 알갱이 가루 느낌: 예 salt, rice, sugar

- 액체, 기체 느낌: 예 water, milk, juice, air, gas
- 덩어리인데 일부분을 쓰는 느낌: 예 meat, bread, paper

(3) 추상명사

볼 수 없고 만질 수 없고, 머릿속 개념으로 사용하는 것은 셀 수 없는 이름으로 생각해. 그룹(집합) 개념이나 과목도 셀 수가 없는 이름표야.

예 money(돈 자체), love, time, freedom, fruit, math, science, furniture

셀 수 없는 명사부터 따로 구분하자.

① 고유한 명사: 사람 이름, 도시 이름, 하나뿐인 고유한 이름

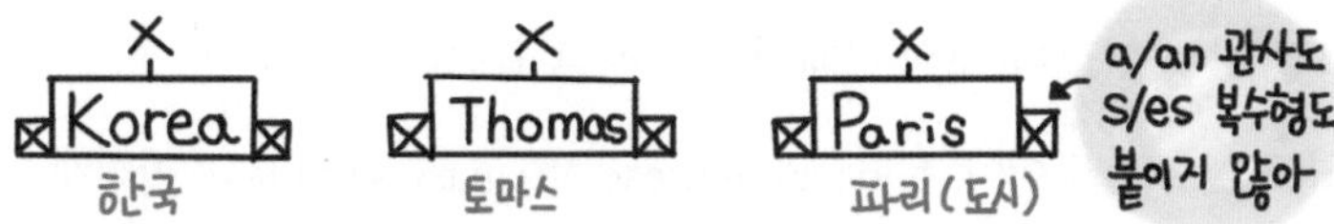
Korea
한국
Thomas
토마스
Paris
파리(도시)
a/an 관사도
s/es 복수형도
붙이지 않아

② 개수를 세기 힘든 액체, 기체, 가루알갱이,
덩어리인데 얇게 자르는 거

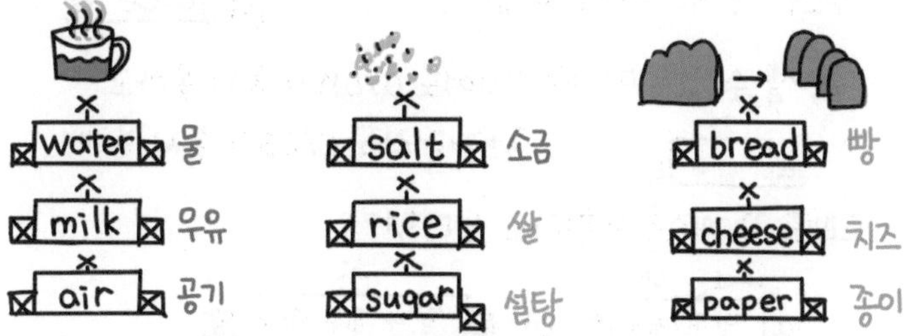
water 물
milk 우유
air 공기
salt 소금
rice 쌀
sugar 설탕
bread 빵
cheese 치즈
paper 종이

③ 추상명사: 눈으로 볼 수 없는 머릿속의 개념

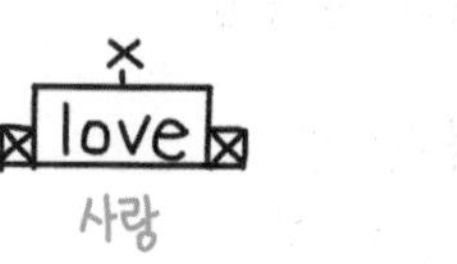
love
사랑

time
시간

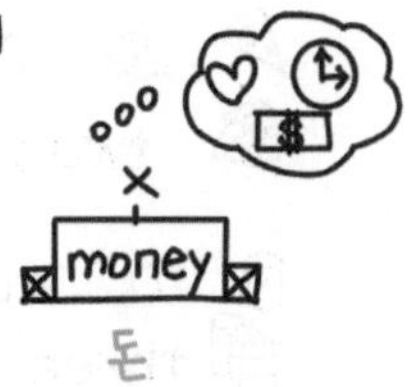
money
돈

셀 수 없는 것들을 구분하는 건 솔직히 한국인에게 낯설고 귀찮아. 그 대신 명사 앞에 1개여도 a/an 관사도 안 붙고, 2개가 넘어도 뒤에 s/es가 안 붙으니 편하다고 고정관념을 바꿔 봐. 원어민의 시각으로 대상을 봤을 때 셀 수 없는 명사라면? 셀 수 없는 명사는 a/an도, s/es도, 아무것도 안 붙어서 오히려 편해.

아하! 셀 수 없다고 여겨지는 명사라서 개수로부터 자유롭구나!

(4) 셀 수 없는 명사의 개수 표현

그런데 셀 수 없는데도 꼭 개수를 표현하고 싶다면, 이름표에 맞는 어울리는 단위를 넣어서 쓰는 거야. 단, 그 단위에는 s/es가 붙을 수 있다는 걸 명심해야 해! 그럴 경우 있잖아. 굳이 5개의 빵이라고 표현하고 싶다면, 주스 10잔이라고 표현하고 싶다면 말이야. 5 loaves of bread, 10 glasses of juice. 이렇게 단위에는 s를 붙이면서 셀 수 없는 명사 자체는 절대 건드리지 않는 거지.

주스는 액체라서 셀 수 없어. a juice s

즉, 셀 수 없는 명사는 1개여도 a/an이 붙지 못하고
2+개더라도 s/es가 붙지 못해.

그래도 꼭 개수를 표현하고 싶다면?

a 단위(명사) s of 셀 수 없는 명사

a piece of pizza 피자 한 조각
two pieces of pizza 피자 두 조각

a cup of water 물 한 컵
three cups of water 물 세 컵

a loaf of bread 빵 한 덩이
two loaves of bread 빵 두 덩이

2-3 셀 수 있는 명사인데 1개인 경우

(1) 까먹기 쉬운 관사는 모자를 내린다고 생각해 봐 (Article)

명사가 나올 때 등장하는 관사는 뭘까?

원어민의 "영어 사고 방식"은 명사가 등장하는 순간,

{ 아무거나 인지 / 특정한 그것인지 } { 셀 수 없는지 / 셀 수 있으면 { 1개인지 / 2+ 여러 개인지 } }

에 대한 정보를 관사로 표시하는 거야.

굉장히 구체적인 사고방식이지?

		아무거나, 어떤 거	바로 그거, 특정한 거
셀 수 없는 명사에는 ∅, $		water 아무 물	the water 그 물 (특정한 물)
셀 수 있는 명사	1개	a/an pencil 아무 연필 1개	the pencil 그 연필 1개
	2+개	pencils 아무 연필들 2+개	the pencils 그 연필들 2+개

영어로 생각하고 말하고 쓰는 과정에서 놓치기 쉬운 게 바로 관사야. 영어의 사고방식은 '1개인가? 2+개인가? 잘 모르는 아무거인가? 아는 그거인가?'라는 생각을 압축해서 명사의 앞뒤에 '정확하게' 표시하는 습관이 있어. 한국인에겐 귀찮은 일이지만 이건 매우 중요하니, 아예 명사 이미지를 앞뒤로 꼬리가 달린 직사각형으로 기억해 봐.

(2) a/an (Indefinite Article: 정해지지 않은 관사 - 모자)

'부정관사'라고 불리는데, 난 이 표현이 정말 마음에 안 들어. 일본식 한자 표현인데 솔직히 와닿지가 않아. 부정관사란 '부정한다'는 뜻이 아니라, '정해지지 않은'이란 뜻이야. <아무거나 1개>라고 생각하면 쉬워. 가수 '지코'의 '아무노래'라는 곡을 아니? 그것처럼 '아무 1개'라고 기억해 보자. 1개인데 딱히 정해지지 않은 아무거라면 a/an을 붙여야 하는 거야.

첫 글자가 모음일 경우에 an을 사용한다고 알고 있는 사람들이 많은데, 주의해야 해. 절대 아니야. 첫 글자가 아니라 첫 '소리'를 느껴야 해. 모음 소리가 연속으로 부딪히면 말할 때 불편하여 an으로 쓰는 거라서, 나누는 기준이 '소리'인 거야. 관사 이후에 나오는 명사의 첫 소리가 자음일 경우에는 a, 첫 소리가 모음일 경우에는 an을 쓰는 거야. an hour, a unicorn을 보면 글자가 아니라 소리를 보고 관사를 붙인다는 걸 알겠니?

관사는 한국인인 우리에겐 정말 낯선 사고방식이야. 명사가 1개인 것을 꼭 표시하는 것도 거추장스러운데 특정한 것인지, 정해지지 않은 것인지도 명사가 등장할 때마다 꼭 표시한다는 점이 말이야.

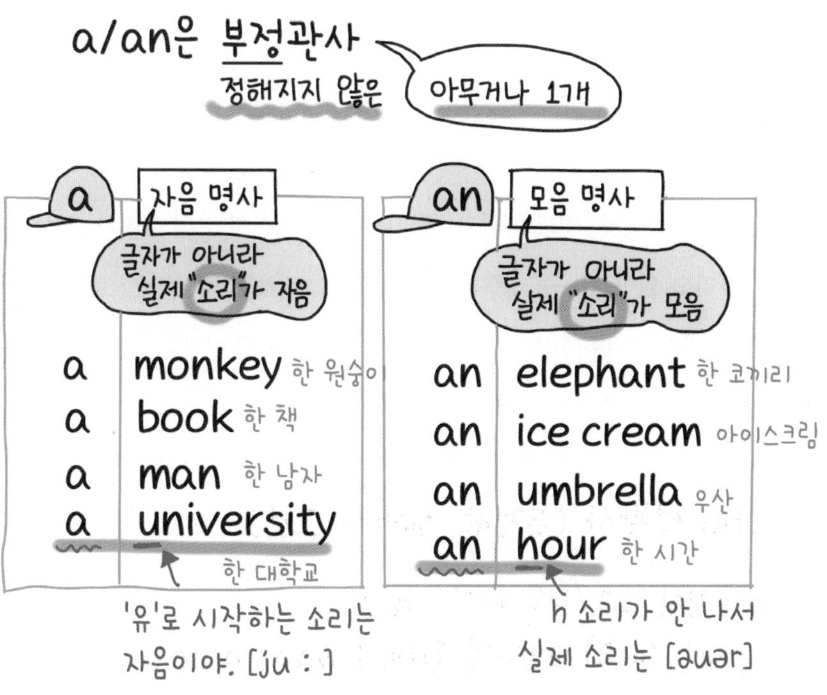
a/an은 부정관사
정해지지 않은
아무거나 1개
a
자음 명사
글자가 아니라 실제 "소리"가 자음
a monkey 한 원숭이
a book 한 책
a man 한 남자
a university 한 대학교
'유'로 시작하는 소리는 자음이야. [ju:]
an
모음 명사
글자가 아니라 실제 "소리"가 모음
an elephant 한 코끼리
an ice cream 아이스크림
an umbrella 우산
an hour 한 시간
h 소리가 안 나서 실제 소리는 [auər]

그럼 a/an을 안 붙여도 되는 경우는 언제야?

2+개이거나, 셀 수 없는 명사일 경우에는 a/an 모자를 쓰지 않아.

일단, 셀 수 있는데 1개이면 주로 a/an/the 모자를 쓴다고 외워 봐.

셀 수 있는 명사인데 1개이면 반드시 관사로 표시해.
어떤 한 개(명) I love a girl.
난 사랑했다 어떤 한 소녀를
그 한 개(명) The girl was pretty.
그 소녀는 이었다 예쁜

(3) the 정관사 (Definite Article: 특정한/정해진 관사 - 모자)

이미 알고 있는 그 이름표일 경우 the를 써 주는 거야. 영어의 뿌리인 그리스

시대에 무역에서 정해진 그 조개 10개와 아무 조개 10개는 다른 거였겠지? 장사를 하면서 특정한 것과 임의의 것을 나누는 무의식이 원어민들의 감각에 녹아 있는 거야.

a와 an을 구분하는 것과 마찬가지로, the 역시 이어지는 첫 소리가 모음일 경우에는 '디'라고 읽어. the는 개수와 상관이 없고, 정해진 명사라는 것을 표현하는 거야. 자, 원어민의 사고방식으로 바꾸어서 앞으로 명사(대상)를 바라볼 때 아무나가 아니라 정해진 무언가라면 꼭 the를 붙여 주자.

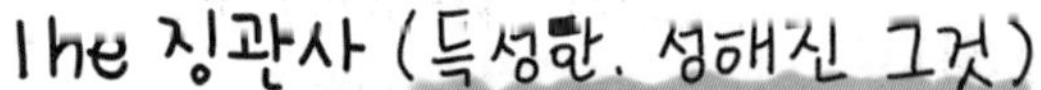
The 정관사 (특정한, 정해진 그것)

☆ 특정한 그것(너와 내가 아는)

나는 (아무) 고양이를 원해. I want a cat.

나는 그 고양이를 원해. I want the cat.

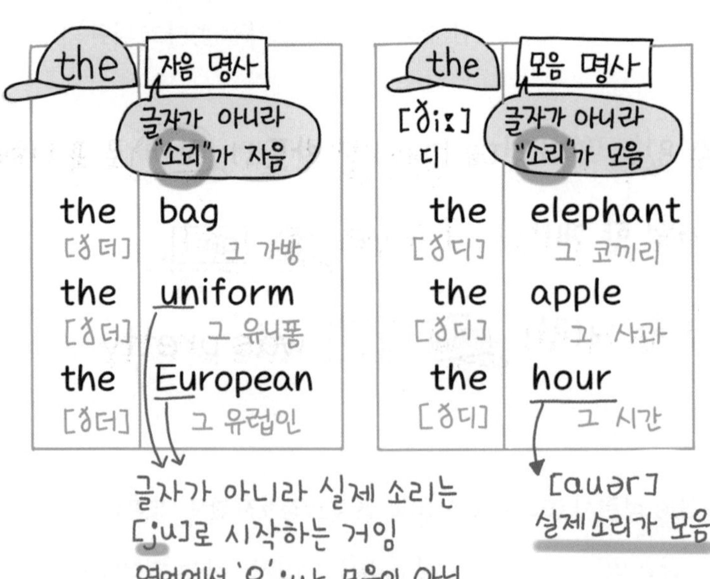
the
자음 명사
글자가 아니라 "소리"가 자음
the bag
[ð더] 그 가방
the uniform
[ð더] 그 유니폼
the European
[ð더] 그 유럽인
글자가 아니라 실제 소리는 [ju]로 시작하는 거임
영어에서 '유'ju는 모음이 아님
the
모음 명사
[ðiː] 디
글자가 아니라 "소리"가 모음
the elephant
[ð디] 그 코끼리
the apple
[ð디] 그 사과
the hour
[ð디] 그 시간
[auər]
실제소리가 모음

- 가끔 the를 꼭 붙이거나, the를 안 붙이는 습관이 있어. 원어민의 습관 같은 거라서 이건 그냥 입으로 말하고 글로 쓰면서 내 몸에 붙여야 해.
- the를 꼭 붙이는 것은 주로 하나뿐인 경우에 사용되고, 옛날에 악기는 귀했기 때문에 관습적으로 the를 붙여.

the를 붙이고 안 붙이는 습관

(1) the를 꼭 붙이는 명사

세상에 하나뿐인 천체	the sun, the Earth, the moon
악기에는 the	play the piano, play the guitar
친숙한 자연환경	the sky, the sea, the ground
서수(순서), 최상급(제일 ~한)	the first place, the first prize, the best
only(유일한), same(같은)	the only way, the same place
바다, 강, 사막 이름	the Atlantic, the Nile, the Sahara
위치, 동서남북	the east, the west, the south, the north

- the를 안 붙이는 경우의 가장 대표적인 예로 'go to school'이 있어. 이때는 단지 물리적인 학교를 간다는 뜻이 아니라, 학교에서 공부하고 친구도 만나고 선생님과 배운다는 뜻이라 the가 없는 거야. school이 건물보다는 추상명사 같은 느낌이랄까? 만약 학생이 공부하러 가는 그 본연의 목적과 다른 뭔가 특이한 이유일 때는 the를 붙여. 마찬가지로 'go to bed'는 침대로 간다는 물리적인 뜻이 아니라, 침대에 가서 잔다는 의미까지 포함한 거라서 the를 쓰지 않아(관습적인 경우). 'go to the bed'라고 한다면 특정 침대에 다른 목적으로 갈 경우라서 the를 쓰는 거지.

(2) the를 안 붙이는 명사

식사에는 ~~the~~	~~the~~ breakfast, ~~the~~ lunch
운동에는 ~~the~~	play ~~the~~ soccer, play ~~the~~ baseball
교회, 학교, 병원 ~~the~~ (원래 용도)	go to ~~the~~ school, go to ~~the~~ church go to ~~the~~ hospital
by ~~the~~ 교통수단	by ~~the~~ bus, by ~~the~~ car, by ~~the~~ train
언어, 과목에는 ~~the~~	~~the~~ English, ~~the~~ science

2-4 셀 수 있는 명사인데 2개 이상인 경우

1) 셀 수 있는 명사인데 2개가 넘는다면 복수형('복수'라는 한자 단어 자체가 어려워. 그냥 '2+'라고 외우는 게 훨씬 직관적이지)이야. 이렇게 2개가 넘을 경우 반드시 s/es를 붙여서 표시해야 해. 규칙으로 외울 때는 그리 어렵지 않지만 일상 대화에서는 놓치기가 정말 쉬워. 명사 이미지의 안테나를 기억해. 이건 통째로 그림으로 가르쳐 줄게.

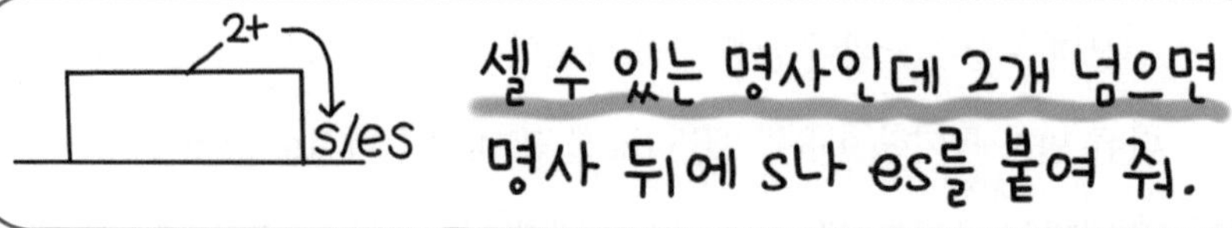
2+
s/es
셀 수 있는 명사인데 2개 넘으면
명사 뒤에 s나 es를 붙여 줘.

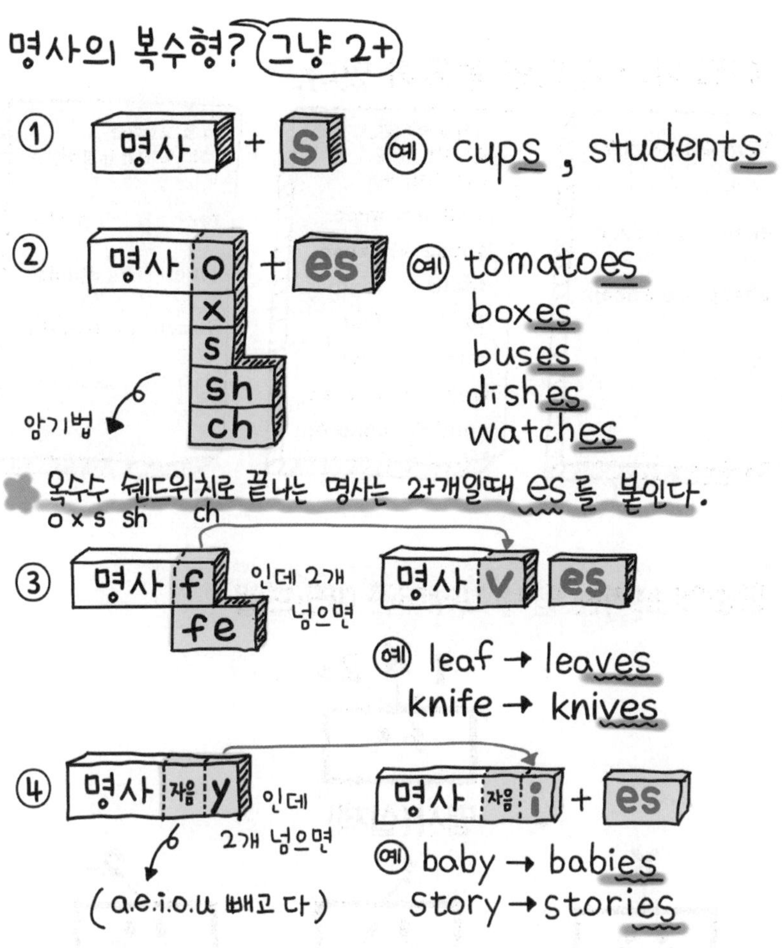
명사의 복수형? 그냥 2+
①
명사 + s
예 cups, students
②
명사 o x s sh ch + es
예 tomatoes
boxes
buses
dishes
watches
암기법
옥수수 쉐드위치로 끝나는 명사는 2+개일때 es를 붙인다.
o x s sh ch
③
명사 f fe 인데 2개 넘으면
명사 v es
예 leaf → leaves
knife → knives
④
명사 자음 y 인데 2개 넘으면
(a.e.i.o.u 빼고 다)
명사 자음 i + es
예 baby → babies
story → stories

2) 그런데 어딜 가나 예외인 놈들이 있어. 규칙을 벗어난 명사들이지. 셀 수 있고 2개 이상이어도 습관화가 되어 복수형(2+)에 s/es를 안 붙이는 명사에는 무엇이 있을까?

여럿이어도 '양과 사슴, 물고기[deer, sheep, fish]' 등은 변하지 않고 그대로이고, 반면 s를 고집하는 '암초에 걸린 대장 난쟁이[reefs, chiefs, dwarfs]'가 있어. 그리고 돌연변이처럼 규칙을 안 지키는 '쥐, 거위, 이빨, 발, 남자, 여자, 아이들[mice, geese, teeth, feet, men, women, children]' 등이 있어. 이런 명사들은 원어민들이 관습적으로 그렇게 쓰는 거라서 그냥 외워 주자.

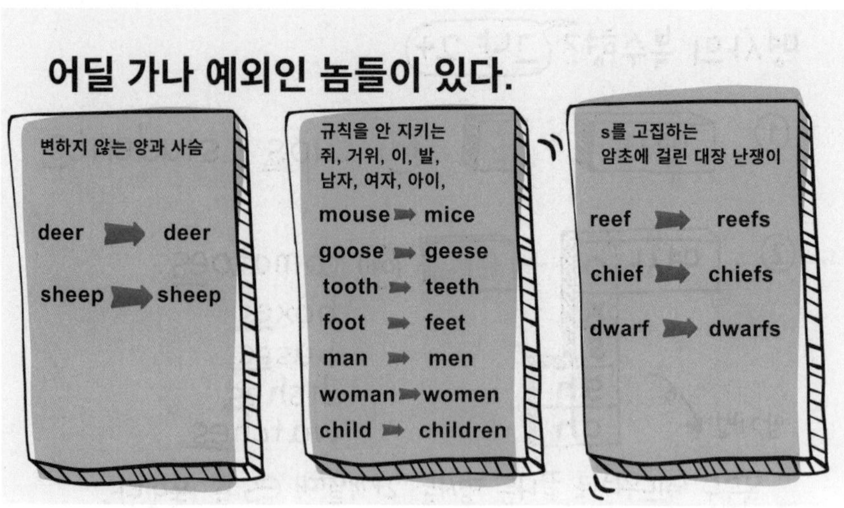

어딜 가나 예외인 놈들이 있다.
변하지 않는 양과 사슴
deer → deer
sheep → sheep
규칙을 안 지키는
쥐, 거위, 이, 발,
남자, 여자, 아이,
mouse → mice
goose → geese
tooth → teeth
foot → feet
man → men
woman → women
child → children
s를 고집하는
암초에 걸린 대장 난쟁이
reef → reefs
chief → chiefs
dwarf → dwarfs

한눈에 보이는 명사 그래머콘 마인드맵

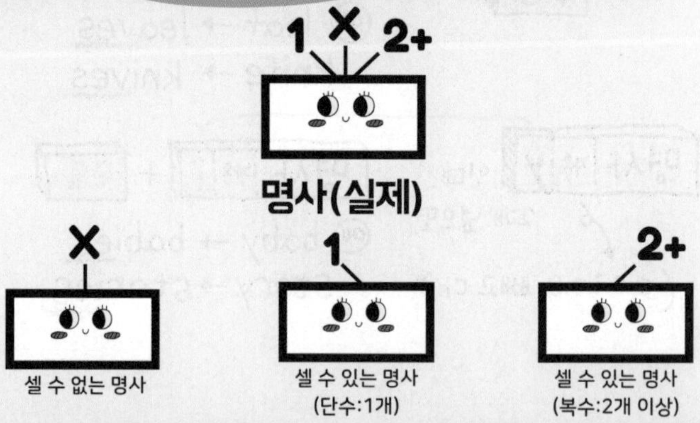

1 X 2+

명사(실제)

X — 셀 수 없는 명사

1 — 셀 수 있는 명사 (단수:1개)

2+ — 셀 수 있는 명사 (복수:2개 이상)

명사 그래머콘 (2+ 복수형) 마인드맵

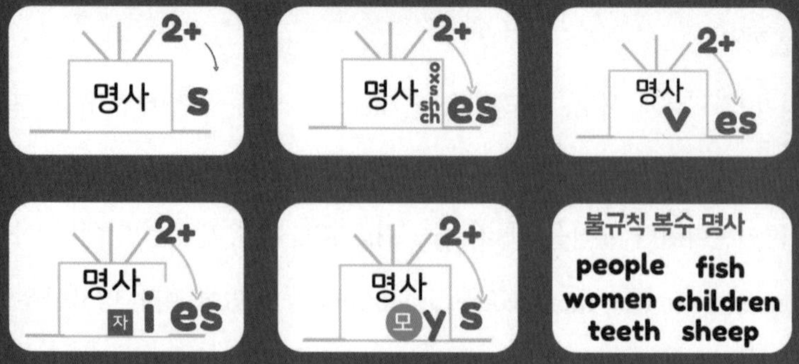

- 2+ 명사 s
- 2+ 명사 o x s sh ch es
- 2+ 명사 v es
- 2+ 명사 자 i es
- 2+ 명사 모 y s
- 불규칙 복수 명사: people fish women children teeth sheep

2-5 대역 배우인 대명사

대신
대명사

한 번 등장한 명사(이름표)가 반복되는 것을 싫어하는 영어의 성격 덕분에 한 번 나온 이후에는 대역 배우인 대명사가 등장해야 해. 대명사에는 크게 인칭대명사, 지시대명사, 관계대명사가 있는데, 어려운 관계대명사는 나중에 배울 거야. 우선, 인칭대명사가 중요한데 인칭(사람)대명사는 형태가 고정된 것이 아니라, 문장 기차의 위치(주인공 자리, 타깃 자리, -의, -의 것)에 따라 카멜레온처럼 모양이 변신을 하지.

대명사

대명사는 대역 배우야.

① 영어는 반복을 싫어해서 한 번 등장한 명사 대신 대명사를 사용해.

② 지시대명사

지시대명사

	가까운	먼
1개	this	that
2+개	these	those

③ 인칭대명사는 위치(역할)에 따라서 모습이 변신해.

인칭대명사

나는
I

나를 me

나의 my

나의 것 mine

대명사
Pronoun

2-6 개수와 거리를 따지는 지시대명사

지시대명사는 누군가에게 지시하고 시키는 것이 아니라 무엇을 가리킬 때(지시) 쓰는 대명사인데, 2가지에 아주 예민해. 우리는 그냥 이거, 저거라고 단순하게 말하지만 영어권 사람들의 사고방식으로는 개수, 거리를 동시에 생각해서 말해야 해. 또 중요한 건 지시대명사에 따라 이어서 오는 동사와 명사까지 같이 영향을 준다는 거야.

뭔가 가리키는 지시대명사

우리는 쉽게 '이거', '저거'라고 말하지만
영어의 사고방식으로는 {거리 + 개수}를 동시에 생각해야 해.

거리 \ 개수	1개	2+개
가까운	this	these
먼	that	those

2-7 카멜레온 같은 인칭대명사

(1) 1명(개)

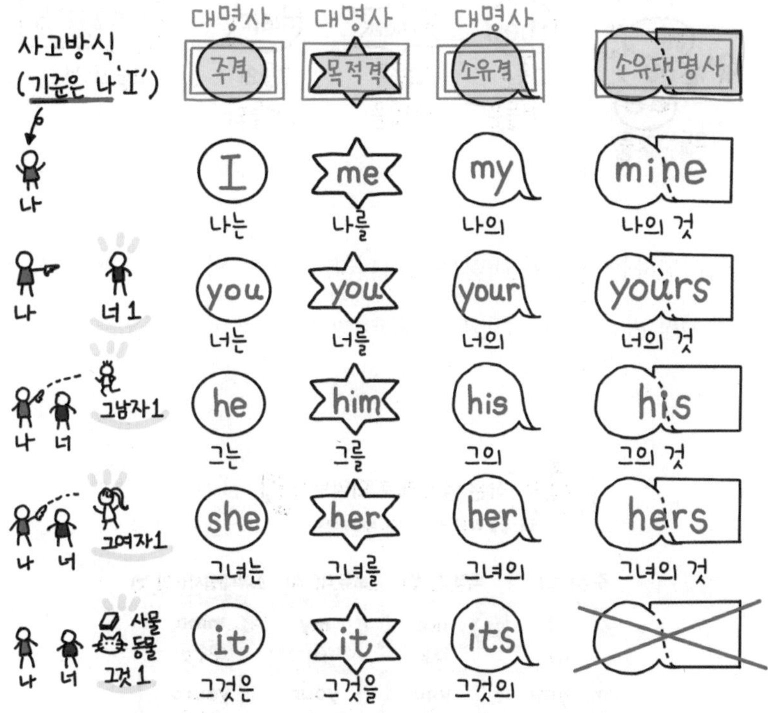

사고방식
(기준은 나 'I')
대명사
주격
대명사
목적격
대명사
소유격
소유대명사
나
I
나는
me
나를
my
나의
mine
나의 것
나
너1
you
너는
you
너를
your
너의
yours
너의 것
나
너
그남자1
he
그는
him
그를
his
그의
his
그의 것
나
너
그여자1
she
그녀는
her
그녀를
her
그녀의
hers
그녀의 것
나
너
사물
동물
그것1
it
그것은
it
그것을
its
그것의

(2) 2+명(개)

2+
나를 포함한 2명이상
we
우리는
us
우리를
our
우리의
ours
우리의 것
너를 포함한 2명이상
you
너희들은
you
너희들을
your
너희들의
yours
너희들의 것
2+
2+
2+
그들, 그것들
they
그들은
그것들은
them
그들을
그것들을
their
그들의
그것들의
theirs
그들의 것

인칭대명사는 고정된 대명사가 아니라, 쓰이는 역할(위치)에 따라 모양이 카멜레온처럼 변신을 해. 그림과 노래(반짝반짝 작은 별)로 만들었으니까 같이 외워 보자.

대명사 작은 별 노래로 외워보자
도도 솔솔 라라 솔~ 파파 미미 레레 도

주격(-는)	목적격(-를)	소유격(-의)	소유대명사(-의 것)
I 나는	me 나를	my 나의	mine 나의 것
you 너는	you 너를	your 너의	yours 너의 것
he 그는	him 그를	his 그의	his 그의 것
she 그녀는	her 그녀를	her 그녀의	hers 그녀의 것
it 그것은	it 그것을	its 그것의	없음
we 우리는	us 우리를	our 우리의	ours 우리의 것
you 너희들은	you 너희들을	your 너희들의	yours 너희들의 것
they 그들은	them 그들을	their 그들의	theirs 그들의 것

명사

명사는 이름표야.

① 명사는 등장할 때 개수를 표현!

② 셀 수 없는 명사라면 관사도 없고 s/es도 없어.

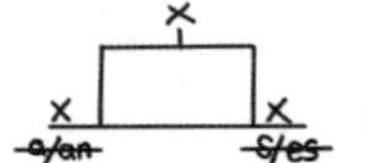

×
×
a/an
×
s/es

예 water

③ 셀 수 있는 명사인데 1개라면 관사 a/an을 꼭 붙여.

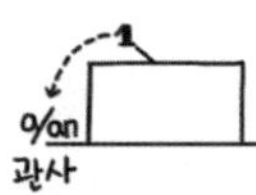

1
a/an
관사

예 a cup
an apple

④ 셀 수 있는 명사인데 2+개 이상이라면 s/es를 붙여.

2+
s/es
여러 개

예 cups
potatoes

⑤ 대상을 볼 때 항상 개수를 따지는 눈을 길러야 해. (영어 안테나, 안경 쓰듯)

1 × 2+

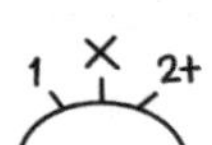

1 × 2+

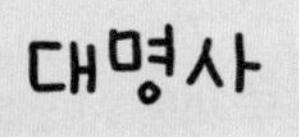

대명사

대명사는 대역 배우야.

① 영어는 반복을 싫어해서 한 번 등장한 명사 대신 대명사를 사용해.

② 지시대명사

지시대명사

	가까운	먼
1개	this	that
2+개	these	those

③ 인칭대명사는 위치(역할)에 따라서 모습이 변신해.

인칭대명사

나는 I

나를 me

나의 my

나의 것 mine

대명사
Pronoun

QUIZ QUIZ

1 다음 빈 칸에 들어갈 수 없는 단어는?

I have six __________.

① fish ② pencils ③ boxes ④ milk

2 관사의 쓰임이 바른 것은?

① This is an delicious apple. 이건 맛있는 사과이다.
② She is a office worker. 그녀는 회사원이다.
③ It will take an hour. 한 시간이 걸릴 것이다.
④ He wore an uniform. 그는 유니폼을 입었다.

3 다음을 우리말로 바르게 옮긴 것은?

나는 동생에게 피자 두 조각과 콜라 두 병을 사 줬다.
I bought my sister __________ and __________.

① two pizzas and two cokes
② two slice of pizza and two coke bottles
③ two slices of pizza and two bottels of coke
④ two slice of pizzas and two bottle of cokes

4 다음 중 어법이 어색한 부분을 고치시오.

① Jack and I love his so much. 잭과 나는 그를 매우 사랑한다.
② This is my pictures. 이건 내 그림들이야.
③ It's hair is brown. 그것의 털은 갈색이다.
④ That car is us. 저 차는 우리 거야.

QUIZ 정답

1

정답: ④

① fish는 셀 수 있고 2+여도 fish라고 사용하는 예외적인 복수형이다.

② pencil은 셀 수 있고 2+라서 s를 붙인다.

③ box는 셀 수 있고 2+인데 마지막이 x이므로 es를 붙인다.

④ milk는 셀 수 없는 명사라서 복수인 six와 함께 쓸 수 없다.

2

정답: ③

① an을 쓸 때에는 '모음+자음+모음'으로 발음을 부드럽게 하기 위함이라 글자가 아니라 소리가 중요하다. an apple은 맞지만 an delicious apple은 안 된다. a delicious apple

② 관사 다음 소리가 모음이라 She is an office worker.

③ 관사 다음 소리가 모음이라서[auə] 글자는 h지만 an을 사용하여 It will take an hour.

④ u는 글자상으로 모음이지만 실제 소리가 [ju]이다. 우리나라와 다르게 영어권에서 '유'는 모음이 아니라 이중모음[ju]이라 자음으로 여겨져서 a를 써야 한다. He wore a uniform.

3

정답: ③

셀 수 없는 명사는 관사와 s를 붙이지 않는다.
단, 양을 표현하고 싶을 때는 단위를 사용하는데, 그때 단위는 복수형이 가능하므로 주의해야 한다.

4

① 인칭대명사 he–him–his–his (그는–그를–그의–그의 것)
Jack and I love him so much.

② 가까우면 무조건 this가 아니라 늘 개수도 따져야 한다. 그림들이 여러 개이므로 these이며, 그에 따라 동사도 are로 바뀐다. These are my pictures.

③ Its와 It's를 구분해야 한다. it–it–its (그것은–그것을–그것의)
It's는 It is의 줄임말이다. Its 그것의, It's 그것은 ~이다. Its hair is brown.

④ we–us–our–ours(우리는–우리를–우리의–우리의 것)이므로 타동사가 없어서 목적격을 쓰면 안 된다. 우리의 것 ours가 어울린다. That car is ours.

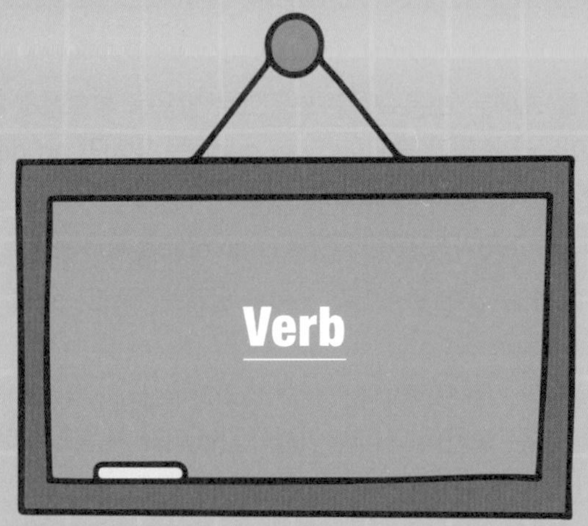
Verb

CHAPTER 03

동사는 모든 걸 결정하는 엔진

자동사

타동사

우와, 우리는 어려운 챕터 2를 넘어왔어. 정말 축하해! 그럼 영어에서 가장 중요한 동사를 비주얼 아이콘인 그래머콘 방법으로 머릿속에 쏙쏙 넣어 보자. 우선 수연이의 일기장을 슬쩍 열어 볼게.

'난 왜 영어에서 5형식이 있는지 모르겠다. 그냥 말하면 될 텐데 왜 형식이 있는 거지? 특히 vi, vt라는 설명을 들으니 머리를 쥐어뜯고 싶었다. 가뜩이나 영어가 제일 어려운데 더 어려운 암호 같은 영어로 설명을 하니 머릿속에 들어오지 않았다.'

3-1 영어 문장의 엔진인 동사는 두 종류

자동사

타동사

앞에서 입이 아프게 반복한 말인데, 영어 문장을 결정하는 열쇠는 바로 동사야. 기차로 치면 엔진 같은 곳이지. 동사는 훨씬 더 자세히 나눌 수도 있지만 간단히 2개로만 나눌 거야.

자, 복습 들어갑니다. 동사의 두 종류는 뭐였지?

이렇게 반복하는 이유는 동사에 대한 감각이 중요해서야. 동사의 종류에 따라 1형식인지, 2형식인지, 3형식인지가 결정되기 때문이고. 심지어 뜻이 달라지기도 해. 예를 들어 'look'은 '보이다'라는 뜻일 때에는 자동사이고, '-을 보다'라는 뜻으로 사용하려면 'look at'처럼 콕 찍어 주는 전치사가 있어야 해. 반면, 'watch'는 타동사라서 그냥 바로 목표 대상이 나오면 되는 거야.

한국인이 많이 하는 실수 중의 하나가 'marry(-와 결혼하다)'야. 타동사이기 때문에 타깃이 바로 나와야만 해서 전치사를 쓰면 안 되는 거지.

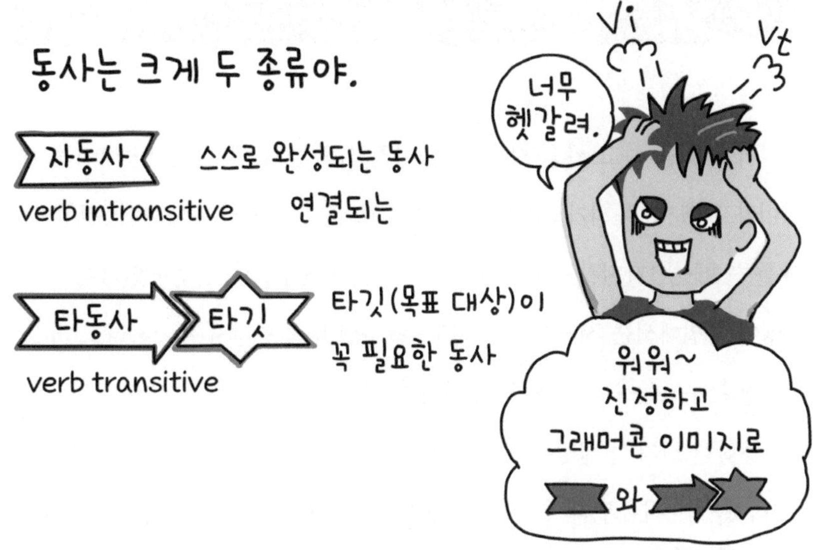
동사는 크게 두 종류야.
자동사
스스로 완성되는 동사
verb intransitive
연결되는
타동사
타깃
타깃(목표 대상)이
꼭 필요한 동사
verb transitive
Vi
Vt
너무
헷갈려.
워워~
진정하고
그래머콘 이미지로
와

예 He looks gorgeous. 그는 멋져 보여. (look 자동사)

He looked at the window. 그는 창문을 보았다.

(대상이 오려면 전치사 필요)

예 He watched the window. (watch 타동사: -을 보다)

He married her. (○) 그는 그녀와 결혼했다.

He married with her (×) 한국어로 '그녀와 결혼했다'라는 뜻 때문에 with를 쓰면 안 되는 거야.

3-2 동사에 달린 3개의 눈썹, '시개누'

영어로 말을 하고 글을 쓰려면, 영어권 사람들의 생각에 익숙해지는 게 한 방법이라고 했지? 우리가 그냥 무의식적으로 존댓말을 사용하듯이, 원어민들은 동사를 쓸 때는 3가지를 생각하며 말을 해. 바로 '시간, 개수, 누구'인가야.

영어 문법에서는 시제를 생각하고, 단수인지 복수인지 체크하라고 하고, 또는 3인칭 단수라는 복잡한 일본식 한자를 사용하는데 나는 그걸 반대해. 영어보다 더 복잡한 한자식 설명은 배우는 사람을 무기력하게 만들기 쉬워. 용어는 알아야 하겠지만 지금부터 우리는 '시개누'를 생각하며 동사를 사용하는 거야. 뭐라고? 시개누~

아들에게 시간, 개수, 누구가 중요하다고 외우기 쉽게 '개시누'를 말해 주었더니 "큭큭" 하고 웃음이 터졌어. '동사는 개시누래. ㅎㅎ 개시누!' 좋아. 그렇게 하면 더 기억에 잘 남을테니 괜찮아. 그럼 지금부터 시개누를 고려해서 동사를 써 보자.

영어를 쓰거나 말할 때 항상 주인공의 시간과 개수를 생각하고 써야 해. 글을 쓰는 경우라면 동사를 적는 순간 왼쪽으로 살짝 눈길을 돌린다고 생각하고 주인공의 시간과 개수를 체크하는 것이 영어식 사고방식인 거지. 음…. 영어권 사람처럼 생각하고 바라보기 위해 '시간', '개수'라는 필터를 달아 준다고 생각해 봐. 몇 가지 예만 보여 주고 아래에서 자세히 설명해 줄게. 일단은 먼저 비주얼 씽킹 그림을 훑어 봐.

영어식 사고방식에서

동사를 쓸 때는 시개누를 생각하며 말해야 해.

시개누가 뭐냐고? 시간, 개수, 누구의 감각을 길러 보자.

시간	개수 #	누구	예문
현재	1	I, You	I walk. 나는 걷는다 You walk. 너는 걷는다
		~~I You~~ 전부다	Thomas walks. 토마스는 걷는다 현재 1인데 ~~I~~, ~~You~~ 이면 S를 붙여
	2+		My friends walk. 내 친구들은 걷는다
과거			Thomas walked. 토마스는 걸었다
미래			Thomas will walk. 토마스는 걸을 것이다

3-3 be동사 아기 돼지 3형제

먼저 be동사를 배워 보자. be동사는 '나는 학생이다.'라는 문장에서 '-이다'에 해당하는 말이야. 그런데 아기 돼지 3형제 이야기 알지? 그 이야기처럼 be가족은 be동사 현재형이 3형제로 나눠져. 원래 모양(원형 infinitive)은 be지만 현재일 때 am, are, is 3형제로 나뉘는 거야.

짝꿍에 따라 맞추는 퍼즐 형식의 돼지 3형제로 그려 보았어. you(너)와 2명이 넘으면 are, I(나)는 am과 짝이 맞지. he, she, it, 사람, 동물, 물건이 1개일 경우는 is와 짝궁이 되는 거야. 아래 그림을 보고 이해해 봐.

아기 돼지 be동사 현재형 3형제

am
are
is

주어(주인공)와 be동사는 짝꿍이 정해져 있어.

인칭 (누구)	1명(개)			2+ 명(개)		
	주어	be동사	합체	주어	be동사	합체
1인칭 ('나' 포함)	I	am	I'm	We	are	We're
2인칭 ('너' 포함)	You	are	You're	You	are	You're
3인칭 (~~나~~, ~~너~~)	He She It ⋮	is	He's She's It's	They ⋮	are	They're

be동사는 동사들 중에서 가장 특별해.
be동사는 '~이다' 또는 '있다'라는 뜻이야.

그리고 be동사는 '-(무엇)(상태)이다, -에 있다'로 해석이 돼. 자세히 그림으로 알려 줄게.

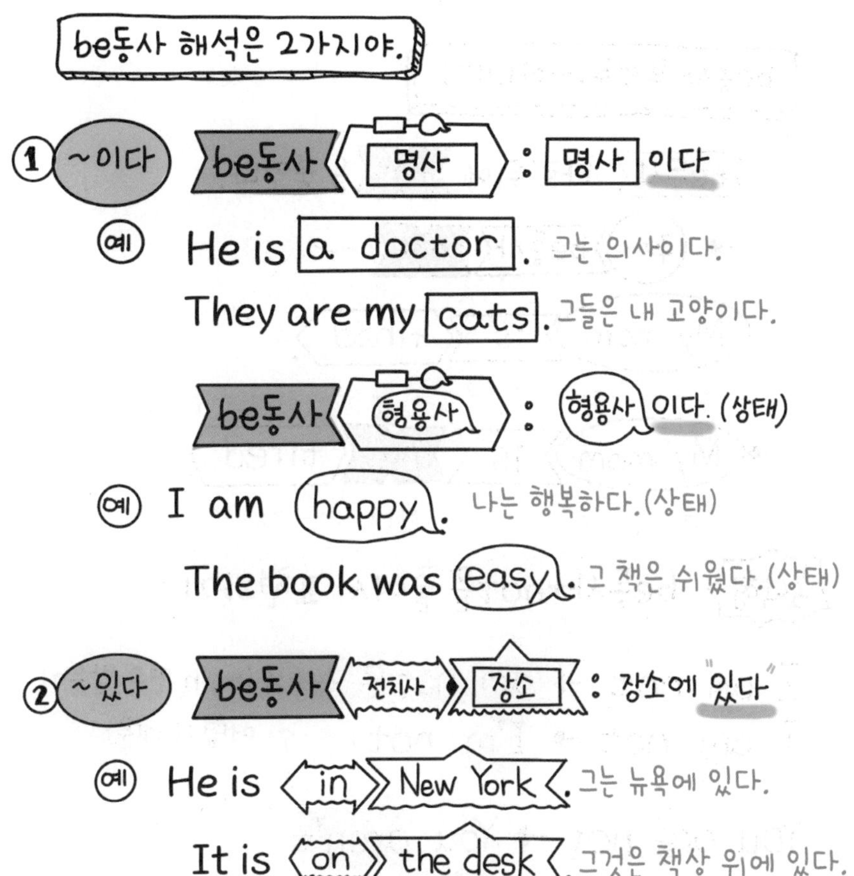

be동사 해석은 2가지야.
① ~이다
be동사 명사 : 명사 이다
예 He is a doctor. 그는 의사이다.
They are my cats. 그들은 내 고양이다.
be동사 형용사 : 형용사 이다. (상태)
예 I am happy. 나는 행복하다.(상태)
The book was easy. 그 책은 쉬웠다.(상태)
② ~있다
be동사 전치사 장소 : 장소에 "있다"
예 He is in New York. 그는 뉴욕에 있다.
It is on the desk. 그것은 책상 위에 있다.

3-4 be동사의 부정문과 의문문

be동사가 들어 있는 문장을 '아니다'라고 부정하고 싶으면, 그냥 be동사를 찾아서 바로 뒤에 not만 붙이면 끝이야. 정말 쉽지? **be 뒤에 not!**

be동사 부정문(~아니다)
be동사 바로 뒤에 not을 붙인다.
→ 주어 be동사 not ~
My mom is tired.
우리 엄마는 이다 피곤한
be 동사 바로 뒤에!
→ My mom is not tired.
우리 엄마는 이지 않다 피곤한
축약형 be동사+not을 줄여서 표현하기
I am not → am not은 축약X (m, n 연속 발음이 어렵기 때문)
I am not → I'm not
You are not → You aren't
You are not → You're not
He is not → He isn't
He is not → He's not

be동사가 있는 문장에서 물어보는 질문을 하려면 어떻게 할까?

자, 지금부터 가볍고 점프를 잘하는 돼지 3형제를 떠올리고, 주어 앞으로 점프하는 모습을 상상해 봐. be 돼지 3형제가 주어 앞으로 점프를 하고, 맨 뒤에 물음표(?)를 붙여 주면 되는 거야.

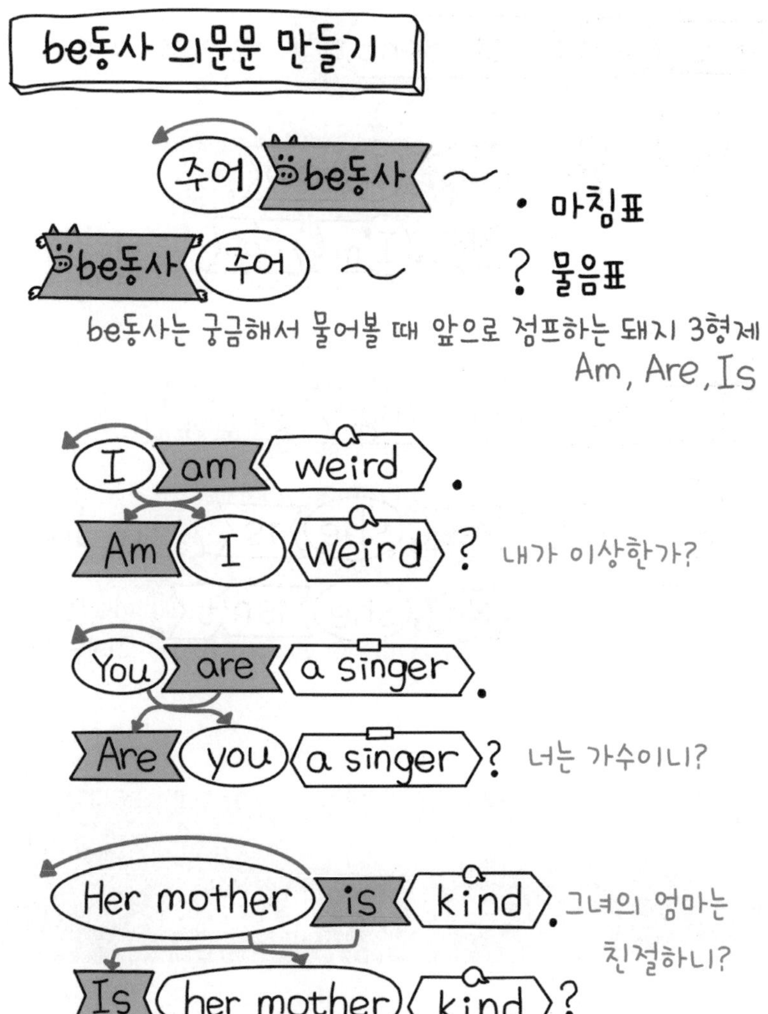
be동사 의문문 만들기
주어 be동사 ~
be동사 주어 ~
• 마침표
? 물음표
be동사는 궁금해서 물어볼 때 앞으로 점프하는 돼지 3형제
Am, Are, Is
I am weird.
Am I weird? 내가 이상한가?
You are a singer.
Are you a singer? 너는 가수이니?
Her mother is kind.
Is her mother kind? 그녀의 엄마는 친절하니?

그럼 be동사 질문에 대답을 어떻게 할까?

Yes
NO
be동사 의문문 → 대답
Are you a student?
너는 학생이니?
Yes, I am.
네, 나는
No, I'm not.
아니오, 나는 아냐.
Is your mom angry?
너의 엄마는 화나 있니?
Yes, she is.
네, 그녀는
No, she isn't.
아니오, 그녀는 아냐.

3-5 일반동사의 현재형 (지금/1명/나너 빼고는 S)

일반동사는 be동사를 제외한 주인공의 동작이나 상태를 나타내는 동사야. 그런데 보통의 책에서는 3인칭 단수 현재일 경우 s(es)를 붙인다고 가르쳐 주는데, 그 말 자체가 일본식 문법이고 한자 표현이라 직관적으로 와닿지가 않아.

한국인이 말하거나 글을 쓸 때 s를 놓치는 경우가 너무 많기 때문에 주의해야 해. 알고리즘으로 표현한다면 다음과 같아. 1단계로 시간을 파악하고 주어의 개수를 파악해서 1개라면 s를 붙이는 것을 기본 세팅으로 여기되, 단 I와 You인 경우에만 s를 안 붙이는 거야.

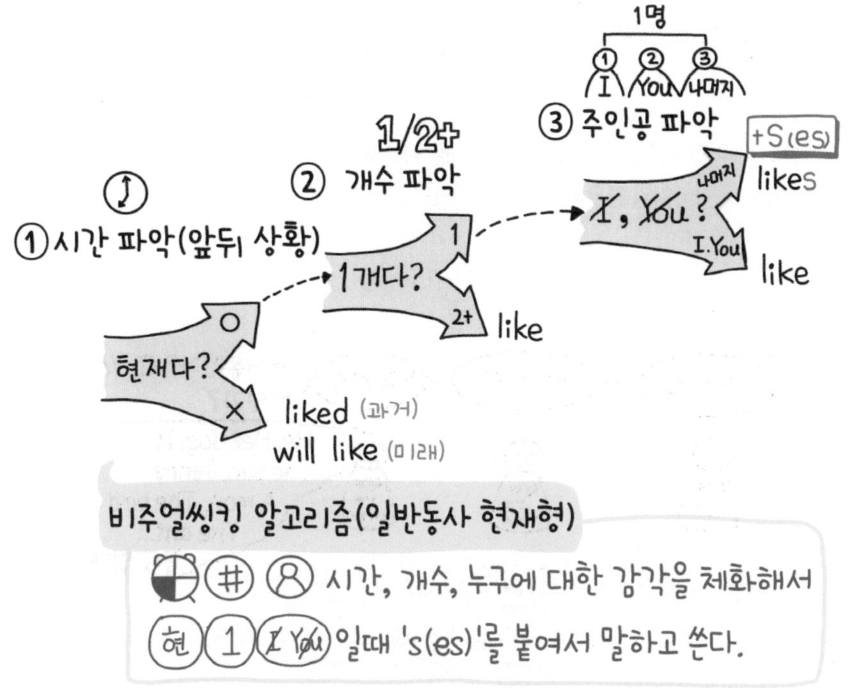
1명
① I
② You
③ 나머지
③ 주인공 파악
1/2+
② 개수 파악
① 시간 파악(앞뒤 상황)
현재다?
○
×
liked (과거)
will like (미래)
1개다?
1
2+
like
I, You ?
나머지
I.You
+S(es)
likes
like
비주얼씽킹 알고리즘(일반동사 현재형)
시간, 개수, 누구에 대한 감각을 체화해서
현 1 I You 일때 's(es)'를 붙여서 말하고 쓴다.

(암기법) 지금 혼자(1)라면 s가 붙어야 외롭지 않은데,
지금 혼자(1)여도 아이유(I, You)라면 s를 붙이지 말자!

* 주인공이 2+명이면? 붙일 필요가 없지.

* 과거라면? 과거형을 쓰면 되지.

오히려 과거보다 더 많이 하는 실수가 현재 1개에 s를 놓치는 실수이거든. 문제집에서 He, She, It, 사람 이름은 3인칭 단수니까 s를 붙이라고 가르치기 때문이야. 그 외의 주어가 얼마나 많은데! 영어는 동사를 쓰고 말하는 순간 항상 주인공의 시간과 개수를 확인해야 해. 시개누, 개시누!!

솔직히 '3인칭 단수 현재'라는 말은 어린이들이나 영어를 어려워하는 학생들에게는 너무 한자식 나열이라, 직관적으로 인식할 수 있게 비주얼 그래픽으로 만들었어. '현재/1명/I, You 빼고'일 경우에는 s(es)가 붙기 때문에 eat의 현재형은 주어에 따라서 eat 또는 eats야.

'현재, 1개이면 S를 붙인다'라는 사고방식을 디폴트(기본 설정) 값으로 놓고, I, You(나너; 아이유)일 경우에 s를 뗀다고 거꾸로 생각하는 거지.

시간 파악
개수 파악
누구 파악
아이유인가? (I, You)
아닌가?
현재 1개 I
현재 1개 You
현재 1개 나,너 빼고
S(es)
He, Her dog, It
The sun, Jenny
A man, The bird
The ant...
끝이 없다
기본 세팅을 현재, 1개이면 S(es)를 붙인다!
오히려 예외 사항처럼 I, You 일때만 S(es)를 뗀다고
반대로 생각해야 실수가 적어.
이면 S(es)를 붙인다.
현재
1개
누구
주어가 1명인가??
일단 S 준비!
현재, 1명,
I, You도 아니니
S 붙여 말하자.
늘 확인
예) Dr. kim runs.
동사 쓸 때마다
왼쪽에 있는 주어 확인!
한국인 입장에서는
현 1 I You 일 때 'S' 붙이는 걸 제일 잘 까먹어.

일반동사의 현재 단수 3인칭일 때

1
I You

① 대부분은 동사에 s를 붙여.

s
+ s

A bear sleeps. 곰은 잔다
1마리

He jumps. 그는 뛰어오른다
1명

② o, x, s, sh, ch로 동사가 끝나면

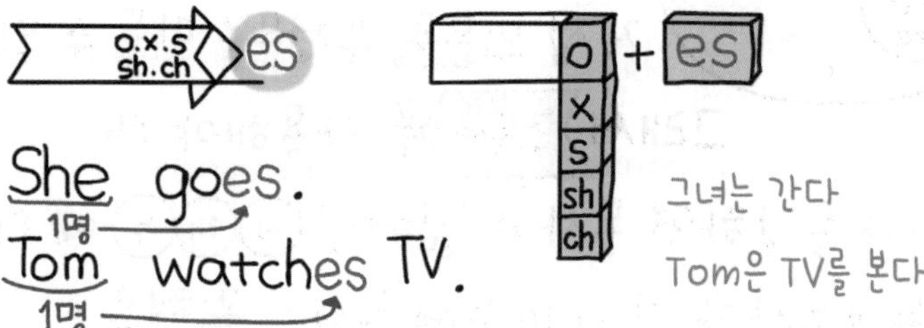

o.x.s
sh.ch
es
o
x
s
sh
ch
+ es

She goes. 그녀는 간다
1명

Tom watches TV. Tom은 TV를 본다
1명

③ 동사가 ~자음+y로 끝날 때는

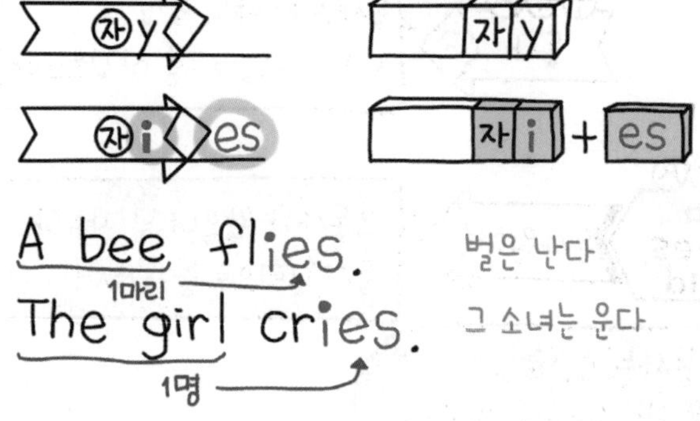

자y
자 y
자i es
자 i + es

A bee flies. 벌은 난다
1마리

The girl cries. 그 소녀는 운다
1명

아하, 동사의 끝 부분을 확인해서 'o, x, s, sh, ch'로 끝나거나
'자음+y'로 끝나면 주의해서 쓰고, 나머지는 다 s를 붙이는구나.

3-6 일반동사의 부정문과 의문문

일반동사

일반동사란? 수많은 동사 중에서 be동사를 제외한 동사를 일반동사라고 불러. be동사와 다르게 스스로 직접 의문문, 부정문을 만들 수 없어. 그래서 조동사를 사용해야 해.

동사
be동사
am are is was were
일반 동사

조동사가 등장하면 동사가 짊어진 시 개 누 에 대한 정보는 조동사가 맡기 때문에 동사는 원형을 사용하게 되는 거야. 어렵다고? 그림을 그려 줄게.

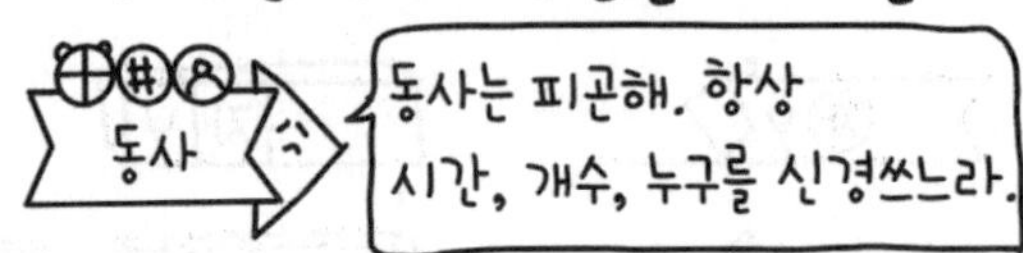

동사
동사는 피곤해. 항상 시간, 개수, 누구를 신경쓰느라.

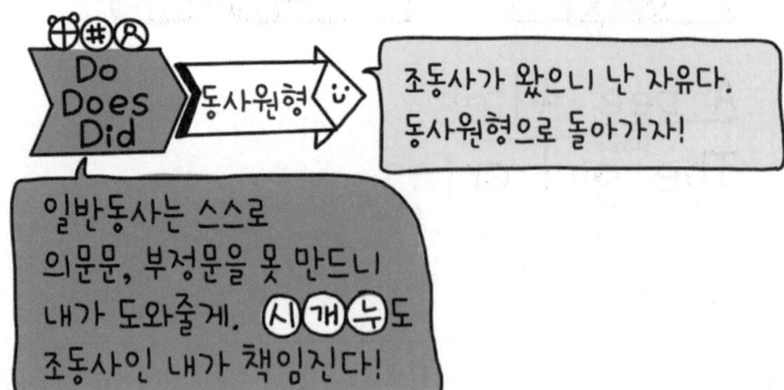

Do Does Did
동사원형
조동사가 왔으니 난 자유다. 동사원형으로 돌아가자!
일반동사는 스스로 의문문, 부정문을 못 만드니 내가 도와줄게. 시 개 누 도 조동사인 내가 책임진다!

be동사가 아닌 동사는 직접 나가거나 not을 붙일 수 없어. 그래서 조동사(do, does, did) 등을 대신 앞으로 보내서 의문문을 만들어. 이때 주의 사항은 조동사가 등장할 때 조동사가 시간, 개수를 뒤집어쓰게 되어 원래 동사는 본모습 그대로 되돌아간다는 거야. 마치 신데렐라가 12시에 자신의 본모습으로 돌아가는 것처럼. 조동사가 전부 감당하고, 동사 자신은 짊어지고 있던 시간이나 개수를 다 벗어던지게 되는 거야.

일반동사의 부정문
일반동사는 바로 뒤에
not을 붙이지 않고 조동사 not 동사원형을 써.
시개누를 고려해서!
주인공 일반동사
주인공 do does did not 일반동사
⊕추가 ⊕추가 동사원형으로 변신
현재-1-I.You
현재-2+
They like the girl.
They do not like the girl.
don't
현재-1-I.You
My mom likes the girl.
My mom does not like the girl.
doesn't
과거 — —
He liked the girl.
He did not like the girl.
didn't

일반동사의 부정문을 만들려면 일반동사 뒤에 not이 올 수 없어. 그래서 비서인 조동사(시개누를 생각해서 사용해야 해)가 등장하고 바로 뒤에 not, 이어서 동사원형을 써 주면 돼.

의문문도 조동사가 대신 앞으로 나가고(시, 개, 누 뒤집어쓰고), 동사는 동사원형으로 자유로워지고, 마지막에 물음표(?)를 붙여 주면 의문문을 만들 수 있어.

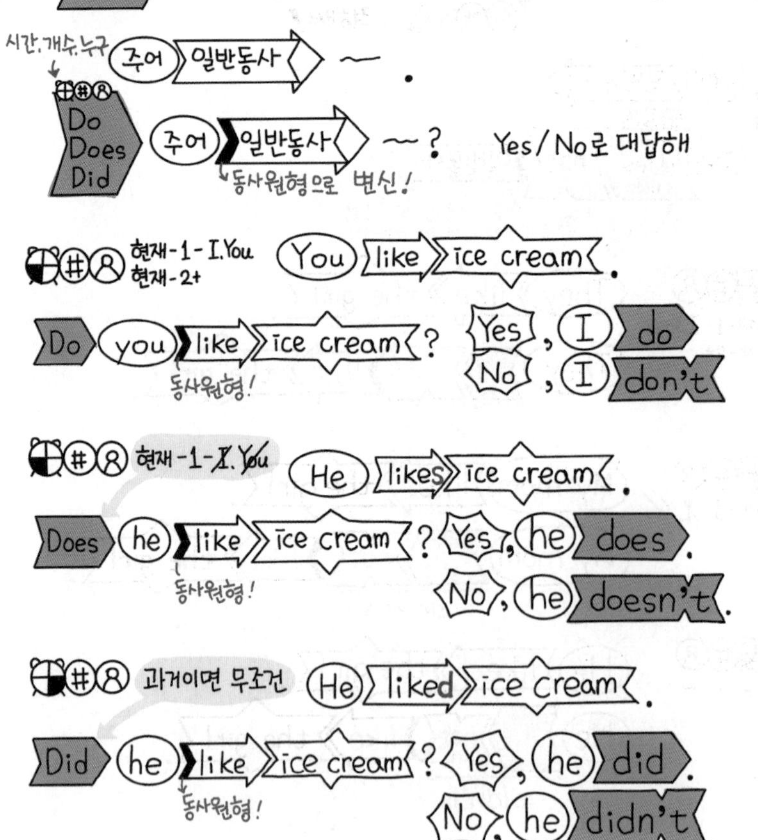

일반동사의 의문문
일반동사는 be동사처럼 직접 주어 앞으로 갈 수 없어서
조동사 가 대신 앞으로 나가고 동사원형이 된 후 물음표(?)를 붙여.
시간, 개수, 누구
주어 일반동사 ~ .
Do Does Did 주어 일반동사 ~ ?
Yes/No로 대답해
동사원형으로 변신!
현재-1-I.You 현재-2+
You like ice cream .
Do you like ice cream ? Yes, I do
No, I don't
동사원형!
현재-1-I.You
He likes ice cream .
Does he like ice cream ? Yes, he does .
No, he doesn't .
동사원형!
과거이면 무조건
He liked ice cream .
Did he like ice cream ? Yes, he did .
No, he didn't .
동사원형!

3-7 동사의 카멜레온 3단 변신 (원형 / 과거 / 과거분사)

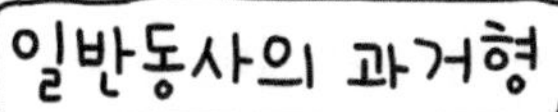
일반동사의 과거형

~했다, ~었다

① 규칙적인 일반동사 과거형은 + ed

talk ed
말했다

want ed
원했다

walk ed
걸었다

② -e로 끝나는 동사는 + d

live d
살았다

change d
변했다

love d
사랑했다

③ -y로 끝나는 경우는 2가지

자 y
자 i ed
Study
Studi ed
공부했다
try
tri ed
시도했다
a e i o u
y
+
ed
play ed
놀았다

④ '짧은 모음+짧은 자음'으로 끝날 때(짧모짧자)

한번 더
a e i o u
자
자
ed
Stop ped
멈추었다
drop ped
떨어졌다

과거형이 우리나라 말로는 쉽잖아. '었' 또는 'ㅆ'을 붙이면 끝이니까. 하지만 영어에서는 동사에 그냥 ed가 붙기도 하고, 이상하게 변하는 동사들도 정말 많아. 머리가 터지겠다고? 실제로 원서를 읽거나 대화할 때는 과거동사를 현재동사보다 더 자주 만나게 되기 때문에 과거형은 꼭 알아야 해. 챕터북을 열면 동사가 대부분 과거형으로 나와서 현재형(동사원형, 또는 +s)보다도 더 자주 접하기 때문에 과거형을 모르면 영어책을 읽을 수가 없어. 글쓰기도 마찬가지인데, 일기나 겪었던 일을 에세이로 쓰려면 주로 과거형 동사를 써야 하기 때문이야.

여기서 내가 꼭 이야기해 주고 싶은 건, 이때 한국 사람들이 현재-과거-과거분사 세트로 3단 변신을 외우는데, 과거분사는 시제가 아니라 동사가 형용사로 변신을 한다는 거야. 영어는 동사가 중심인 언어라서 동사를 명사나 형용사 또는 부사로도 변신시켜서 사용을 해. 이때 과거분사는 방향이 안쪽으로 향하는 수동의 느낌이나, 다 했다는 완료의 느낌을 가진 형용사야. 분사(participle)를 보면 '아하, 동사형용사구나!'라고 생각하자. 분사(동사형용사)에 대해서는 나중에 알려 줄게. 역시 그림으로 한눈에 보이게 했어. 동사와 형용사가 겹친 그림이 보이지? 두 성격을 다 갖고 있는 거야. (분사 300쪽을 참고해 줘.)

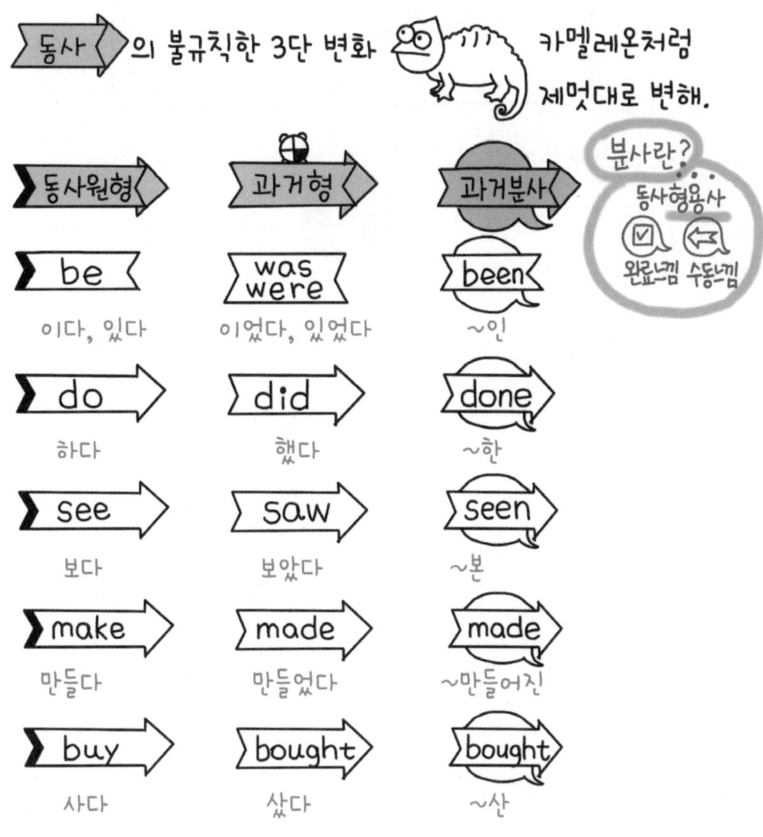
동사
의 불규칙한 3단 변화
카멜레온처럼
제멋대로 변해.
동사원형
과거형
과거분사
분사란?
동사형용사
완료느낌 수동느낌
be
이다, 있다
was were
이었다, 있었다
been
~인
do
하다
did
했다
done
~한
see
보다
saw
보았다
seen
~본
make
만들다
made
만들었다
made
~만들어진
buy
사다
bought
샀다
bought
~산

위의 그림처럼 영문법에서 동사를 배울 때 '동사원형-과거형-과거분사형'을 외우게 되는데, 여기에서 학생들이 자주 하는 실수는 '현재형-과거형-대과거형'으로 착각하는 거야. 과거분사는 시제와 상관이 없어. 현재형이 3인칭 단수이면 s/es도 붙여야 하기에 현재형과 동사원형은 전혀 달라. 그리고 과거분사는 시간을 뜻하는 대과거가 아니라 동사형용사야. 시간으로 배웠던 거 같다고? 아니야. 대과거가 'had+과거분사'일 경우 과거보다 이전 과거를 말하지만, 과거분사 자체는 시간과 상관없어. 과거분사는 완료(다 했다, 이미 ~한)의 느낌과 수동(안쪽으로 타동사의 방향이 들어오는, ~함을 받은)의 느낌을 가진 동사형용사라는 거 잊지 마. 자, 그럼 분사는 나중에 배우도록 하고, 쉬운 형용사로 넘어가 볼까?

QUIZ QUIZ

1 다음에 들어갈 말로 알맞지 않은 것은? (2개)

The man ______________.
그 남자는

① runs 달린다
② catchs the ball 공을 잡는다
③ reads a book 책을 읽는다
④ have a house 집을 갖고 있다
⑤ drinks juice 주스를 마신다

2 다음 중 문법상 올바른 문장은?

① He marries with her.
그는 그녀와 결혼한다.
② My mom have it.
엄마가 그걸 갖고 있어.
③ Does she likes it?
그녀가 그것을 좋아하니?
④ They play baseball.
그들은 야구를 한다.

3 빈칸에 알맞은 말을 〈보기〉에서 골라 현재형으로 바꾸어 문장을 완성하시오.

〈보기〉 go wash must like be

① 나는 매우 행복하다.
⇨ I ______________ very happy.
② 지구는 태양 주위를 돈다.
⇨ The Earth ______________ around the sun.
③ 우리 엄마는 설거지를 한다.
⇨ My mother ______________ the dishes.

4 다음 문장의 밑줄 친 부분을 어법에 맞게 고쳐 쓰시오.

① She are work very hard.
② They enjoys their vacation.
③ I droped an orange.
④ Tom and Claire helps each other.

QUIZ 정답

1

정답: ②, ④

동사의 시개누를 생각해 보자.
시간은 현재, 개수는 1, 누구: The man
그럼 현재 + 1 + I/You 아니면 동사에 s/es를 붙인다.

② catches the ball 공을 잡는다
동사가 옥수수 쉬엔드위치(o, x, s, sh, ch)로 끝나면 es를 붙인다.

④ has a house 집을 갖고 있다
have가 아니라 has를 쓴다.

2

정답: ④

① He marries her.
타동사는 바로 타깃(목적어)이 나와야 하고 전치사가 끼어들지 않는다. marry는 타동사이다.

② My mom has it.
시개누: 현재, 1, I, You 빼고는 has

③ Does she like it?
Does가 이미 시개누를 뒤집어썼으므로 like는 s를 떼고 동사원형이 된다. Dose에서 시간을 표현했기 때문에 like는 시간으로부터 자유의 몸이 된다.

3

정답: am, goes, washes

① I am very happy now.
I에 어울리는 be동사는 am이다.

② The Earth goes around the sun.
시개누: 현재 – 1 – I/You 아닌데 o로 끝나니까 es를 붙여서 goes가 된다.

③ My mother washes the dishes.
우리 엄마는 설거지를 한다.
시개누: 현재 – 1 – I/You 아닌데 sh로 끝나니까 es를 붙여서 washes가 된다.

4

정답: works, enjoy, dropped, help

① She works very hard.
are(이다)와 work(일하다) 동사 2개가 있어서 틀렸다. 시개누: 현재 –1 – I/You 아니니까 s를 붙여서 works가 된다.

② They enjoy their vacation.
they는 여러 명(2+)이므로 s를 붙이지 않는다.

③ I dropped an orange.
'짧은 모음+짧은 자음'으로 끝나는 동사는 끝자음을 한 번 더 쓰고 ed를 붙인다.

④ Tom and Claire help each other.
Tom과 Claire가 2명이니까 s를 붙이지 않는다.

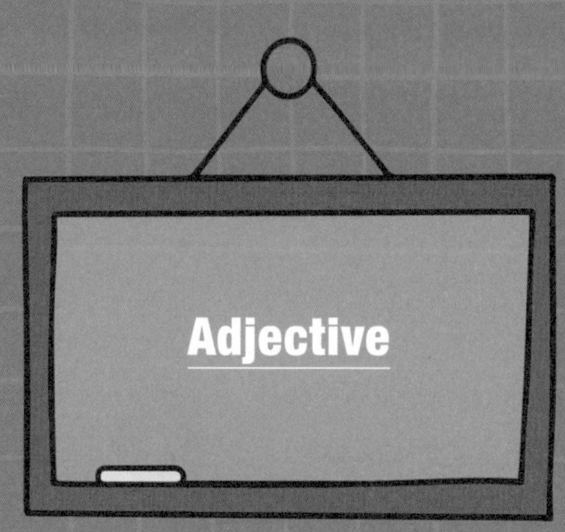
Adjective

CHAPTER 04

멋진(ㄴ) 형용사

형용사

우와! 우리는 가장 어려운 '동사'를 통과한 거야. 대단해!! 그럼 이제 형용사도 배워 볼까? 나는 나 자신과 영어를 어려워하는 사람들을 위해 이런 그림을 직접 만들어내는 창의적인 멋진 아줌마라고 생각해. 여기서 아줌마 앞에 오는 '창의적인, 멋진'과 같이 'ㄴ'으로 끝나는 꾸며 주는 말이 바로 형용사야. 그럼 형용사를 한국말로 많이 말해 볼까? 파란, 붉은, 잘생긴, 아름다운, 쉬운, 무서운, 못생긴, 무거운, 가벼운, 큰 등등 정말 많지? 영어로 바꿔 보면 blue, red, handsome, beautiful, easy, scary, ugly, heavy, light, big 등이야.

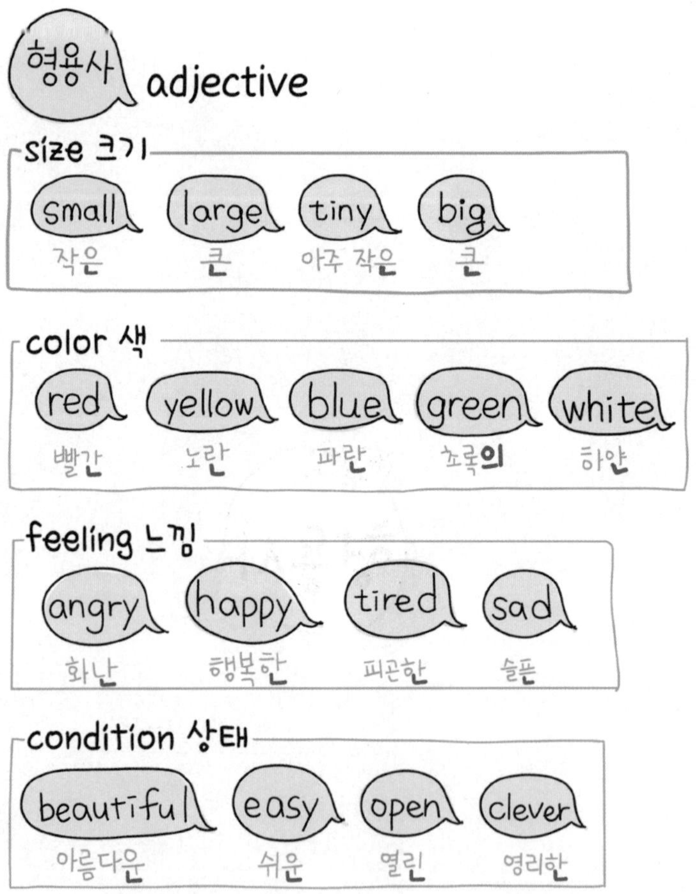
형용사 adjective
size 크기
small
작은
large
큰
tiny
아주 작은
big
큰
color 색
red
빨간
yellow
노란
blue
파란
green
초록의
white
하얀
feeling 느낌
angry
화난
happy
행복한
tired
피곤한
sad
슬픈
condition 상태
beautiful
아름다운
easy
쉬운
open
열린
clever
영리한

→ 'ㄴ'으로 끝날 수 있고, 크기·모양·색·기분·상태 등을 묘사하고 꾸며 주는 말이 형용사야.

4-1

명사를 자세하게 꾸며 주는 멋진(ㄴ) 형용사

형용사

형용사
adjective

명사를 꾸며 주는 역할

1 × 2+
형용사
명사
1
a
pretty
girl
예쁜
소녀

주로 명사 앞에서 어떤 상태인지
자세하고 구체적으로 꾸미기

2+
black
cats
검은
고양이들

(1) 명사 앞에서 꾸며 주는 경우

그림과 같이 형용사는 주로 명사 앞에서 명사를 자세히 꾸며 줘. 쉽지? '맛있는 떡볶이'와 같이 앞에서 꾸며 주는 경우는 한국어와 비슷해서 힘들진 않아. 그럼 한국인들이 잘 빠지는 함정은 어디일까? 바로 명사이기 때문에, 특히 1개일 경우에는(혼자 등장하면 자기를 소개해야 하듯이) 반드시 관사 a/an 또는 the가 등장해야 하거든. 관사(article)와 명사 사이에 형용사가 쏙 들어오게 되는 거야. 이때도 관사만 주의한다면 별로 어렵지 않아.

예 난 봤어. 한 잘생긴 남자를.	I saw a handsome man.
너 먹었니 그 맛있는 피자를?	Did you eat the delicious pizza?

(2) 명사 뒤에서 꾸며 주는 경우도 가끔 있어.

보통은 형용사가 앞에서 꾸며 주지만 특별히 -thing, -one으로 끝나는 경우에는 형용사를 뒤에 붙여.

예 something fishy　수상한 무엇인가
someone interesting　재밌는 누군가

(3) 명사를 꾸며 주는 말이 길어지면 뒤로 붙여. 그게 관계대명사야.

한국어는 항상 명사 앞에서 꾸며 주지만, 영어는 목표물이 분명한 언어라서 꾸며 주는 말이 너무 길 경우에는 뒤에서 꾸며 줘야 해. 이게 중요해.

예를 들어, '나는 그 예쁜 소녀를 좋아했다. /나는 가끔 나에게 버스 정류장에서 손들어 주는 소녀를 좋아했다.'일 경우에 우리말은 '소녀' 앞에서 다 꾸며 주지. 반면 영어는 꾸며 주는 말이 너무 길 경우 일단 소녀를 먼저 말하고, 소녀 뒤에 자세하게 설명을 덧붙여야 해.

예 I liked the pretty girl.
I liked the girl who sometimes waved at me at the bus stop.
(나는 좋아한다 소녀를 걔는~ 가끔 흔든다 나에게 버스정류장에서.)

'who'라는 연결 고리를 붙이고 뒤에서 설명해야 한다는 걸 잊지 마. 나중에 관계대명사에서 자세히 설명해 줄게.

4-2 주어나 목적어를 보충해 주는 멋진(ㄴ) 형용사

보충·설명하는 역할: 보어 → 주격 보어 / 목적격 보어

① 주인공을 보충해 주기

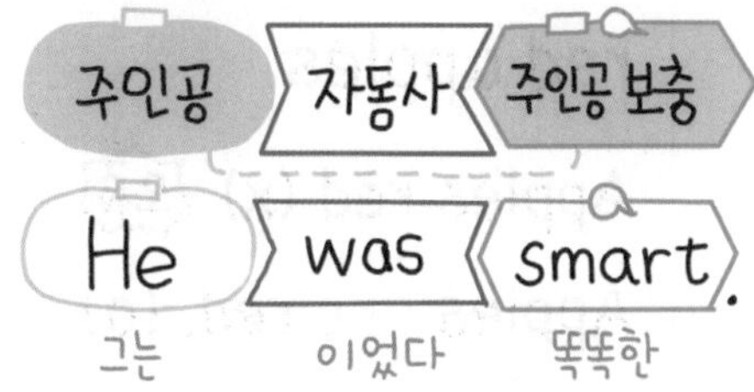

주인공
자동사
주인공 보충
He
was
smart.
그는
이었다
똑똑한

② 목적어 타깃을 보충해 주기

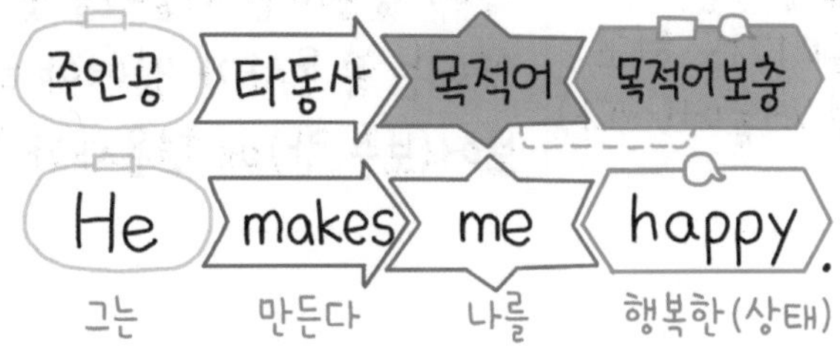

주인공
타동사
목적어
목적어보충
He
makes
me
happy.
그는
만든다
나를
행복한(상태)

형용사는 주어나 목적어를 보충, 설명, 묘사하는 역할로 쓰여. 주어를 보충 설명할 때는 2형식[주인공-자동사-보어(보충 설명)]으로 쓰이고, 목적어를 보충 설명할 때는 5형식[주인공-타동사-목적어-보어(보충 설명)]으로 쓰이는 거야.

형용사

한국어의 형용사 vs 영어의 형용사

한국어 사고방식	영어 사고방식
아름다운 → 소녀 소녀는 아름답다.	a beautiful girl A girl beautiful (x) 오류 A girl is beautiful. (o) 소녀는 (상태)이다 아름다운
빨간 사과들 사과들이 빨갛다.	red apples Apples red (x) 오류 Apples are red. (o) 사과들은 (상태)이다 빨간
한국어 형용사는 명사를 꾸미기도 하고 동사처럼 서술어(~다)까지 해.	영어 형용사는 서술어를 못 해. 영어는 꼭 동사가 있어야 해. 보어(보충 칸)에 형용사가 들어가.

그건 멋집니다 → '그건/입니다/멋진'으로 생각하기

한국어와의 차이점을 다시 짚고 넘어갈게. 한국어에서는 형용사가 마치 동사처럼 서술어로 쓰이기도 해. '그녀는 아름답다'처럼. 하지만 영어에서는 'She beautiful'로 쓰면 안 돼. 영어의 사고방식으로는 '그녀는 -(어떤 상태)이다. 아름다운'과 같이 생각하거든. 형용사가 직접 서술어가 될 수 없기 때문에 be동사(돼지 3형제)나 자동사 다음에 쓰이는 거야.

즉, 주어 다음에 동사가 꼭 와야 하기 때문에 한국어처럼 형용사가 서술어로 쓰일 수는 없어. 그래서 동사 다음 보충 칸(보어)을 형용사가 채워 주는 방식으로 사용하는 거야. 1단원의 입장 제한에서 설명했듯이, 보어 자리(육각형)에는 형용사 또는 명사만 입장을 할 수 있어. 특히 부사는 이 자리에 들어올 수 없어.

다음의 차이가 느껴지니?

예 She beautiful. (×) 그녀는 아름답다.

She is beautiful. (○) 그녀는 (상태)이다 아름다운

The cake delicious. (×) 그 케이크는 맛있다.

The cake is delicious. (○) 그 케이크는 (상태)이다 맛있는

그럼, 한국어의 사고방식과 영어의 사고방식을 비교해 보자.

예 넌 똑똑해. 너는 (상태)이다. 똑똑한 You are smart.

이건 쉬워. 이건 (상태)이다. 쉬운 This is easy.

걔는 슬퍼 보여. 걔는 보인다. 슬픈 She looks sad.

결론은, 한국어처럼 형용사를 서술어로 쓰면 안 된다는 걸 감각으로 익혀야 한다는 것이야.

4-3

멋진, 더 멋진, 가장 멋진 (원급, 비교급, 최상급)

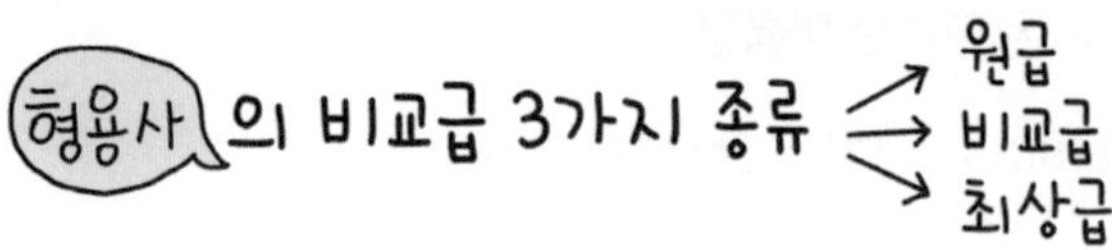
형용사의 비교급 3가지 종류
원급
비교급
최상급

1 원급(거의 비슷)

A
B

2 비교급(A가 B보다 더 ~하다)

A
B

3 최상급[3+(3개 이상) ~중에 가장 ~하다]

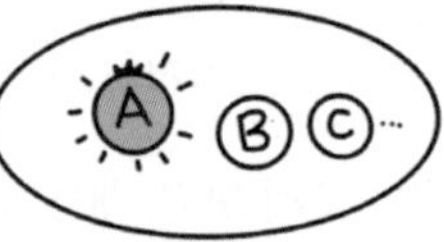
A
B
C

(1) 원급(as 형용사 as 대상): 비교할 때 A와 B가 거의 비슷한 경우에 쓰는 표현

* 주인공 be동사 as 형용사 as 비교 대상 (주인공 - 비교 대상: 동등할 때)

예 나는 우리 아빠만큼 키가 크다.

I am as tall as my dad.

클레어는 언니만큼 아름다워.

Claire is as beautiful as her sister.

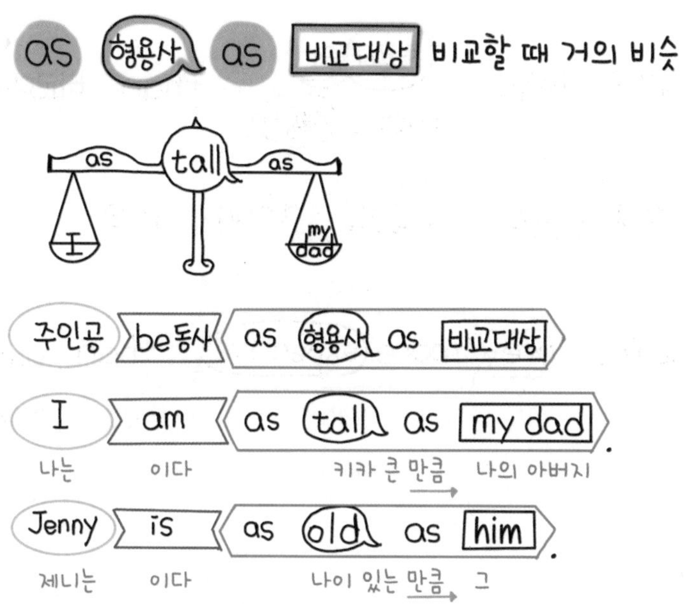
as 형용사 as 비교대상 비교할 때 거의 비슷
as
tall
as
I
my dad
주인공 be동사 as 형용사 as 비교대상
I am as tall as my dad.
나는 이다 키가 큰 만큼 나의 아버지
Jenny is as old as him.
제니는 이다 나이 있는 만큼 그

(2) 비교급(형용사er, more 형용사) A>B

형용사를 더 강조하고 싶을 경우에는 보통 뒤에 er을 붙이거나, 3음절 이상일 때는 앞에 more를 붙여서 '더 ~한'으로 꾸며 주는 거야. 더 예쁜, 더 무서운, 더 뚱뚱한, 더 높은 등과 같이 만드는 거지.

* 비교급 문장

주어 be동사 형용사er/more 형용사 than 비교 대상 (주어>비교 대상)

비교급: 두 개를 비교해서 강조하는 경우
키 비교
Stella is taller than Claire.
스텔라는 이다 더 큰 누구보다 클레어

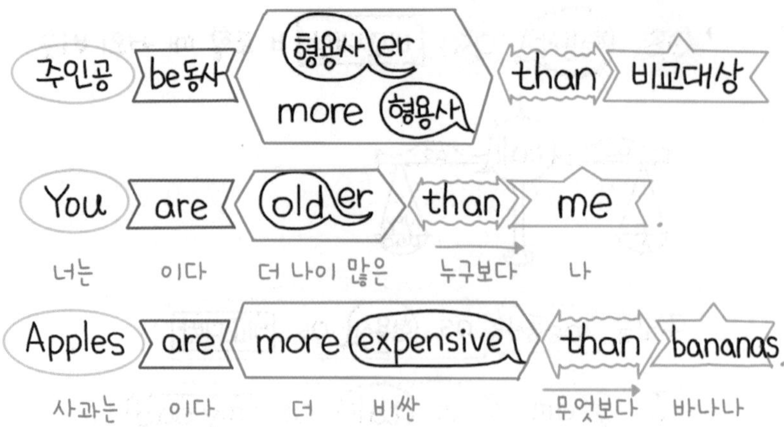
주인공
be동사
형용사 er
more 형용사
than
비교대상
You
are
older
than
me
너는
이다
더 나이 많은
누구보다
나
Apples
are
more expensive
than
bananas.
사과는
이다
더
비싼
무엇보다
바나나

형용사의 비교급을 만드는 방법은 다음과 같아. 형용사가 3음절이 넘을 경우와 2음절로 짧을 경우로 크게 나눠져. 3음절이 넘는데 er을 붙이면 너무 길어지니까 앞에 more를 붙이는 반면, 짧은 형용사인 경우에는 er을 붙여.

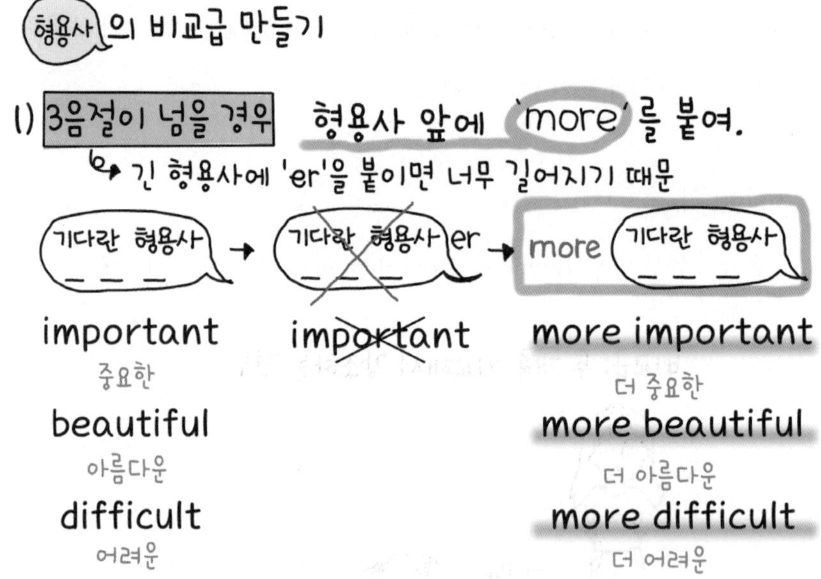
형용사의 비교급 만들기
1) 3음절이 넘을 경우 형용사 앞에 'more'를 붙여.
긴 형용사에 'er'을 붙이면 너무 길어지기 때문
기다란 형용사
기다란 형용사 er
more 기다란 형용사
important
중요한
important
more important
더 중요한
beautiful
아름다운
more beautiful
더 아름다운
difficult
어려운
more difficult
더 어려운

2) 2음절 이하의 경우 형용사에 'er'을 붙여.

① 대부분은 형용사에 'er'을 붙여. er

smaller 더 작은 harder 더 단단한 taller 더 키 큰

② 마지막이 e로 끝나면 'r'만 붙여. er

(발음이 자연스럽기 위해서야. ee가 연속되면 '이' 발음이 나니까.)

larger 더 큰 nicer 더 좋은 cuter 더 귀여운

③ 마지막이 '짧은 모음 + 짧은 자음'이면 짧은 자음을 더 쓰고 'er'을 붙여

hotter 더 뜨거운 bigger 더 큰 thinner 더 얇은 ~모자자er

④ 마지막이 y로 끝나면 i로 바꾸고 'er'을 붙여.

happy easy heavy

happier 더 행복한 easier 더 쉬운 heavier 더 무거운 ier

3) 예외는 항상 있어. 시험 단골이라 꼭 기억해야 할 예외 비교급

good → gooder → better 더 좋은
little → littler → less 더 적은
bad → bader → worse 더 나쁜
far → farer → farther further 더 먼

*** 자주 하는 실수들!**

자주 하는 실수를 찾아봐.

Alaska is colder then Texas.

than '~보다'(전치사, 접속사) than than

then '그때는, 그다음에'(부사) then

학교에서 아이들을 가르쳐 보니 자주 발견되는 실수가 바로 then으로 쓰는 거야. then은 그때라는 뜻이고, than이라고 써야 '~보다'라는 뜻이 되어서 비교급을 만들 수 있어.

자, 아래에서 뭐가 틀렸니? 너무 잦은 실수들이라 한번 같이 확인해 보자.

[퀴즈 1]

She is taller then her mother.

then은 그때라는 뜻이라 절대 안 돼. than(~보다)으로 써야 해. than이 비교급에 쓰이는 거고, 발음할 때는 좀 더 턱을 아래로 하고 입을 크게 벌려야 해. 음, 연상 암기법은 사과apple 크기를 비교한다고 생각하고 than(a)를 연상해 보자. then(e)은 when(e)과 비슷하니까 그때라는 뜻이야.

[퀴즈 2]

She is beautifuler than her sister.

이건 than은 맞았어. 하지만 beautiful처럼 긴 형용사(3음절)면 er을 붙이는 게 아니라 more beautiful로 써야 맞겠지?

(3) 최상급

가장 멋진 핸드폰이라고 쓰고 싶을 경우에는 최상급이 되는 거야. 자, 가장 멋진 핸드폰으로 지정되면 1개뿐인 유일한 것이 되기 때문에 무엇을 꼭 붙여 줘야 할까? 그렇지. 까먹지 말고 the가 앞에 나와 줘야 해. 비교급처럼 단어의 뒷부분만 바뀌는 게 아니라, 앞에 the도 같이 등장해야 한다는 걸 잊지 마.

the coolest cellphone 이렇게 말이지. 그리고 뒤에 전치사와 같이 범위(우리 반 애들 중에서, 텍사스 안에서 등)가 나올 수도 있지만 이건 부사 덩어리라서 생략할 수 있어.

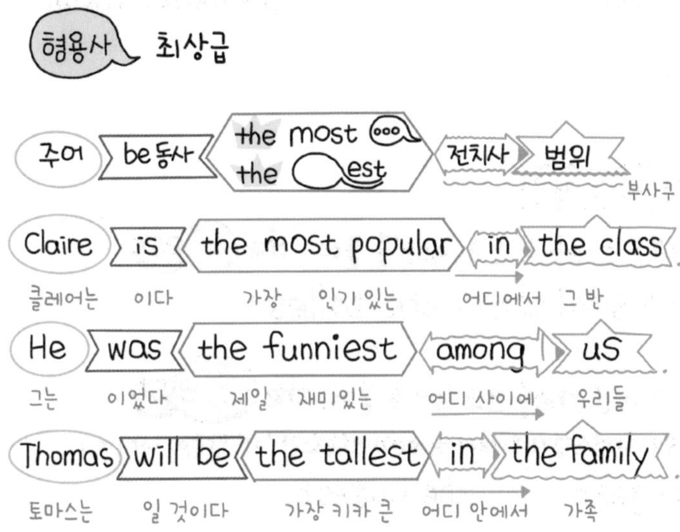

형용사 최상급
주어
be동사
the most ○○
the ○○est
전치사
범위
부사구
Claire is the most popular in the class.
클레어는 이다 가장 인기 있는 어디에서 그 반
He was the funniest among us.
그는 이었다 제일 재미있는 어디 사이에 우리들
Thomas will be the tallest in the family.
토마스는 일 것이다 가장 키가 큰 어디 안에서 가족

(4) 최상급 만들기

형용사의 최상급을 만드는 방법은 형용사가 3음절이 넘는 경우와 짧은 2음절인 경우로 크게 나눠져. 3음절이 넘는데 est를 붙이면 너무 길어지니까 오히려 앞에 most를 붙이고, 짧은 형용사인 경우에는 뒤에 est를 붙여. 그리고 최상급은 하나뿐이기 때문에 그 앞에 꼭 the를 붙이는 거 잊지 마. 아예 'the ○○est, the most ○○'으로 외우는 것을 추천해.

형용사의 최상급 만들기

1) **3음절이 넘을 경우** 형용사 앞에 the most 를 붙여.

↳ 긴 형용사에 'est'를 붙이면 너무 길어지기 때문

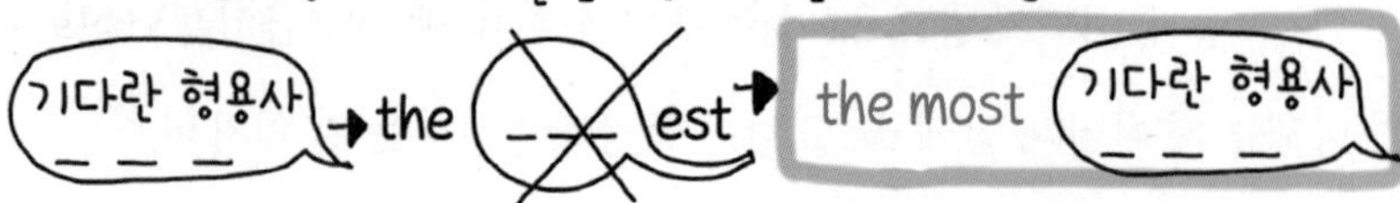

기다란 형용사
the
est
the most
기다란 형용사

important 중요한	the most important 제일 어려운
beautiful 아름다운	the most beautiful 가장 아름다운
difficult 어려운	the most difficult 제일 어려운

2) 2음절 이하의 경우

① 대부분은 the를 꼭 쓰고 'est'를 붙여. the est

the smallest 가장 작은 the tallest 제일 키 큰

② e로 끝나면 the를 쓰고 'st'를 붙여. the e st

(발음이 자연스럽기 위해서야. ee가 연속되면 '이' 발음이 나니까.)

the largest 가장 큰 the cutest 가장 귀여운

③ 마지막이 '짧은 모음 + 짧은 자음'이면 짧은 자음을 더 쓰고 'est'를 붙여.

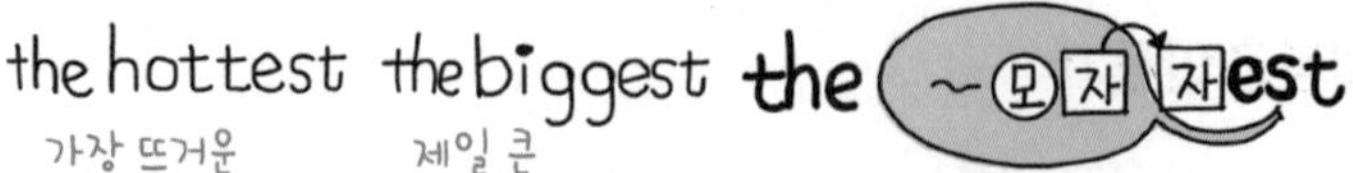

the hottest
가장 뜨거운
the biggest
제일 큰
the
~ 모 자 자 est

④ 마지막이 y로 끝나면 i로 바꾸고 'est'를 붙여.

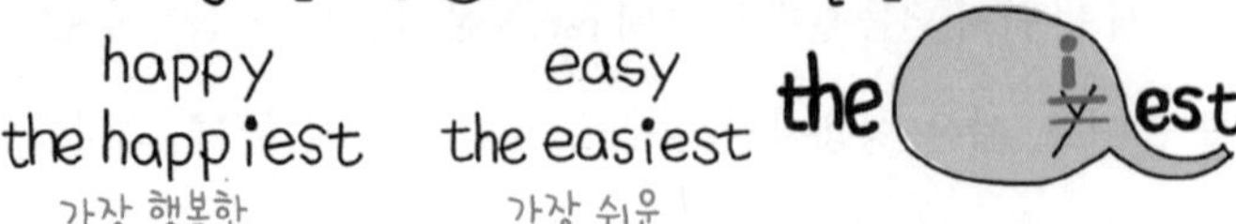

happy
the happiest
가장 행복한
easy
the easiest
가장 쉬운
the
i
y
est

3) 예외는 항상 있어. 시험 단골이라 꼭 기억해야 할 예외 비교급
good → goodest
the best
가장 좋은
little → littlest
the least
가장 적은
bad → badest
the worst
가장 나쁜
far → farest
farthest
furthest
가장 먼

또 하나, 비교급과 최상급을 배우면 항상 헷갈리는 게 있지!! 언제 비교급을 쓰고 언제 최상급을 쓰느냐? 바로 2개만 있을 경우에는 비교급, 3개 넘게 있을 경우에는 최상급을 쓰는 거야.

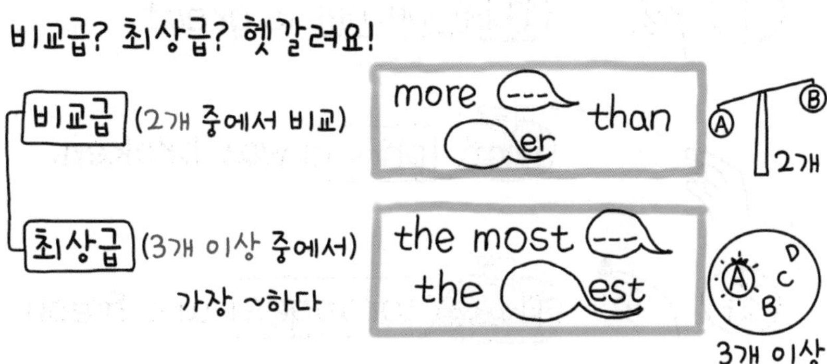
비교급? 최상급? 헷갈려요!
비교급 (2개 중에서 비교)
more --- than
er
A
B
2개
최상급 (3개 이상 중에서)
가장 ~하다
the most ---
the est
A
B
C
D
3개 이상

4-4 개수와 거리를 따지는 지시형용사

손가락으로 가리킨다는 뜻의 지시형용사는 사실 지시대명사랑 겉모양은 똑같아. 다만, 형용사이기 때문에 명사를 꾸며 주는 역할이 대명사와 다를 뿐이야. 역시 거리와 개수를 동시에 생각하며 꾸며 줘야 해.

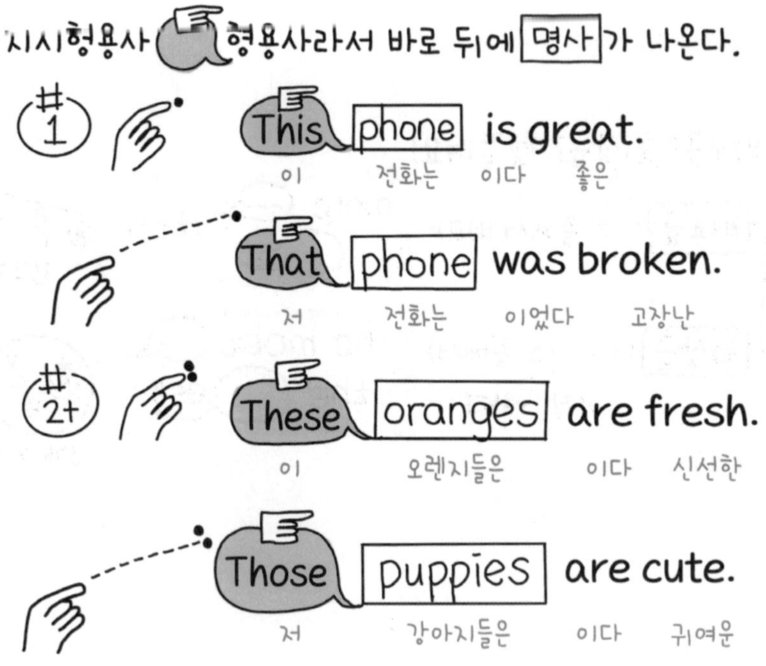
지시형용사 형용사라서 바로 뒤에 명사가 나온다.
#1
This phone is great.
이 전화는 이다 좋은
That phone was broken.
저 전화는 이었다 고장난
#2+
These oranges are fresh.
이 오렌지들은 이다 신선한
Those puppies are cute.
저 강아지들은 이다 귀여운

2-6 지시대명사(68쪽)에 가서 다시 복습해 봐. 형태는 같지만 형용사로 쓰이는 거야.

4-5 개수인지 덩어리인지 따지는 수량형용사

수량형용사는 명사가 몇 개 정도 있나(수), 양이 어느 정도인가(양)를 꾸며 주는 형용사야. 수는 개수를 셀 수 있지만 덩어리의 양은 셀 수가 없는 게 구분의 핵심이야. 그래서 수량형용사는 뒤에 셀 수 있는 명사인가, 셀 수 없는 명사인가에 따라 주의해서 사용해야 하기 때문에 복잡해. 쉽게 익힐 수 있도록 한눈에 보이게 그렸어. 거의 없는, 약간, 많은, 약간 조금 이렇게 4가지로 나눠 볼게.

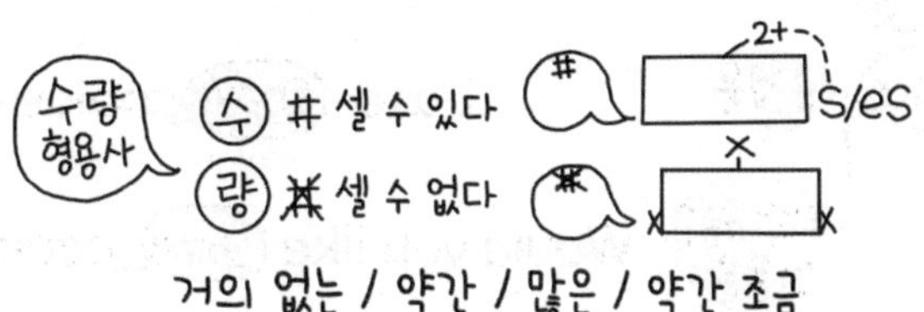

수량 형용사
수 # 셀 수 있다
2+
s/es
량 # 셀 수 없다
x
거의 없는 / 약간 / 많은 / 약간 조금

	# 2+ 셀 수 있는 명사 s	x 셀 수 없는 명사 x
거의 없는	few □s few chairs 거의 없는 의자	little □ little water 거의 없는 물
약간	a few □s a few chairs 약간의 의자	a little □ a little water 약간의 물
많은	many □s many people 많은 사람들	much □ much money 많은 돈
약간 조금	some □ some juice 약간의 주스 (긍정문, 부탁 권유 의문문) any □ any question 약간의 질문 (부정문, 일반의문문)	

(1) 몇 개의, 약간의, 조금의 some, any

some은 'some eggs 몇 개의 알, some juice 약간의 주스' 등 여러 개를 뜻하는 형용사야. 그럼 any는? 'any eggs 몇 개의 알, any juice 약간의 주스'라는 뜻이야. some과 any 둘 다 셀 수 있는 명사나, 셀 수 없는 명사에 모두 사용할 수 있어. 특이하지? 그런데 some과 any는 문장에 따라서 구별해서 사용해.

some, any 약간의, 조금
공통점
셀 수 있는 명사
셀 수 없는 명사
에 모두 가능하다.
차이점
문장 종류에 따라 달리 쓰이는군!
Some
긍정문
I ate Some cookies.
나는 먹었다 약간의 쿠키를
부탁 권유 의문문
Would you like Some cookies?
(권유) 너는 약간의 쿠키를 좋아하니?
any
부정문
I don't have any money.
난 갖고 있지 않아 약간의 돈도
일반 의문문
Do you have any questions?
너는 약간의 질문을 갖고 있니?

긍정문일 때는 some, 그리고 의문문이나 부정문일 때는 any를 쓴다고 주로 설명하지만, 실제 미국에서는 의문문에 some이 자주 사용돼. 왜 그런 걸까? 바로 some이 먹을 걸 권하거나 부탁하는 의문문에 쓰이기 때문이야. 그러니 이렇게 기억해 보자. some은 긍정문이나 '~먹을래? ~할래?' 등 권하는 의문문에 쓰고, 그 외의 의문문과 부정문에는 any를 쓰면 된다고 외우자.

(2) 많은 many, much, a lot of, lots of

셀 수 있는 명사에는 '많은'이란 형용사로 many가 쓰이고, 2+이므로 주로s(es)가 붙어. 셀 수 없는 명사에는 much가 쓰이고, 셀 수 없는 명사는 앞뒤에 관사나 s(es)가 붙지 않아. 그래서 명사가 셀 수 있는지 없는지를 구분해서 형용사를 사용해야 해. 반면 a lot of, lots of는 아무 데나 써도 좋아.

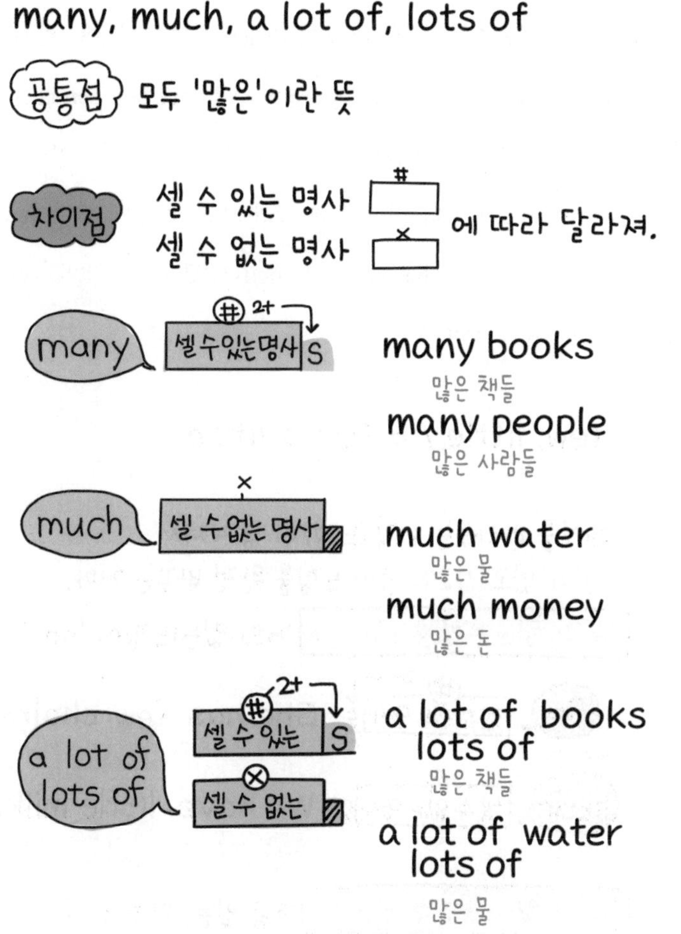

many, much, a lot of, lots of
공통점
모두 '많은'이란 뜻
차이점
셀 수 있는 명사
셀 수 없는 명사
에 따라 달라져.
many
셀수있는명사 s
many books
많은 책들
many people
많은 사람들
much
셀 수없는 명사
much water
많은 물
much money
많은 돈
a lot of
lots of
셀 수 있는 s
셀 수 없는
a lot of books
lots of
많은 책들
a lot of water
lots of
많은 물

문법 문제를 풀 때는 이걸 역으로 이용해서, 오히려 '_______ pencils(많은 연필)'를 보고 아하 s가 있구나 그렇다면 many를 쓸 수 있어. '_______ money(많은 돈)'

를 보고 s가 없으면 셀 수 없는 거니 much를 쓸 수 있지. 하지만 그 기초는 셀 수 없다, 셀 수 있는데 1개, 셀 수 있는데 2개 이상을 구분하는 명사의 느낌을 갖고서 자주 입으로 말하고 써 보는 거야.

(3) 거의 없는 / 조금의(few, little / a few, a little)

"숙제가 거의 없어." 또는 "연필이 거의 없어."라는 말을 할 때가 있지? 거의 없다는 부정적인 뉘앙스를 주는 것에는 few와 little이 있어. 이때도 셀 수 없는 숙제는 'I have little homework.', 셀 수 있는 연필은 'I have few pencils.'라고 구분해서 표현해. 그런데 형용사 앞에 a가 붙으면 여러 개가 좀 있다는 뜻으로 바뀌니까, few나 little은 앞에 a가 있나 없나를 눈 크게 뜨고 확인해 줘. 'I have a little homework.(숙제가 약간 있어.), I have a few pencils.(연필이 몇 개 있어.)'라는 긍정적인 뉘앙스로 느낌이 완전 달라져.

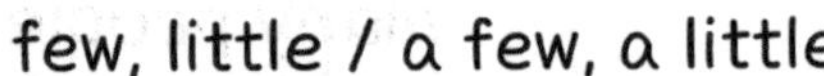
few, little / a few, a little

거의 없는　　　약간의, 조금의

대상을 바라보는 시각(느낌)이 담겨져서
"a"가 있고 없고가 글의 느낌을 완전 바꾸는 거야.

"a"가 없는 부정적 느낌 거의 없는(느낌이 'not')

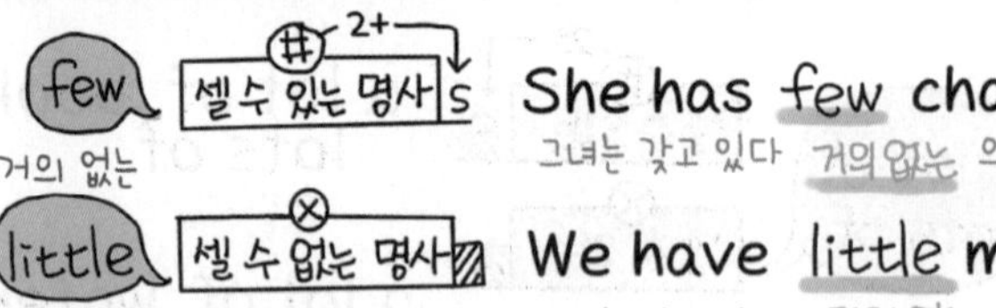
few
2+
셀 수 있는 명사 s
She has few chairs.
거의 없는
그녀는 갖고 있다 거의 없는 의자
little
셀 수 없는 명사
We have little milk.
거의 없는
우리는 갖고 있다 거의 없는 우유

"a"가 있는 긍정적 느낌 조금 있는, 약간의, 좀

a few　2+　셀 수 있는 명사 s　She has a few chairs.
조금, 약간의　그녀는 갖고 있다 약간의 의자

a little　셀 수 없는 명사　We have a little milk.
조금, 약간의　우리는 갖고 있다 약간의 우유

(4) 모든(every, all)

'모든, 전부'라는 뜻이지만 every와 all은 다른 느낌의 형용사야. every는 '각각, 하나하나'라는 뜻이고 all은 '전체'를 말하는 거라서 그에 따라 사용이 달라.

'every child'는 모든 아이들 한 명 한 명을 나타내어 1개로 취급해서 동사도 3인칭 단수(지금, 1개, I, You는 빼고)를 생각해야 해. 그에 비해서 'all children'은 모든 학생들 여러 명을 뜻해서 2+개로 여기고 동사를 편하게 써도 되는 거지.

every, all 모든
공통점
'모든'이라는 뜻
차이점
every
all
every
모든(각 사람, 물건 하나하나): 1개로 생각
1
every
동사
동사에 영향
1개로 취급
Every student is special.
모든 학생은 이다 특별한
all
모든(모든 전체의, 여럿의): 2개 이상으로 생각
2+
all
s
동사
동사에 영향
2개로 취급
All students are special.
모든 학생은 이다 특별한

QUIZ QUIZ

1 다음 빈칸에 들어갈 말로 알맞지 않은 것은? (2개)

______________ bread
～ 빵

① a lot of 많은
② a few 약간의
③ many 많은
④ lots of 많은
⑤ a little 약간의

2 다음 문장을 어법에 맞게 고쳐 쓰시오.

① Give me cold something.
차가운 것 좀 나에게 가져와.
② She made her mom sadly.
그녀는 어머니를 슬프게 만들었다.
③ The problem is very difficultly.
그 문제는 매우 어렵다.
④ Tom is a doctor famous.
탐은 유명한 의사이다.

3 다음 중 밑줄 친 부분이 어색한 것은?

① Would you like <u>some</u> coffee? 커피 좀 마실래요?
② I bought <u>any</u> oranges there. 난 거기에서 오렌지 여러 개를 샀다.
③ She doesn't have <u>any</u> friends. 그녀는 친구가 없다.
④ She put <u>some</u> food in her bag. 그녀는 가방에 약간의 음식을 넣었다.

4 괄호 안에서 어법상 옳은 것을 고르시오.

① How (many / much) milk does she need? 그녀는 얼마만큼의 우유가 필요하니?
② They don't have (some / any) classes on Friday 그들은 금요일에 어떤 수업도 없어.
③ Does she need (some / any) potatoes? 그녀는 약간의 감자를 갖고 있니?
④ There is (few / little) money left. 남은 돈이 거의 없다.

QUIZ 정답

1

정답: ②, ③

셀 수 없는 명사 그래머콘을 떠올려 보자. 더듬이가 x이면 관사도 x, 복수형도 x라고 생각하면 편하다.
bread는 어떻게 자르냐에 따라 개수가 다르고 덩어리 개념이라서 셀 수 없는 명사이다. a few, many는 셀 수 있는 명사에만 사용할 수 있다.

2

① something과 같이 -thing, -one으로 끝나는 경우는 형용사가 뒤에서 꾸며 준다. Give me something cold.
② '그녀는 그녀의 엄마를 슬프게 만들었다'라고 해석되므로 한국어로는 그럴듯하게 보이지만, 5형식(주어-동사-목적어-목적격 보어)에서 보어 자리에 부사는 안 되고 형용사만 들어갈 수 있다. sad(슬픈 상태)로 들어가야 한다.
She made her mom sad.
③ 2형식(주어-동사-보어)에서 보어 자리에 부사는 안 되고 형용사가 들어가야 한다. 그 문제=어려운(상태인) 것이다.
The problem is very difficult.
④ 형용사는 명사를 꾸며 주는 역할이고 주로 명사 앞에서 꾸며 준다.
Tom is a famous doctor.

3

정답: ②

뭔가 권하는 의문문과, 긍정문에는 some, 일반의문문과 부정문에는 any이다.
I bought some oranges there.

4

① milk는 셀 수 없으니 much
② not이 있는 부정문이니까 any
③ 권유하는 의문문에는 some, 일반의문문에는 any이므로 any
④ money는 셀 수 없으니까 little. (little은 '거의 없는'이라는 부정적 느낌)

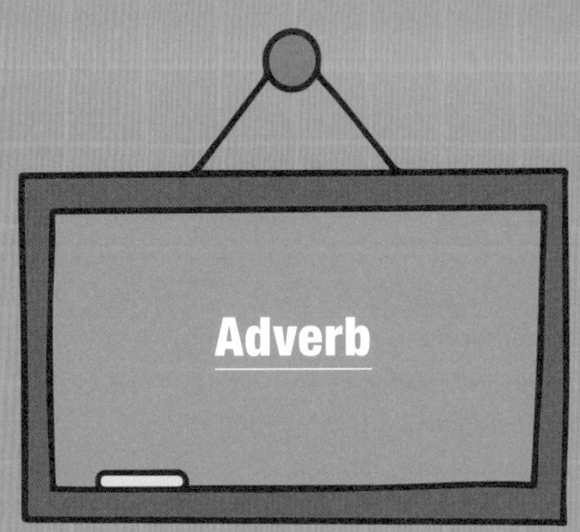
Adverb

CHAPTER 05

액세서리 같은 부사

부사

부사는 주로 동사를 꾸며 준다고 생각하기 쉬운데 사실 부사는 4가지나 꾸며 줄 수 있어. 부사는 동사, 형용사, 다른 부사, 문장 전체를 자세하게 꾸며 주는 역할을 해. 그럼, 어떤 역할을 하는지 그림으로 보자.

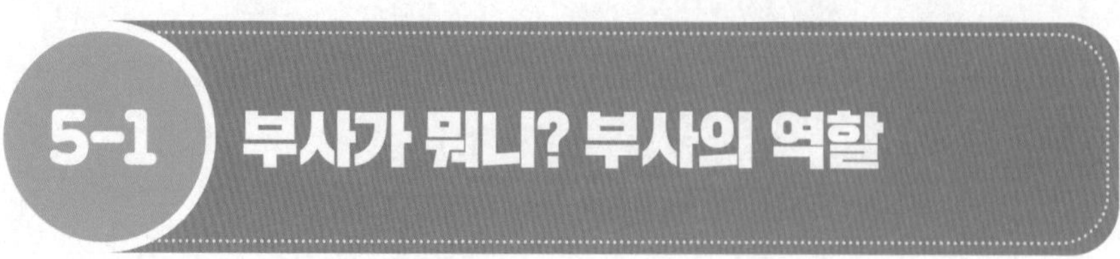

5-1 부사가 뭐니? 부사의 역할

부사
Adverb

① 부사는 동사를 꾸민다.

He often visited his mom.

그는 자주, 종종 방문했다 그의 엄마를

② 부사는 형용사도 꾸민다.

My grandma was very beautiful.

내 할머니는 이었다 매우 아름다운

③ 부사는 부사도 꾸민다.

Jane studied really hard.

제인은 공부했다 정말 열심히

④ 부사는 문장 전체도 꾸민다.

Happily, She came back home.

행복하게도 그녀는 돌아왔다 집으로

1) 동사를 꾸며 주는 경우: Adverb란 말에서 알 수 있듯이 verb(동사)에 add(추가)된 느낌을 주는 거야. 동사를 자세히 꾸며 주는 역할이 기본 기능이야.

2) 형용사를 꾸며 주는 경우: 형용사를 더 강조할 때 형용사의 앞에서 '더욱, 매우' 등의 느낌을 추가해 주는 거야. 형용사를 꾸며 주는 역할도 하지.

3) 부사를 꾸며 주는 경우: 부사가 다른 부사를 꾸며 주는 역할도 해.

4) 문장 전체를 꾸며 주는 경우: 일부가 아니라 문장 전체를 맨 앞에서 꾸며 주는 역할도 맡아.

부사를 정리하자면, "부사는 동사, 형용사, 부사, 문장 전체를 꾸민다."라고 할 수 있어.

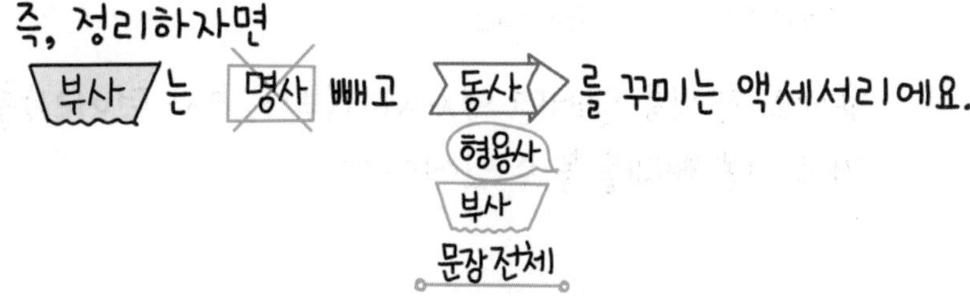
즉, 정리하자면
부사
는
명사
빼고
동사
를 꾸미는 액세서리에요.
형용사
부사
문장전체

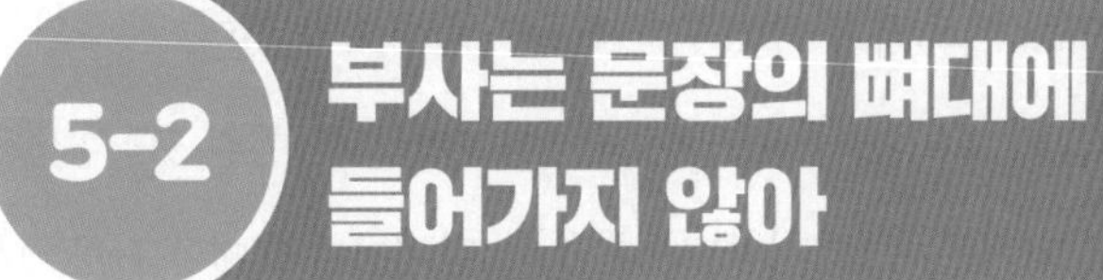
5-2
부사는 문장의 뼈대에 들어가지 않아

He goes to church every Sunday.

그는 간다 교회로 매일 일요일에

"엄마 이건 문장이 엄청 길어서 3~4 덩어리는 되어 보이니까 3형식인 거 같아요. 아니 5형식인가?"

"아니야. 문장이 길다고 중요한 게 아니라 마치 엑스레이를 찍으면 뼈대만 보이듯이, 부사는(액세서리) 다 떼어 버리고 핵심 뼈대만 봐야 해. 이 문장에서 부사(every Sunday)나 부사구(to church)를 제외하면 결국 두 단어, He goes만 남게 되는 거야. 문장이 길다고 3형식, 5형식이 아니라 부사 부분은 제외하고 보면 주어, 동사만 있는 1형식이 되는 거지."

결론
풍부한 부사
핵심 뼈대

문장의 형식을 알려면 액세서리(부사, 부사 덩어리)를 떼고 기본 뼈대를 볼 수 있어야 해.

부사는 액세서리 역할로 더 풍요롭게 할 수는 있지만 문장의 기차 칸(주어, 동사, 주어 보충 칸, 목적어 칸, 목적어 보충 칸)에 혼자 탈 수가 없어. 문장의 필수적인 구성 요소는 될 수 없다는 뜻이야. 부사나 부사 덩어리는 풍부한 느낌의 글을 만들어 주지만, 문장 엑스레이로 찍으면 부사(풍부한 패딩)는 찍히지가 않아. 부사의 느낌을 제대로 알아야 복잡해 보이는 문장도 '아하, 1형식이구나. 이건 3형식인 거네.'라고 파악할 수 있게 되거든. 그래서 부사나 부사 덩어리(주로 전치사+명사)를 구별해서 부사류는 제외하고 난 뒤 문장의 형식을 느끼는 거야. 맨 뒤에 붙은 부사나 부사 덩어리(부사구)는 기차 칸이 아니라 기차 칸 뒤에 붙은 연기라고 상상해 봐.

문장 기차 몇 번일까? (문장의 형식)

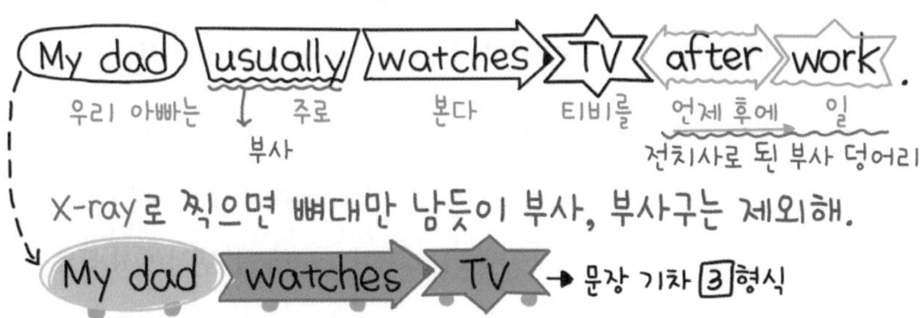
My dad
usually
watches
TV
after
work
우리 아빠는
주로
본다
티비를
언제 후에
일
부사
전치사로 된 부사 덩어리
X-ray로 찍으면 뼈대만 남듯이 부사, 부사구는 제외해.
My dad
watches
TV
문장 기차 3 형식

He goes to church every Sunday.

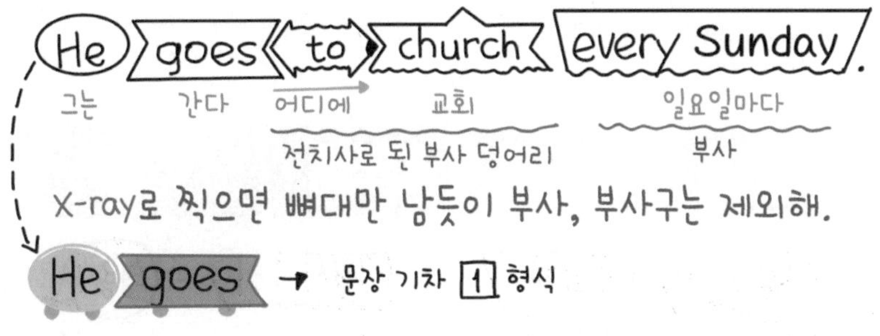
He
goes
to
church
every Sunday
그는
간다
어디에
교회
일요일마다
전치사로 된 부사 덩어리
부사
X-ray로 찍으면 뼈대만 남듯이 부사, 부사구는 제외해.
He
goes
문장 기차 1 형식

5-3 부사인가? 형용사인가? 헷갈리는 녀석들

(1) 형용사에서 부사로 바꾸기

형용사에서 부사로 바꾸는 방법은 간단해. 한국말로 '예쁜'이란 형용사를 부사로 바꾸려면 뒷부분에 '게'를 붙여서 '예쁘게'로 고치듯이, 영어에서는 주로 'ly'를 붙여서 부사로 바꿀 수 있어. 단, ly가 붙었다고 다 부사라고 생각하면 절대 안 돼.

(2) 조심해야 할 형용사, 부사

가끔 부사의 외모(ly)를 가졌지만 형용사인 놈들이 있어서 헷갈리는 경우가 있기 때문에 주의해야 해. 형용사에 ly가 붙으면 부사가 된다고 했지?

하지만 명사에 ly가 붙으면 형용사가 되거든. lovely는 '사랑스럽게'가 아니라 lovely girl '사랑스러운(형용사) 소녀'가 되는 거야. costly를 부사(비싸게)로 생각하는 아이들이 많지만, cost(가격)는 명사라서 costly는 '비싼'이라는 형용사야. 그러니 ly가 붙으면 부사라고 생각하는 고정 관념은 버리자. ly로 끝나도 형용사일 수 있어.

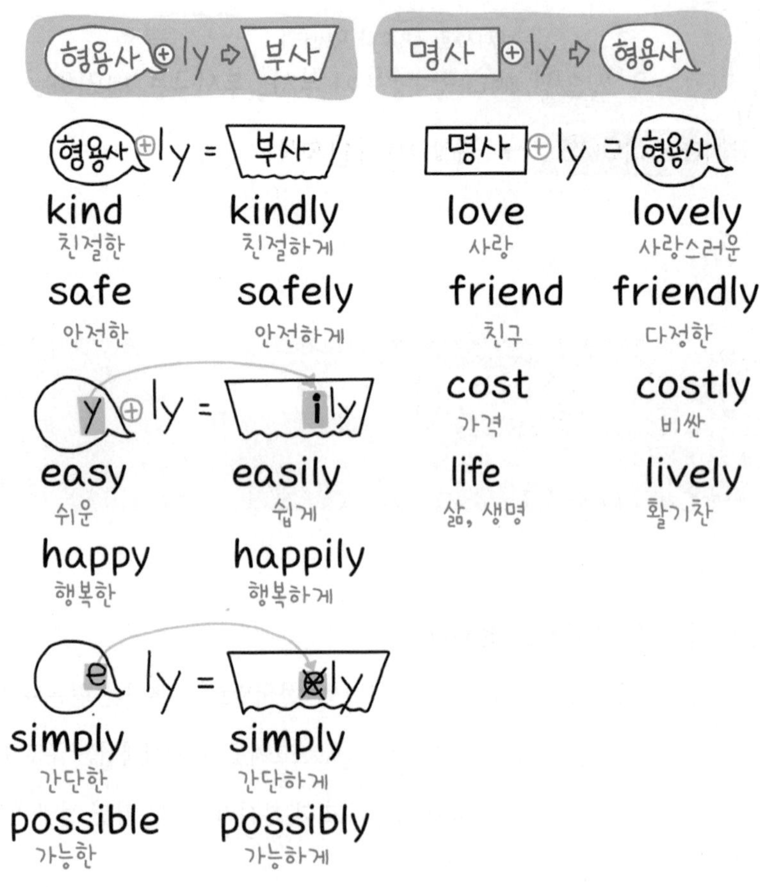

형용사 ⊕ly ⇨ 부사
명사 ⊕ly ⇨ 형용사
형용사 ⊕ly = 부사
kind 친절한
kindly 친절하게
safe 안전한
safely 안전하게
y ⊕ ly = ily
easy 쉬운
easily 쉽게
happy 행복한
happily 행복하게
e ly = ly
simply 간단한
simply 간단하게
possible 가능한
possibly 가능하게
명사 ⊕ly = 형용사
love 사랑
lovely 사랑스러운
friend 친구
friendly 다정한
cost 가격
costly 비싼
life 삶, 생명
lively 활기찬

(3) 형용사도 되고 부사도 되는 단어

단어 자체가 형용사도 되고 부사도 되는 것은 특히 헷갈려. 그림으로 보여줄게.

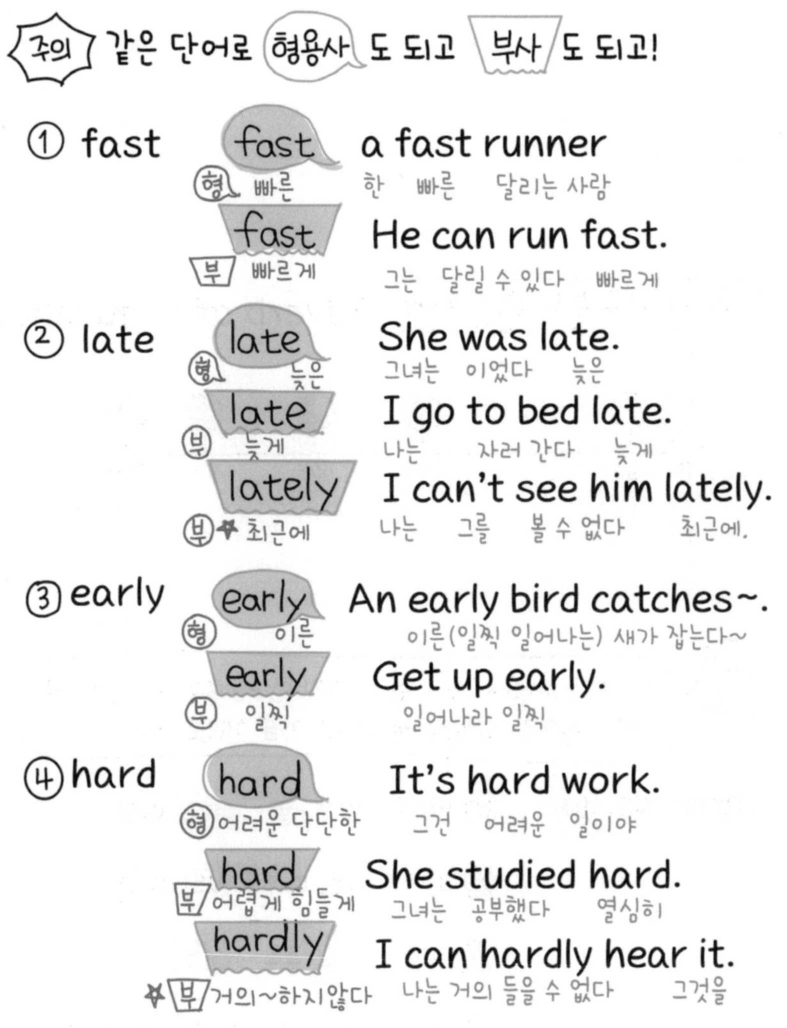

주의 같은 단어로 형용사 도 되고 부사 도 되고!
① fast
fast 형 빠른
a fast runner
한 빠른 달리는 사람
fast 부 빠르게
He can run fast.
그는 달릴 수 있다 빠르게
② late
late 형 늦은
She was late.
그녀는 이었다 늦은
late 부 늦게
I go to bed late.
나는 자러 간다 늦게
lately 부 최근에
I can't see him lately.
나는 그를 볼 수 없다 최근에.
③ early
early 형 이른
An early bird catches~.
이른(일찍 일어나는) 새가 잡는다~
early 부 일찍
Get up early.
일어나라 일찍
④ hard
hard 형 어려운 단단한
It's hard work.
그건 어려운 일이야
hard 부 어렵게 힘들게
She studied hard.
그녀는 공부했다 열심히
hardly 부 거의~하지않다
I can hardly hear it.
나는 거의 들을 수 없다 그것을

문맥으로 이해해야 해. fast가 '빠른'인지 '빠르게'인지는 문장 안에서 느끼는 거지. hard가 '단단한'인지 '힘들게'인지 느끼는 것도 마찬가지야. 맨 처음에 말했듯이, 품사는 고정이 아니야.

5-4 얼마나 자주 부사 (빈도부사)

'빈도'라는 말 자체가 어린이들이 자주 쓰지 않는 한자 표현이지? 쉽게 말하면 '얼마나 자주 부사'라고 할 수 있어. 0%에서 100%까지 나눠서 얼마나 자주 무엇을 하는지 밝혀 주는 거야.

얼마나 자주 부사 (빈도부사) Adverb of Frequency

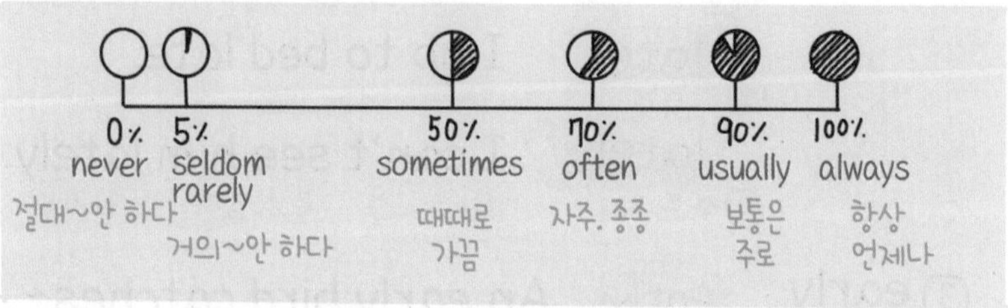

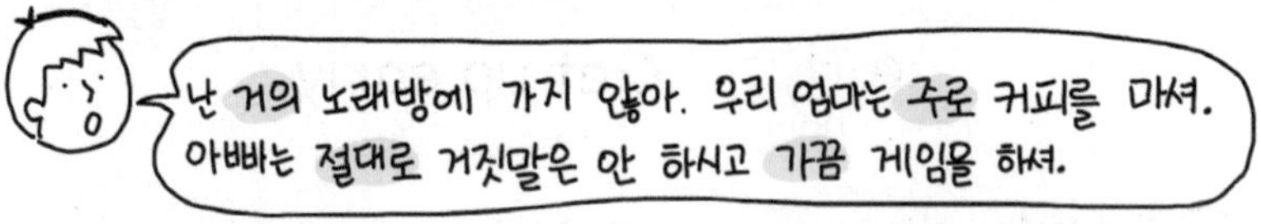

0%	5%	50%	70%	90%	100%
never	seldom rarely	sometimes	often	usually	always
절대~안 하다	거의~안 하다	때때로 가끔	자주, 종종	보통은 주로	항상 언제나

난 거의 노래방에 가지 않아. 우리 엄마는 주로 커피를 마셔. 아빠는 절대로 거짓말은 안 하시고 가끔 게임을 하셔.

얼마나 자주 부사

100%	항상, 늘	always
8-90%	주로, 대부분	usually
70%	자주, 종종	often
50%	가끔, 때때로	sometimes
5%	거의 ~ 않는	seldom rarely
0%	절대 ~ 않는	never

'난 거짓말은 전혀 안 해, 난 항상 비가 오면 커피를 마셔. 집에 가면 주로 게임을 해. 가끔씩 농구를 하지. 난 거의 노래방에 가질 않아.' 이런 느낌을 알겠니? 이게 바로 얼마나 자주(빈도) 부사야.

빈도부사는 뭐지? 하면,

'항상 자주 종종 가끔 거의 전혀 안 해.'라고 떠올리면 오히려 이해하기 쉽고, 활용하기도 좋을 거 같아.

'얼마나 자주 부사'의 위치에 대한 문제가 많이 나오는데 사실 아주 쉬워. 바로 not의 위치에 넣어 주면 끝이야. 아하~ be동사나 조동사 뒤, 일반동사 앞이지.

얼마나 자주 부사(빈도부사)의 위치?
바로 not의 위치에 넣으면 끝이야.
앗, not의 위치가 어디냐고? 조비 뒤, 일 앞
(조동사 be동사 뒤
일반동사 앞)

조동사 뒤
주어 조동사 얼마나 자주 동사원형 ~
I will always love you.
나는 할 것이다 항상 사랑해 너를

be 동사 뒤
주어 be동사 얼마나 자주 ~
She was sometimes late.
그녀는 이었다 때때로 늦은

일반동사 앞
주어 얼마나 자주 일반동사
My mom usually gets up at 7.
우리 엄마는 주로(보통) 일어난다 에 7시

* 빈도부사 붙이는 알고리즘

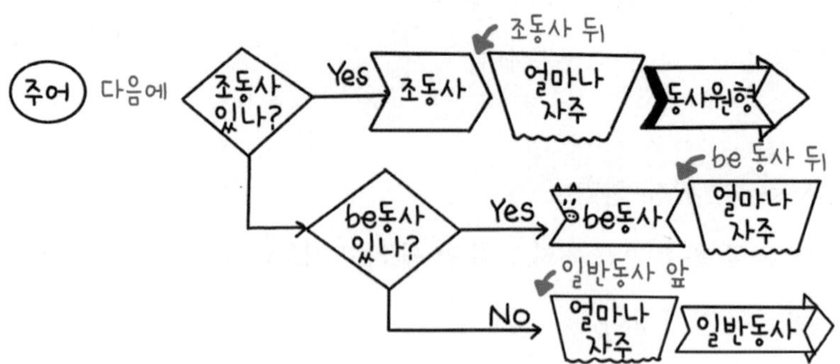
주어
다음에
조동사 있나?
Yes
조동사
조동사 뒤
얼마나 자주
동사원형
be동사 있나?
Yes
be동사
be 동사 뒤
얼마나 자주
일반동사 앞
No
얼마나 자주
일반동사

5-5 There 부사

There

① 문장 중간, 뒤에 나오면 '거기에'라고 해석해.

He went there.
그는 갔다 거기에

② 문장 맨 앞에 나오면 뜻이 없이 쓰여. 주어로 쓰인 게 아냐.

주어 자리에는 명사가 들어가야 하니

there 부사가 들어갈 수 없어.

"~가 있다"라고 할 때 마치 주어인 듯

맨 처음에 There이 나오지만 진짜 주어는 따로 있어.

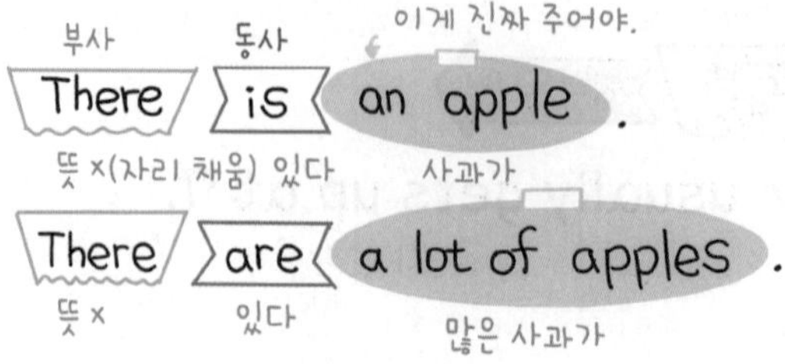
부사
동사
이게 진짜 주어야.
There
is
an apple
.
뜻 x(자리 채움)
있다
사과가
There
are
a lot of apples
.
뜻 x
있다
많은 사과가

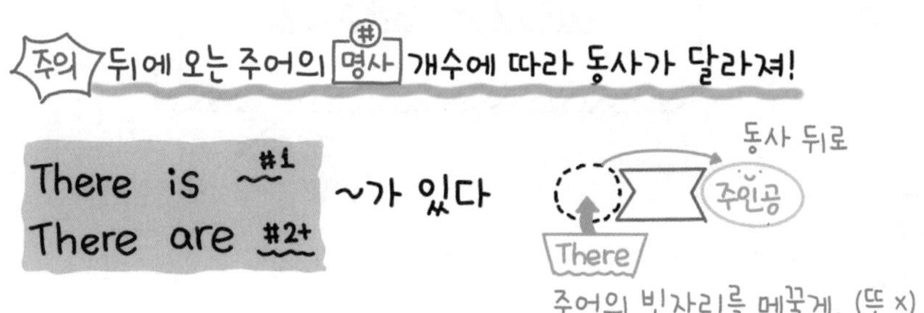
주의
뒤에 오는 주어의 # 명사 개수에 따라 동사가 달라져!
There is #1
There are #2+
~가 있다
동사 뒤로
주인공
There
주어의 빈자리를 메꿀게. (뜻 x)

부사인 there이 문장의 맨 앞에 나오는 경우는 '~이 있다'는 표현이야. 여기서 진짜 주어는 동사 뒤에 나오는데, 주어의 개수에 따라서 is인지 are인지 주의해야 해. 주어 자리에는 명사가 입장하고, 항상 명사를 볼 때는 #넘버(개수)를 생각해서 사용해야 하는 거야. 복습을 하자면, 늘 명사의 개수를 파악하는 더듬이 촉을 만들어야 해.

또한 there이 문장 맨 앞에서 사용된 경우에는 there을 해석하지 않아. 자리만 채워 줄 뿐이야. 'There is an apple.'을 '거기 사과가 있어.(×)'라고 해석하면 안 되고, 그냥 '사과가 있어.'로 해석해야 해. 반면 'I foune an apple there.'처럼 문장 뒷부분에 사용되면 there은 '거기에'라는 부사로 해석이 되는 거야.

QUIZ QUIZ

1 다음 괄호 안에서 알맞은 것을 고르시오.

① Her son carried the box (careful / carefully).
그녀의 아들은 그 상자를 조심스럽게 옮겼다.

② I tried (hard / hardly) to achieve my goal.
난 목표를 이루기 위해 열심히 노력했다.

③ He was (completely / complete) exhausted.
그는 완전히 지쳐버린 상태였다

④ A man appeared (sudden / suddenly) in the dark.
한 남자가 어둠 속에서 갑자기 나타났다.

2 다음 형용사에 대한 부사를 쓰시오.

① nice ⇨ ____________
멋진 멋지게

② easy ⇨ ____________
쉬운 쉽게

③ fast ⇨ ____________
빠른 빠르게

④ lucky ⇨ ____________
행운인 다행스럽게

3 다음 문장의 밑줄 친 부분을 어법에 맞게 고쳐 쓰시오.

① My son goes often to church.
내 아들은 가끔 교회에 간다.

② She real enjoyed her birthday party.
그녀는 정말로 생일파티를 즐겼다.

③ Jane eats never breakfast every day.
제인은 매일 아침을 전혀 먹지 않는다.

④ He runs very good.
그는 매우 잘 달린다.

4 다음 밑줄 친 단어의 뜻을 쓰시오.

① I worked very hard in a restaurant. He can hardly read the letter.

② Have you seen her lately? She had dinner late.

③ My mom lives near the park. Thomas is nearly as tall as his dad.

QUIZ 정답

1

① 형용사 / 부사 문제야. 조심스러운 / 조심스럽게 carefully

② hard는 형용사로는 '단단한', 부사로는 '열심히'라는 뜻이다.
(hardly는 '거의~아니다'라는 전혀 다른 뜻이다.)

③ 완전히 / 완전한 completely 완전하게

④ 갑작스러운 / 갑자기 suddenly 갑자기

2

① ly를 붙이면 되므로 nicely

② y로 끝나는 경우 y를 i로 바꾸어서 easily

③ fast는 ly를 붙이지 않는다. fast는 형용사(빠른), 부사(빠르게) 둘 다 가능하다.

④ y로 끝나는 경우 y를 i로 바꾸어서 luckily

3

① 빈도 부사의 위치는 not과 똑같아. be동사나 조동사 뒤, 일반동사 앞이므로 often goes

② really 부사(진짜로)

③ 빈도 부사의 위치는 not과 똑같아. never eats 일반동사 앞

④ well 부사(잘), good은 형용사(좋은)

4

① hard 열심히 / hardly 거의 아니다

② lately 최근에 / late 늦게

③ near 가까운 / nearly 거의

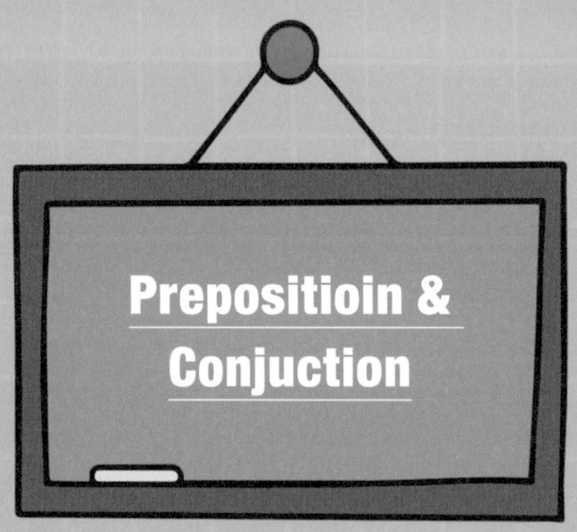
Prepositioin &
Conjuction

CHAPTER 06

전치사와 연결 다리 접속사

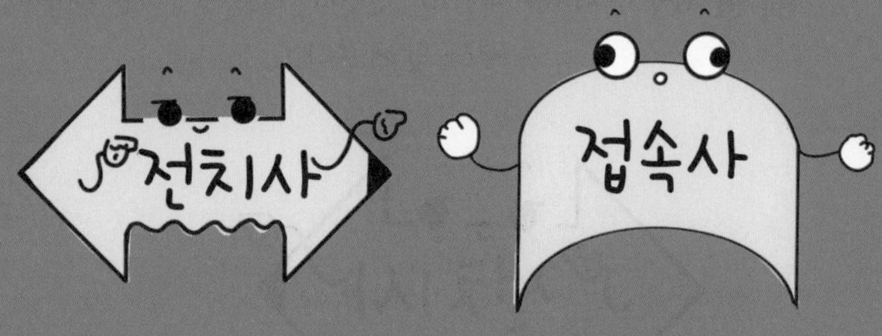
전치사
접속사

영어가 영어다워지도록 영어만의 느낌을 살려 주는 전치사를 배울 차례야. 그런데 '앞 전, 둘 치, 말 사, 앞에 둔다' 이런 한자 표현은 바로 이해되지 않아. 아마도 일본식 문법책을 바꿨기 때문일 거야. 흠, 도대체 어디 앞에 두는 걸까? 전치사는 바로 명사의 앞에서 대상을 콕 찍어두는 화살표 같은 거니까 명사 전에 온다는 뜻으로 '전명사'라 부르면 어떨까?

핵심은 전치사 다음엔 전치사의 타깃이 와야 한다는 거야. 타동사랑 비슷하다고? 맞아. 타동사 다음에 타깃(목적어)이 오는 것과 같은 느낌이야. 전치사 다음에 타깃(전치사의 목적어)이 오는 거지. 전타 세트라고 생각하자.

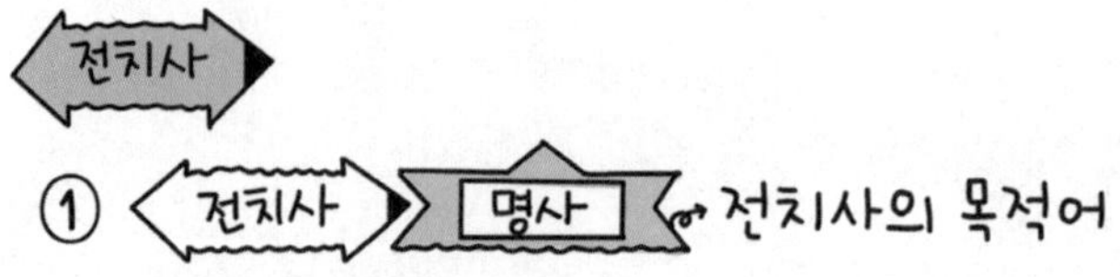
전치사
① 전치사 명사 전치사의 목적어

pre + position
앞에 위치한다

☆ 도대체 어디 앞에?
타깃이 되는 명사 앞에!(전치사의 목적어)

前 置 詞 전치사 = 차라리 「전명사」라고 생각하는 게 좋아.
= 명사 앞에 온다.

전치사

6-1 전치사는 관계를 나타내는 안내판

전치사는 위치나 방향, 움직임, 시간에 대한 '관계'를 알려 주는 안내판 같은 거야. 그런데 상자의 안이라고 하면 그 말은 안과 밖이 있다는 뜻이잖아. 나무 아래라고 하면 나무의 위가 있듯이 말이야. 그래서 전치사가 나오면 '관계'를 그림으로 상상하여 떠올리면서 말하고 글을 쓰는 게 좋아.

② in 전치사는 『관계』를 보여 준다.
안쪽 바깥쪽
전치사의 양방향을 그림 이미지로 떠올리면
영어권 원어민처럼 말하고 생각하는 순서로 사용할 수 있어.
There is a cat under the table.
아래야 위에는? (상대적인 관계)
이중성이 헷갈린다면 오른쪽 화살표로 생각해 봐.
어디 아래? 테이블 under

③ 그럼 명사 만 그리면 되지
왜 오각별을 그렸을까?
전치사 는 타동사 와 비슷한 면이 있어.
바로 전치사 타깃목적어 가 나와야 하거든. (세트 메뉴처럼 한 세트야.)
마치 타동사 타깃목적어 인 느낌과 비슷하지?

6-2 전치사는 타동사처럼 반드시 타깃(명사류)이 있어야 해

전치사는 전치사의 대상이 바로 나와야 해. 이게 뭐랑 비슷하더라? 그래, 맞아. 타동사가 반드시 타깃 대상이 있어야 하고 타깃에는 이름표 명사만 입장 가능했듯이, 전치사도 타깃 대상이 필요하고 이름표 명사만 들어갈 수 있어. 정말 비슷하지? 그래서 동사의 타깃은 육각별, 전치사의 타깃은 오각별이야.

전치사와 명사가 붙으면 부사 덩어리, 형용사 덩어리로 취급되어 그건 문장 뼈대를 보는 엑스레이로는 찍히지 않아.

특히 이것을 머리를 쥐어짜서 마치 목적어처럼 별 모양으로 그리고, 아래는 물결 표시로 나타낸 이유가 있어. 전치사 다음엔 명사라고 외우면 쉬운 거 아니냐고? 맞아. 더 정확히는 '전치사+전치사의 목적어'인데 목적어 자리에 명사를 넣어야 하는 거지. 그런데 전치사의 목적어(오각별 모양)이기 때문에 인칭대명사가 들어올 때는 꼭 목적격으로 변신을 해야 하는 거야. 인칭대명사는 역할에 따라 모습이 바뀌니까 **목적격**을 써야 해. 그리고 전치사의 목적어 자리에 동사가 들어오려면 동명사(동사에 ing를 붙여서 명사로 변신)로 바꿔서 '명사'로 입장해야 하는 거야.

(1) 전치사+명사 (명사는 항상 개수에 주의해야 해.)

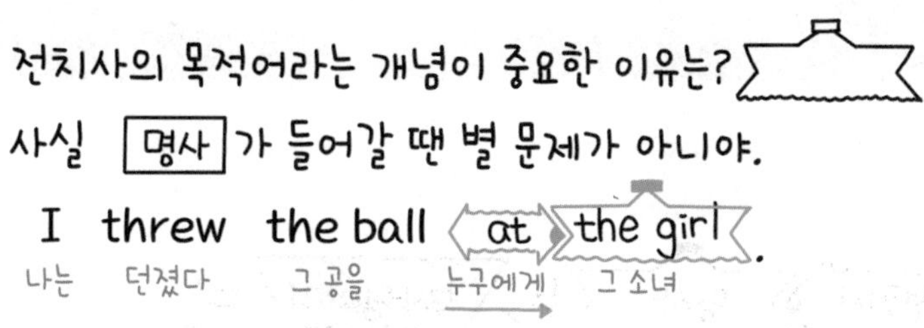

전치사의 목적어라는 개념이 중요한 이유는?
사실 명사 가 들어갈 땐 별 문제가 아니야.
I threw the ball at the girl.
나는 던졌다 그 공을 누구에게 그 소녀

(2) 전치사+대명사 (대명사는 역할에 따라 모양이 바뀌는 카멜레온이야.)

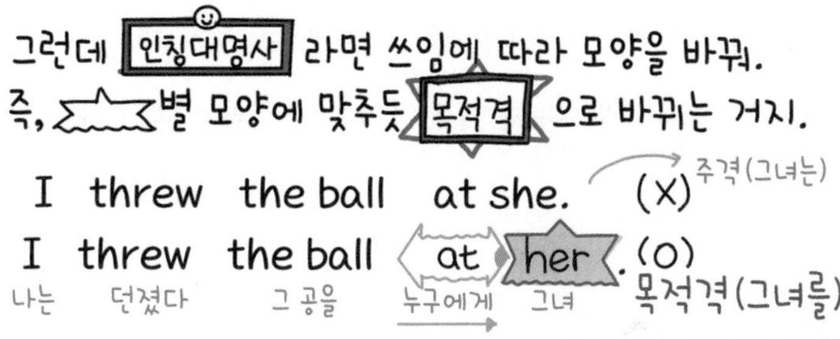

그런데 인칭대명사 라면 쓰임에 따라 모양을 바꿔.
즉, 별 모양에 맞추듯 목적격 으로 바뀌는 거지.
I threw the ball at she. (X)
주격(그녀는)
I threw the ball at her. (O)
목적격(그녀를)
나는 던졌다 그 공을 누구에게 그녀

(3) 전치사+동사(명사만 가능한 자리이므로 ing를 붙여서 동명사로 변신해야 해.)

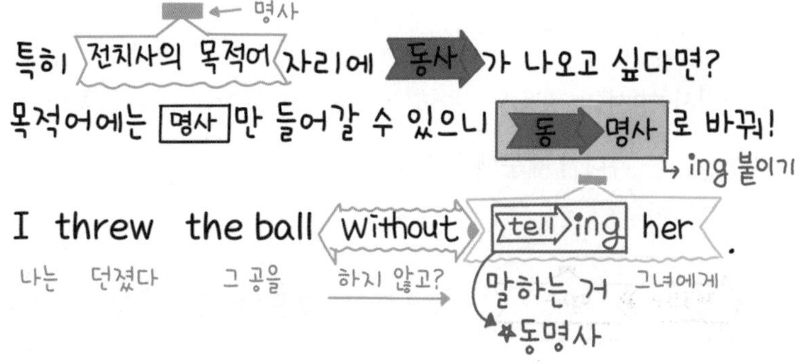

명사
특히 전치사의 목적어 자리에 동사 가 나오고 싶다면?
목적어에는 명사 만 들어갈 수 있으니 동 명사 로 바꿔!
ing 붙이기
I threw the ball without telling her.
나는 던졌다 그 공을 하지 않고? 말하는 거 그녀에게
*동명사

6-3 전치사+명사는 부사 덩어리 또는 형용사 덩어리(액세서리)

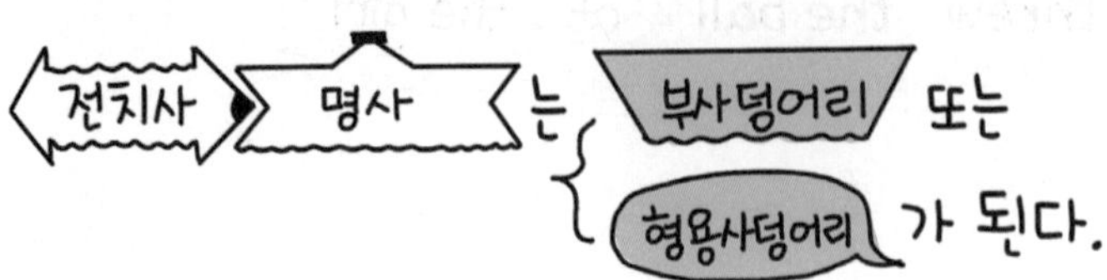
전치사
명사
는
부사덩어리
또는
형용사덩어리
가 된다.

1) 전치사(명사 앞 콕)와 명사가 붙으면 부사 덩어리, 또는 명사를 뒤에서 꾸미는 형용사 덩어리로 취급되기 때문에 문장의 뼈대를 찾는 엑스레이로는 찍히지 않아.

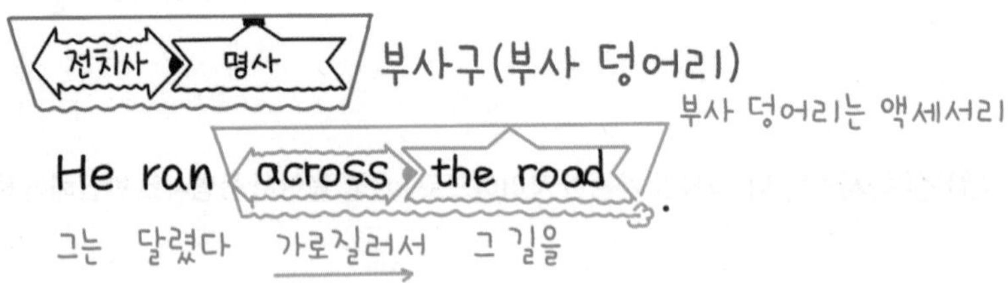
전치사
명사
부사구(부사 덩어리)
부사 덩어리는 액세서리
He ran across the road.
그는 달렸다 가로질러서 그 길을

2) '전치사+명사'가 형용사 덩어리(형용사구)로 쓰이는 경우도 문장 구조에서 필수적인 요소는 아니기 때문에 물결 표시로 그린 거야.

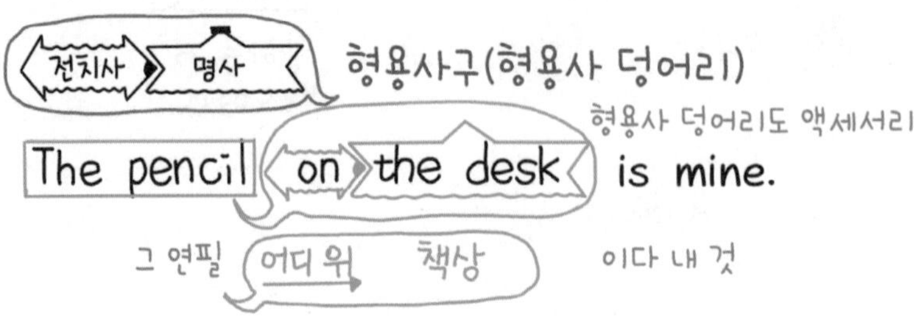
전치사
명사
형용사구(형용사 덩어리)
형용사 덩어리도 액세서리
The pencil on the desk is mine.
그 연필 어디 위 책상 이다 내 것

6-4 시간전치사를 그림으로

시간 전치사
at
-에
on
-에
in
-에
from
~부터
since
~이후로
within
~안에
by
까지
until
까지
before
전에
after
후에
for
위해, 동안
during
동안

(시간)에

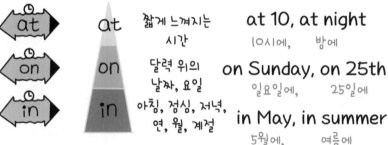

at	짧게 느껴지는 시간	at 10, at night	10시에, 밤에
on	달력 위의 날짜, 요일	on Sunday, on 25th	일요일에, 25일에
in	아침, 점심, 저녁, 연, 월, 계절	in May, in summer	5월에, 여름에

주의 구체적인 시간의 양이 나온 경우는 조심해. 시간/장소도 구분해.

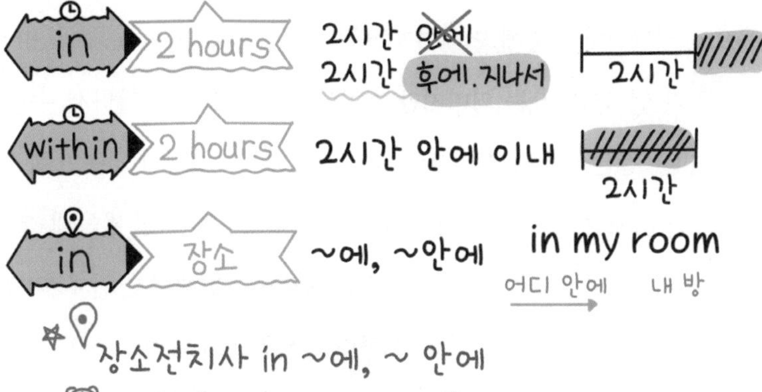
in
2 hours
2시간 안에
2시간 후에, 지나서
2시간
within
2 hours
2시간 안에 이내
2시간
in
장소
~에, ~안에
in my room
어디 안에
내 방

장소전치사 in ~에, ~ 안에

시간전치사 in ~에, ~ 후에

시간전치사가 참 다양하지? 기본적인 전치사 in도 시간이 나올 때와 장소가 나올 때 뜻이 헷갈려. 왜냐하면 장소에서는 안쪽이란 뜻이잖아. 한국어처럼 무작정 'in=안에'라고 외운다면 시간의 양이 나올 경우 '그 시간 안에'로 헷갈리기 쉬워. 장소가 나올 때 '안에'라고 해석되던 in은 구체적인 시간의 양이 나올 경우 '안에'가 아니라 '후에'로 뜻이 바뀌는 거지. 'in 2 hours' 하면 '2시간 후에'라는 뜻이야.

1) in 큰 시간: 시간에	in 2012 2012년에
2) in 구체적 시간의 양: 시간 후에	in 5minutes 5분 후에 [5분 안(×)]
3) in 장소: 장소 안에	in the house 집 안에

한국 사람들은 in을 '안'이라고 외워서 'in 2 hours' 하면 '두 시간 안에'로 여기기 쉬워. 하지만 시간전치사로서의 in은 그 시간을 다 채우고 난 후의 느낌이라 시간 후라고 생각하는 게 좋아. '2시간 후에'라는 뜻이기 때문에 '2시간 안'이라는 뜻과 반대의 개념이 되는 거지. 엄마들이 "숙제 언제 할래?"라고 물으면 아이들이 자주 하는 대답이 뭘까? "In a bit." 조금 있다가요(조금 후).

다음으로 시간전치사 중에 '언제까지'라는 의미를 가진 by와 until과 till을 살펴볼게. 모두 다 언제까지라는 의미지만 전치사에 따라 느낌이 달라서 주의해야 해. until과 till은 같은 의미라서 일부러 언틸~~~, 틸~~~ 이렇게 외우면 좀 편해. un이 빠진 대신 뒤에 l이 2번 나와. 우리 아들이 untill로 쓰는 걸 봤는데 그건 잘못된 거야. until이거나 till이야. until과 till은 쭉~~~~ 뭘 하다가 언제까지란 뜻이야. 그 시각까지 행동을 지속적으로 쭉 한다는 뜻을 담고 있어.

그에 비해, by는 그 행동을 하든 다른 행동을 하든 그 시각까지 완료, 끝난다는 뜻이야. 다음 그림을 보자.

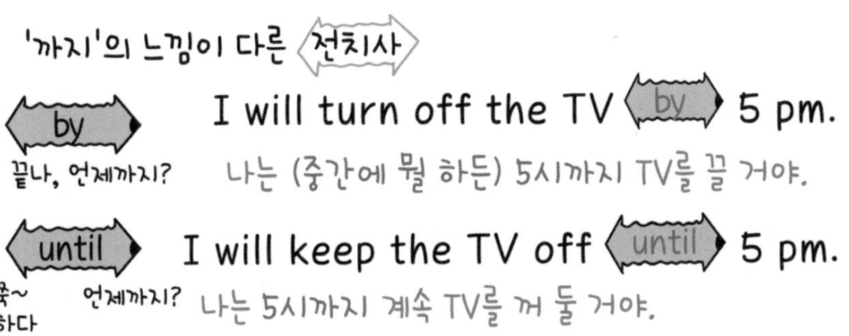
'까지'의 느낌이 다른 전치사
by
끝나, 언제까지?
I will turn off the TV by 5 pm.
나는 (중간에 뭘 하든) 5시까지 TV를 끌 거야.
until
쭉~ 하다
언제까지?
I will keep the TV off until 5 pm.
나는 5시까지 계속 TV를 꺼 둘 거야.

시간전치사 during, for와 시간 접속사 while은 모두 '~동안에'라는 뜻이야. during은 'during the vacation'을 통으로 외워 봐. 특정 기간 동안이라는 뜻이야. for는 연상 작용을 위해서 for four hours(네 시간 동안)를 통으로 외워 봐. 숫자가 나오는 구체적인 시간일 때는 for를 사용해.

그렇다면 while은? 그런데 접속사는 다리 모양인 거 한눈에 보이지? 전치사는 다음 오각형 별의 목적어 자리에 명사가 들어가지만 접속사 while 다음에는 주어 동사가 나와야 해. 그림을 잘 보고 이해해 봐.

'~동안'을 뜻하는 전치사와 접속사
기억 tip!
for와 four가
발음이 비슷하지?
for 다음엔 숫자, 시간, 길이
for
시간, 길이
숫자, 긴 시간 구체적
He stayed in Seoul for four hours.
그는 머물렀다 서울에 얼마 동안? 4 시간
during
특정기간
He stayed in Seoul during winter vacation.
그는 머물렀다 서울에 얼마 동안? 겨울 방학
while
접속사
주어
동사
He stayed in Seoul while she was out.
그는 머물렀다 서울에 얼마 동안 그녀가 나가 있던

시간전치사 from과 since도 비교해 볼게.

from은 시작 시간만 나타내는 전치사야. 그에 비해, since는 시작 시간 뿐만 아니라 쭉 해왔다는 뉘앙스를 가진 전치사야. 그래서 그 뉘앙스를 가진 완료 시제와 같이 사용되지. 현재완료, 과거완료가 뭐냐고? 나중에 시간의 느낌을 설명할 때 자세히 알려 줄게. 일단은 어느 과거 시점에서 쭉 계속되어 현재까지 영향을 주는 걸 현재완료라고 해. 그때 since가 사용되는 거지.

6-5 장소전치사를 그림으로

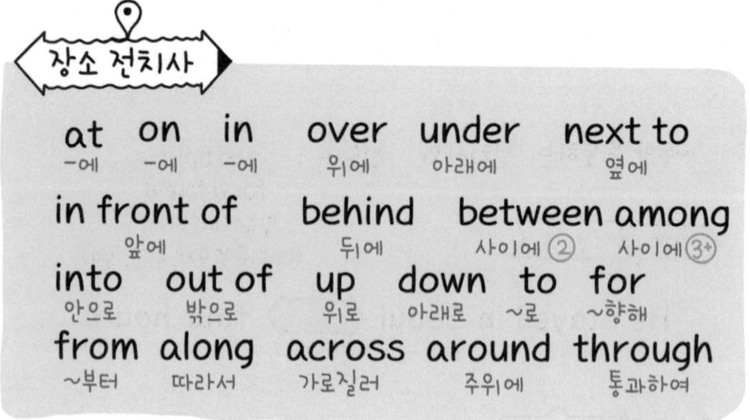

장소 전치사
at -에
on -에
in -에
over 위에
under 아래에
next to 옆에
in front of 앞에
behind 뒤에
between 사이에 ②
among 사이에 ③+
into 안으로
out of 밖으로
up 위로
down 아래로
to ~로
for ~향해
from ~부터
along 따라서
across 가로질러
around 주위에
through 통과하여

on은 접촉해서 닿아 있다는 느낌이 있는 전치사라는 게 중요해. put on이 '입다'인 이유도 '몸 위에 닿아 있다'라는 뜻에서 비롯된 거거든. to는 '~로 향해서 도착한다'는 뜻이 있어. from은 '~로부터 떨어지다'라는 뉘앙스야. between은 '2개 사이에'를 뜻하고, among은 '3개 이상 사이에'를 뜻한다는 차이가 있어.

특히 장소전치사들은 방향성이 중요해. 그 예로 해외에서 겪은 에피소드를 하나 이야기해 줄게. 우리 딸이 영어로 주기도문을 외웠는데 몇 달 후 내 옷을 잡아당기면서 물어보는 거야. 'deliver us from evil'을 말하며 눈물이 그렁그렁해서는 "엄마, 왜 악마에게 우리를 배달해 달라고 기도하는 거야?"라고 물어서 난 웃음이 빵 터졌어. 이게 바로 '전치사의 힘이자 중요성이구나!'라고 느꼈고, "deliver us to evil이라면 그런 뜻이지만, deliver us from evil이니까 '악마로부터 벗어나(떨어져서) 우리를 구해 주세요'라는 뜻이야."라고 알려 주었지. 전치사의 중요성과 방향성을 알겠지?

6-6 다른 전치사를 그림으로

by는 '~옆에'라는 뜻도 있고, '교통수단을 타고'라는 뜻도 있고, '~에 의해서'라는 뜻도 있어. 그리고 like는 '좋아하다'라는 동사로 쓰이지만, 전치사로 쓰일 때는 '~처럼'이란 뜻이야. 어떻게 아냐고? 그건 문장 안에서 어울리는 문맥으로 알 수 있는 거야.

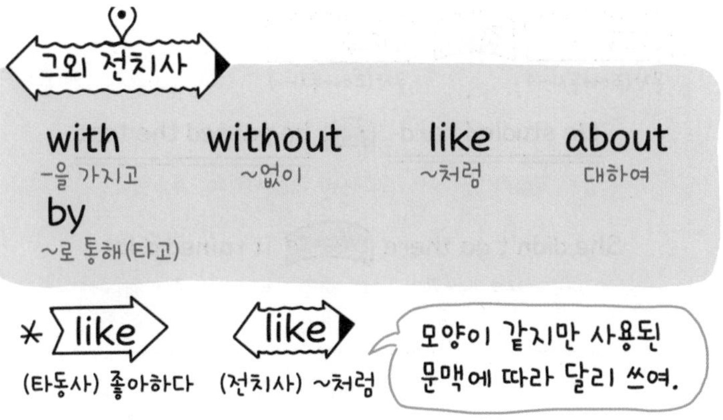
그외 전치사
with
-을 가지고
without
~없이
like
~처럼
about
대하여
by
~로 통해(타고)
* like
(타동사) 좋아하다
like
(전치사) ~처럼
모양이 같지만 사용된
문맥에 따라 달리 쓰여.

예 Like father, like son. 부전자전

6-7 접속사는 연결 다리

1) 단어 사이의 연결 고리

2) 구(2개 이상 단어 덩어리) 사이의 연결 다리

3) 문장 사이의 연결 다리

접속사
접속사는 연결 다리 역할이라고 생각하면 돼.
단어
접속사
단어
같은 종류의 품사
Thomas and I like soccer.
토마스 와 나는 좋아해 축구를
She is pretty and smart.
그녀는 이다 예쁜 그리고 똑똑한
My grandfa was old but strong.
우리 할아버지는 이었다 늙은 그러나 힘이 센

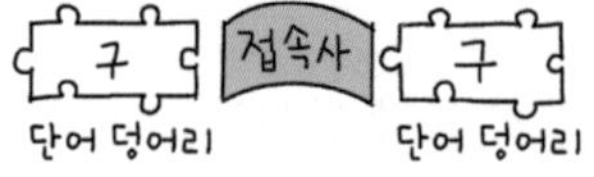

구
접속사
구
단어 덩어리
단어 덩어리

I can go to school by bike or by bus.
난 학교에 갈 수 있다 자전거로 또는 버스로

접속사
문장(주어+동사~)
문장(주어+동사~)

He studied hard so he passed the test.
그는 열심히 공부해서 (그래서) 그는 시험에 통과했다.

She didn't go there because it rained a lot.
그녀는 거기에 가지 않았다 왜냐하면 비가 많이 왔기 때문에

앞뒤로 오는 애들은 끼리끼리 같은 성격이어야 해요.

6-8 접속사의 두 가지 종류

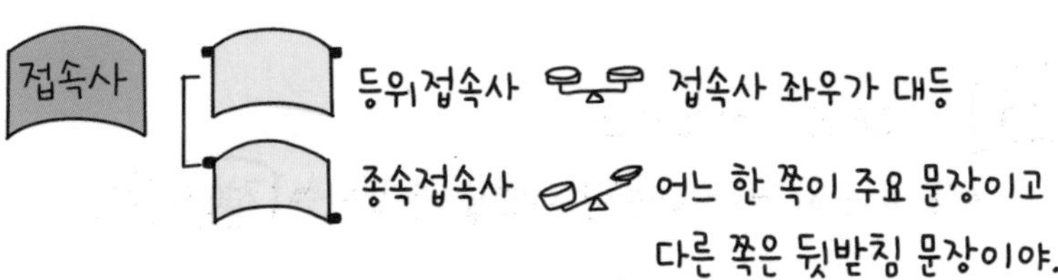

접속사
등위접속사 접속사 좌우가 대등
종속접속사 어느 한 쪽이 주요 문장이고
다른 쪽은 뒷받침 문장이야.

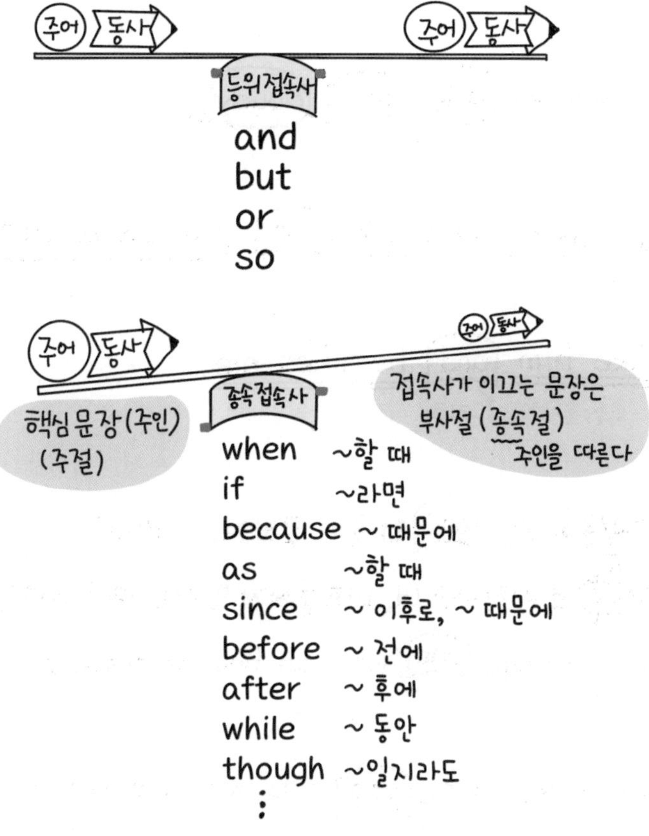

주어
동사
주어
동사
등위접속사
and
but
or
so
주어
동사
주어
동사
종속접속사
핵심 문장(주인)
(주절)
접속사가 이끄는 문장은
부사절(종속절)
주인을 따른다
when ~할 때
if ~라면
because ~ 때문에
as ~할 때
since ~ 이후로, ~ 때문에
before ~ 전에
after ~ 후에
while ~ 동안
though ~일지라도
⋮

6-9 등위접속사

and 그리고, ~와(과)

서로 비슷하거나 대등한 내용을 연결하는 접속사야.

I have cats and dogs in my house.
난 가지고 있어 고양이들과 강아지들을 내 집에

The sky was dark and cloudy.
하늘은 이었다 어둡고 (그리고) 구름 낀

I will do my homework and play basketball.
나는 숙제를 하고 (그리고) 농구를 할 거야.

I like him and he likes me.
난 그를 좋아하고 (그리고) 그는 나를 좋아해.

명령문에서는 and의 뜻이 달라져. '그러면'

동사로 시작하고 너, 너희들에게 명령할 땐 '~하면, 그러면'

Take this map, and you can find the treasure.
가져가 이 지도를 그러면 넌 찾을 수 있어 그 보물을

Come in my room, and you will get warm.
내 방으로 들어오면 (그러면) 넌 따뜻해질 거야.

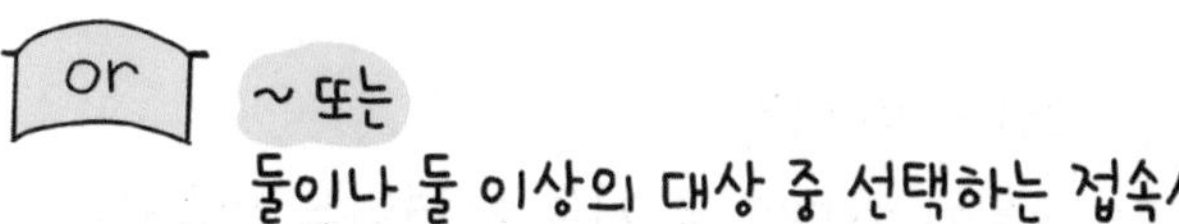

or ~ 또는

둘이나 둘 이상의 대상 중 선택하는 접속사야.

You **or** I have to clean it up.
너 또는 내가 그것을 싹 청소해야 해.

Have you been to London **or** Paris?
가 본 적(있어 본 적) 있니 런던 또는 파리?

Who is your sister, Jane, Stella, **or** Claire?
누가 너의 누나니 제인, 스텔라, 클레어 중에

3개 이상이면 제일 마지막에만 씀

명령문에서는 **or**의 뜻이 달라져. '그렇지 않으면'

동사로 시작하고 너, 너희들에게 명령할 땐 '안 그러면, 아니면'

Hurry up, **or** you'll miss the bus.
서둘러라 그렇지 않으면 버스를 놓칠 거야.

Study hard, **or** you can't pass the exam.
열심히 공부해라 아니면 넌 시험에 통과하지 못할 거야.

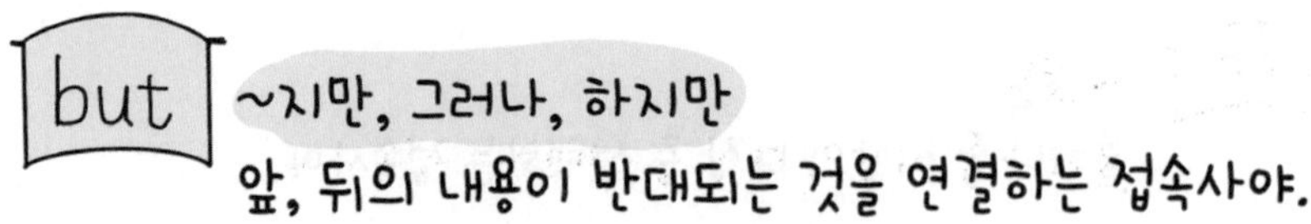
but
~지만, 그러나, 하지만
앞, 뒤의 내용이 반대되는 것을 연결하는 접속사야.

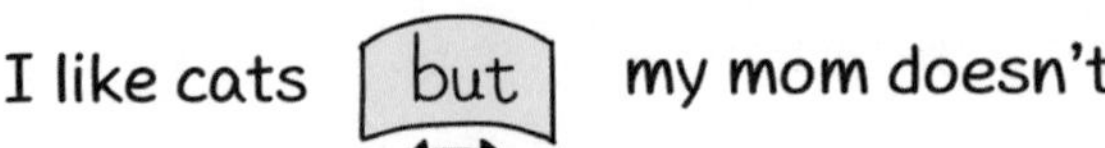
I like cats
but
my mom doesn't.

나는 좋아해 고양이를 (하지만) 우리 엄마는 그렇지 않아.

My Dad is kind but strict.

우리 아빠는 친절 하지만 엄격하다.

She lives in the U.S. but she can't speak English.

그녀는 미국에 살고 있다 그러나 그녀는 영어를 말하지 못한다.

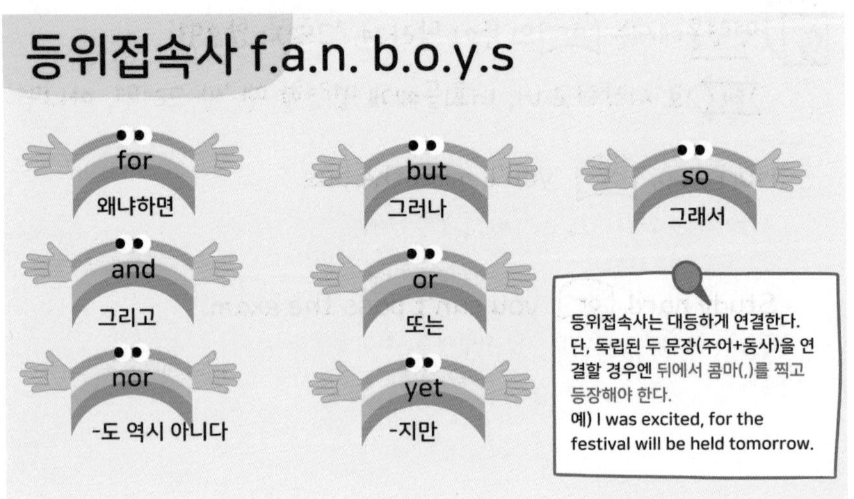
등위접속사 f.a.n. b.o.y.s
for
왜냐하면
but
그러나
so
그래서
and
그리고
or
또는
nor
-도 역시 아니다
yet
-지만
등위접속사는 대등하게 연결한다.
단, 독립된 두 문장(주어+동사)을 연결할 경우엔 뒤에서 콤마(,)를 찍고 등장해야 한다.
예) I was excited, for the festival will be held tomorrow.

6-10 상관접속사

상관접속사란 둘 이상의 단어가 반드시 짝을 이루어 함께 쓰이는 접속사를 말해. 그런데 특별히 어려운 이유는 동사를 쓸 때 둘 중 어느 주어에 장단을 맞춰야 하는지가 복잡하기 때문이야. 'A as well as B'만 A에 초점을 맞추어 동사를 사용하면 돼. 나머지 'either A or B, Neither A nor B, Not only A but also B' 등은 거의 뒷부분 B에 초점을 맞추어 동사를 사용하면 되지.

상관접속사

① both A and B A와 B 둘 다 (2+)

Both Stella and Claire like apples.

2명

스텔라와 클레어 둘 다 사과를 좋아한다.

② either A or B A 또는 B 중 하나

Either he or I have to go there.

가까운 것에 맞춘다 he… has / I… have

그 또는 내가 거기에 가야 한다.

③ neither A nor B A도 B도 아닌

Neither I nor she likes apples.

가까운 것에 맞춘다 I… like/ She… likes

나도 그녀도 사과를 좋아하지 않는다.

④ not only A but also B A 뿐만 아니라 "B"까지도

= B as well as A *동사를 B에 맞춰 준다(B에 강조점).

Stella is good at not only English but also math.

Stella is good at math as well as English.

스텔라는 영어 뿐만 아니라 수학을 잘해.

6-11 종속접속사 부사절

종속접속사는 아까 보여준 시소 그림처럼, 주인공절(주어+동사~~) 앞뒤에 있는 종속절(주인에게 딸린 하인 문장이라고 할까?)을 이끄는 접속사야. 종속절은 단독으로 쓰일 순 없어. When I was young. (×)

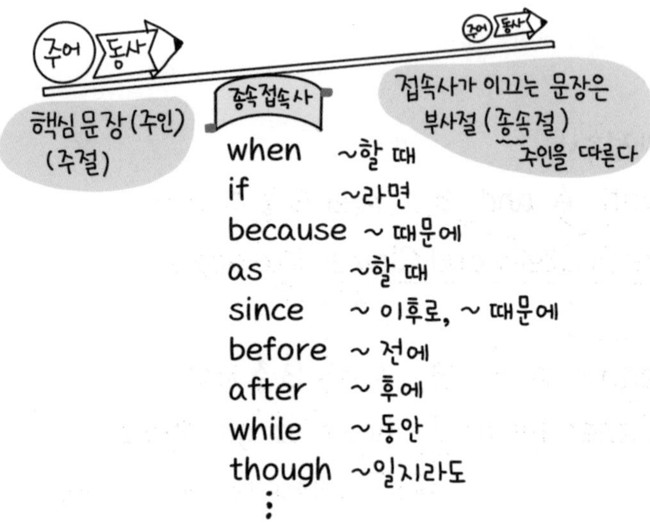

주어
동사
주어
동사
핵심 문장 (주인)
(주절)
종속접속사
접속사가 이끄는 문장은
부사절 (종속절)
주인을 따른다
when ~할 때
if ~라면
because ~ 때문에
as ~할 때
since ~ 이후로, ~ 때문에
before ~ 전에
after ~ 후에
while ~ 동안
though ~일지라도

대표적으로 중요한 종속접속사들 중에서 부사절로 쓰이는 접속사를 배워보자.

① 시간접속사: when, as(~할 때), before(~하기 전에), since(~이후로), after(~한 후에), while(~하는 동안), until(~까지)

② 원인접속사: because, as(~ 때문에)

③ 조건접속사: if (~라면), unless(~아니라면)

④ 양보접속사: though, although, even though(~일지라도)

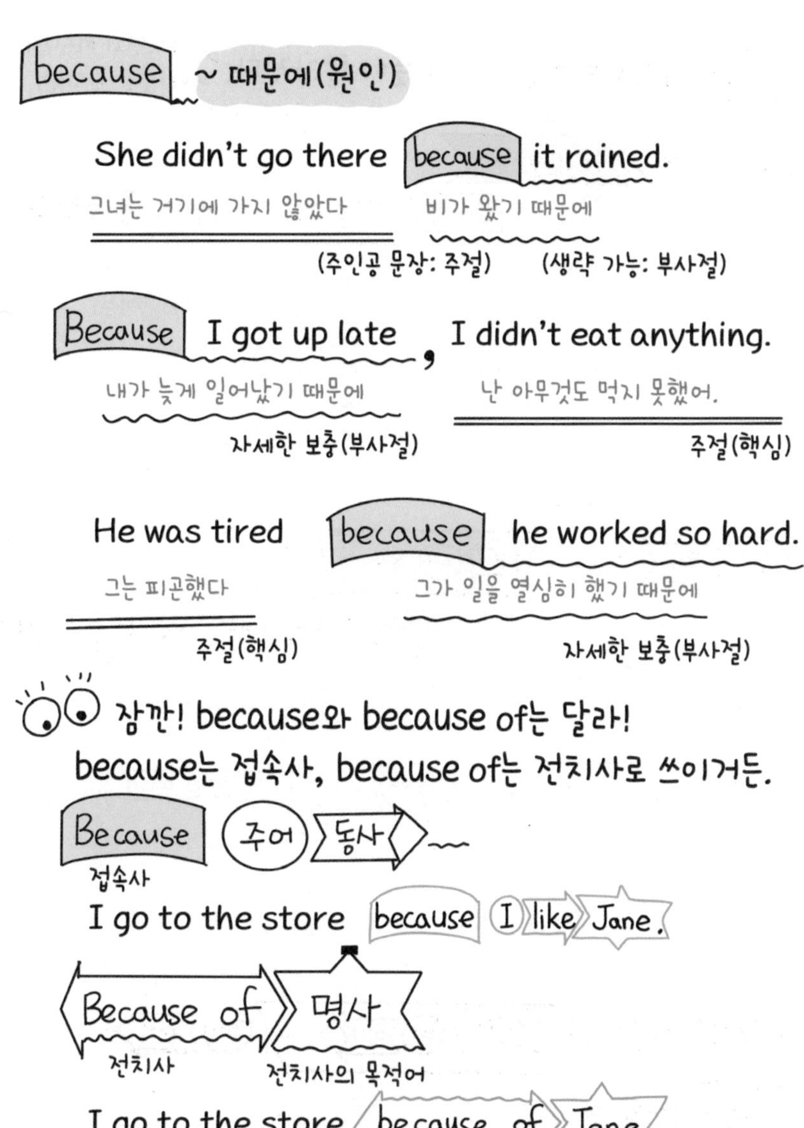
because ~ 때문에(원인)
She didn't go there because it rained.
그녀는 거기에 가지 않았다
비가 왔기 때문에
(주인공 문장: 주절)
(생략 가능: 부사절)
Because I got up late, I didn't eat anything.
내가 늦게 일어났기 때문에
난 아무것도 먹지 못했어.
자세한 보충(부사절)
주절(핵심)
He was tired because he worked so hard.
그는 피곤했다
그가 일을 열심히 했기 때문에
주절(핵심)
자세한 보충(부사절)
잠깐! because와 because of는 달라!
because는 접속사, because of는 전치사로 쓰이거든.
Because
주어
동사
접속사
I go to the store because I like Jane.
Because of
명사
전치사
전치사의 목적어
I go to the store because of Jane.

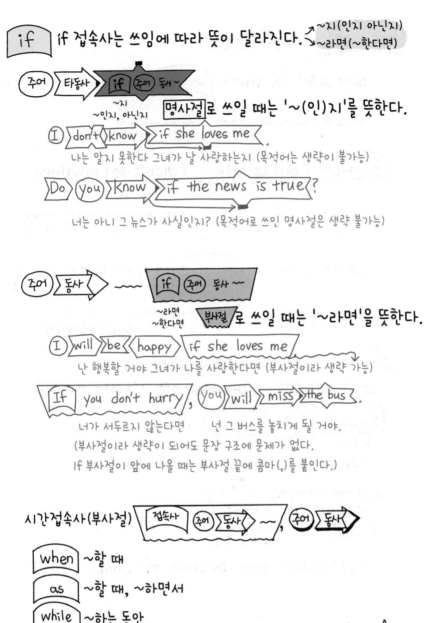

if | if 접속사는 쓰임에 따라 뜻이 달라진다. → ~지(인지 아닌지) / → ~라면(~한다면)

주어 〉타동사 〉 if 주어 동사 ~

~지
~인지, 아닌지

명사절로 쓰일 때는 '~(인)지'를 뜻한다.

I 〉don't 〉know 〉 if she loves me.

나는 알지 못한다 그녀가 날 사랑하는지 (목적어는 생략이 불가능)

Do 〉you 〉Know 〉 if the news is true?

너는 아니 그 뉴스가 사실인지? (목적어로 쓰인 명사절은 생략 불가능)

주어 〉동사 〉 ~~~ if 주어 동사 ~~

~라면
~한다면

부사절로 쓰일 때는 '~라면'을 뜻한다.

I 〉will 〉be 〉happy 〉 if she loves me.

난 행복할 거야 그녀가 나를 사랑한다면 (부사절이라 생략 가능)

If you don't hurry, you 〉will 〉miss 〉the bus.

너가 서두르지 않는다면 넌 그 버스를 놓치게 될 거야.

(부사절이라 생략이 되어도 문장 구조에 문제가 없다.
If 부사절이 앞에 나올 때는 부사절 끝에 콤마(,)를 붙인다.)

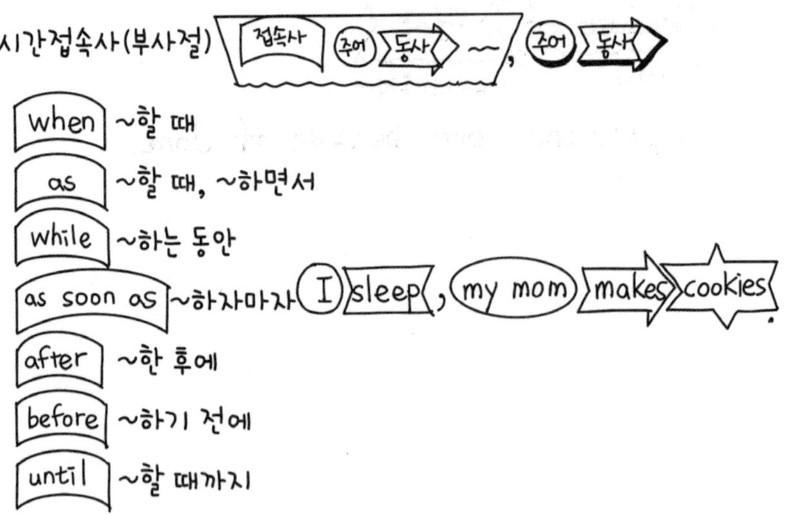
시간접속사(부사절)
접속사 주어 동사 ~, 주어 동사
when ~할 때
as ~할 때, ~하면서
while ~하는 동안
as soon as ~하자마자 I sleep, my mom makes cookies.
after ~한 후에
before ~하기 전에
until ~할 때까지

6-12 종속접속사 명사절

종속접속사들 중에서 명사절로 쓰이는 접속사도 있어. that이나 what을 이끄는 명사절이나, if 또는 whether가 이끄는 명사절이지.

명사절 접속사: if, whether(~지), that(뜻은 없음), what(~는 것)

예 I wonder if he likes me. 나는 그가 나를 좋아하는지 궁금하다.

I wonder whether he likes me. 나는 그가 나를 좋아하는지 궁금하다.

I think that he is handsome. 나는 그가 잘생겼다고 생각한다.

What she said is a lie. 그녀가 말한 것은 거짓이다.

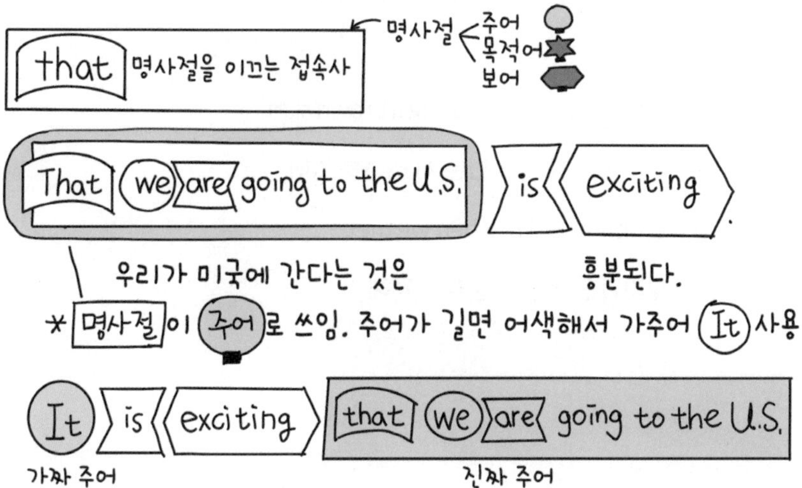
that 명사절을 이끄는 접속사
명사절
주어
목적어
보어
That we are going to the U.S. is exciting.
우리가 미국에 간다는 것은
흥분된다.
* 명사절이 주어로 쓰임. 주어가 길면 어색해서 가주어 It 사용
It is exciting that we are going to the U.S.
가짜 주어
진짜 주어

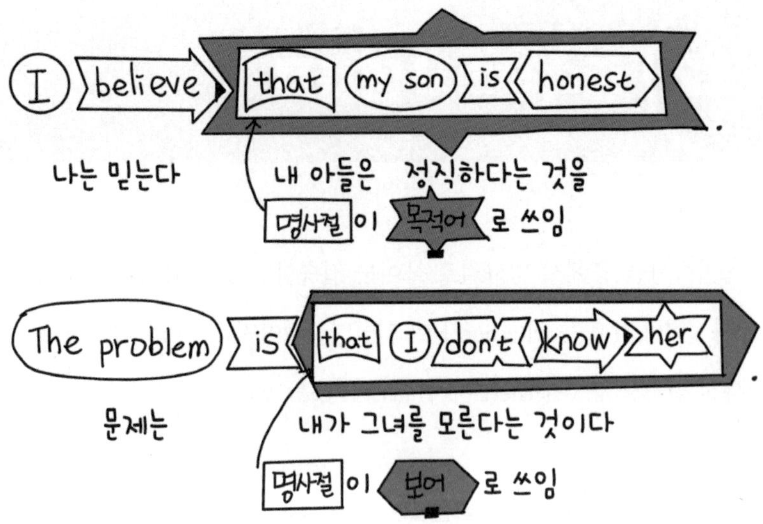
I
believe
that
my son
is
honest
나는 믿는다
내 아들은 정직하다는 것을
명사절 이 목적어 로 쓰임
The problem
is
that
I
don't
know
her
문제는
내가 그녀를 모른다는 것이다
명사절 이 보어 로 쓰임

종속접속사 중에 형용사절은 없냐고? 그건 나중에 배울 관계대명사, 관계부사(챕터 13)에서 나오는 거야.

who, whom, which, that, where, when, why 등

예 I know the girl who is wearing a brown skirt.

나는 갈색 치마를 입고 있는 저 소녀를 알아.

I remember the day when we met.

나는 우리가 만났던 그 날을 기억해.

QUIZ QUIZ

1 다음 빈칸에 들어갈 말로 알맞은 것은?

She was disappointed _________ she didn't get any birthday presents.

① so ② but ③ and ④ because ⑤ because of

2 다음에 어울리는 접속사를 빈칸에 쓰시오.

① Read many books, _________ you'll be wiser.
많은 책을 읽어라 그러면 넌 더 현명해질 거야.

② _________ she was blind, she never gave up her dream.
그녀는 앞이 보이지 않았지만, 꿈을 포기하지 않았다.

3 다음 문장에 들어갈 전치사를 각각 쓰시오.

① She was born in Houston _________ August 25th, 2019.
그녀는 2019년 8월 25일에 휴스턴에서 태어났다.

② I prefer coffee _________ tea. 나는 차보다 커피를 더 좋아한다.

③ He's good _________ playing basketball. 그는 농구를 잘한다.

4 다음 빈칸에 어울리는 전치사를 쓰시오.

① I went there _________ car.

② My mom helped me keep a diary _________ English.

QUIZ 정답

1

정답: ④

앞뒤 문장의 느낌을 비교해 보고 어울리는 접속사를 넣는다. '생일 선물을 못 받았기 때문에 실망을 했다.'는 내용이므로 because(왜냐하면)가 어울린다. because of는 바로 뒤에 명사가 와야 한다.

2

정답: and

① 명령문에서는 and의 뜻이 '그러면'으로 쓰이고, or는 '그렇지 않으면'이라는 의미로 달라진다.

정답: Though, Although, Even though

② 앞뒤 문장이 반대의 내용이고 '~지만', '~에도 불구하고'가 어울리는 접속사이다.

3

정답: on, to, at

① 해, 월이 나오면 큰 시간의 범위라 in을 사용하지만, 날짜가 나오면 마치 달력의 그 날짜 위에 압정을 누르는 느낌으로 on을 쓴다. 예를 들어 12월에:in December/ 12월 25일에:on December 25th로 쓴다.

② prefer(더 좋아한다) A to B A를 B보다 더 좋아한다는 뜻이야. prefer는 than을 사용하지 않고 to 전치사를 사용한다.

③ 특정 부분을 잘한다는 느낌은 콕 찍어 말하는 at를 사용해. be good at ~을 잘한다.

4

정답: by, in

① 나는 차로 거기에 갔다. '교통수단을 타고'라는 뜻일 때에는 'by + 교통수단'을 써서 by를 사용한다.

② 우리 엄마는 내가 영어로 일기 쓰는 것을 도와주셨다. in English.

CHAPTER 07

동사의 변신 (1)
구름처럼 바뀌는 to부정사

to
동사
to 부정사

욕심이 많은 동사라는 애가 있었어. 동사는 주로 동사로 쓰였지만 가끔은 명사도 하고, 형용사도 하고, 부사도 하고 싶었어. 그럼 이 동사가 어떻게 변신을 해야 할까? to infinive를 하면 동사는 원하는 신분이 되어 타고 싶은 기차 부분에 탈 수 있어. 그게 바로 to부정사야.

자, 문제의 시작은 동사가 욕심이 많아서

동사가 명사도 되고 싶고, 형용사도 되고 싶고,

부사도 되고 싶은 거야. 동사가 원하는 대로 변신하는 방법은?

그건 바로 to 동사원형 부정사

왜 구름 모양이냐고? 왜 그럴까?

하늘의 구름은 양도 되고 용도 되고, 모습이 바뀌잖아.

'부정사'라는 말은 '정해지지 않은'이란 뜻이야.

to를 붙이면 마법처럼 원하는 역할로 변신하는 거지.

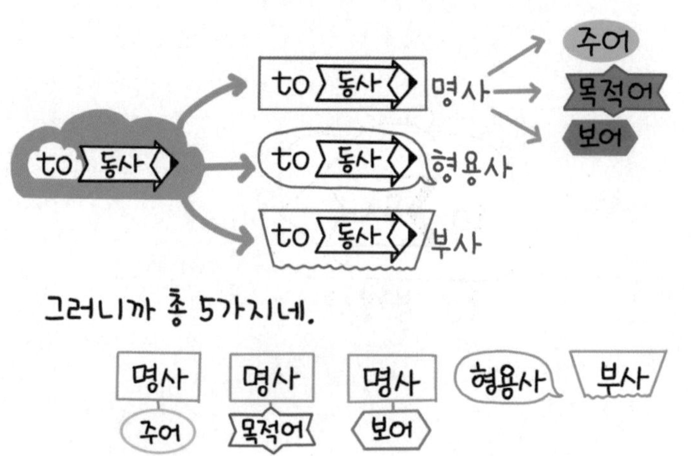

to 동사
to 동사 명사
주어
목적어
보어
to 동사 형용사
to 동사 부사
그러니까 총 5가지네.
명사
주어
명사
목적어
명사
보어
형용사
부사

7-1 구름처럼 변하는 to부정사

물방울이 모인 구름은 양처럼 되었다가 흩어져서, 새털처럼 되었다가, 용처럼 변하기도 하지? '부정사'라는 말은 '부정한다(아니다)'라는 뜻이 아니라 '정해지지 않은 말'이란 뜻이야. 영어로 infinitive라고 부르며, 주로 to와 함께 쓰여서 to부정사로 많이 쓰여. 하지만 to 없이도 쓰이는 원형부정사를 사용하는 경우도 있으니 주의해야 해.

7-2 동사가 명사로 변신

동사가 명사의 역할을 하고 싶다면 어떻게 해야 할까? 욕심쟁이 동사가 명사가 되고 싶을 때는 동사 바로 앞에 to를 붙여서 명사로 변신하는 거지. 자, 그럼 명사는 어디에 쓰인다? 명사는 주인공 칸(주어), 보충 칸(보어), 타깃 칸(목적어)에 입장할 수 있어. 그래서 동사는 동사 칸에만 들어갈 수 있는데, 'to+동사원형'으로 명사가 되면 명사 자리에 자유롭게 입장하는 거지. 단, 전치사의 목적어에는 to부정사는 안 되고 동명사만 들어갈 수 있어.

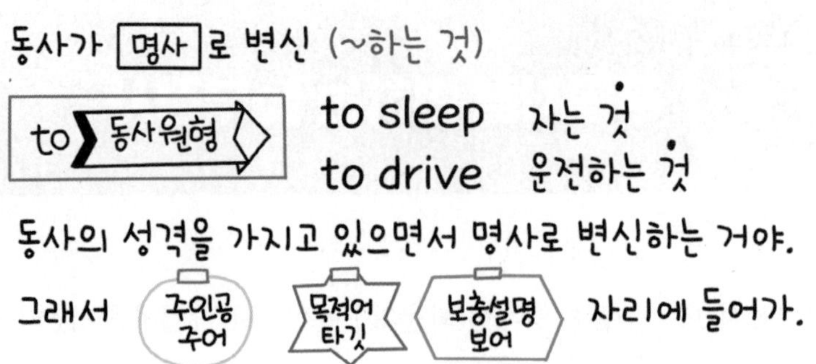
동사가 명사로 변신 (~하는 것)
to 동사원형
to sleep 자는 것
to drive 운전하는 것
동사의 성격을 가지고 있으면서 명사로 변신하는 거야.
그래서 주인공 주어 목적어 타깃 보충설명 보어 자리에 들어가.

(1) 동사가 → 명사로 변신해서 주어 자리에 입장하기

'~하는 것은'으로 해석되고, 맨 처음에 등장하니 주어임을 알기도 쉬워.

이렇게 [to 동사원형]이 명사가 되어서 주인공 역할을 하는 거야.

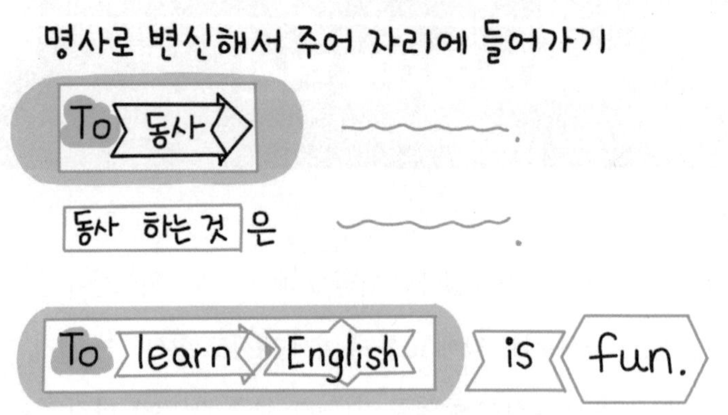
명사로 변신해서 주어 자리에 들어가기
To 동사
동사 하는 것 은
To learn English is fun.

그런데 주어가 너무 길면 영어에서는 어색한 표현이 되어 버려. 영어에서는 핵심을 먼저 말하고 늘어지는 부분은 뒤로 붙이거든. 이런 경우 다음과 같이 표현하기도 해. 부정사로 길게 늘어진 주어 부분에 It을 대신 두고, 맨 뒤에다 to부정사를 붙이는 거지. 이때 It을 가짜 주어라는 의미로 '가주어'라고 해. 머리(주어)가 무거운 가분수를 떠올리면 어떨까? It이 '그것'이 아니라 It = [to부정사]와 같다고 생각하면 편해.

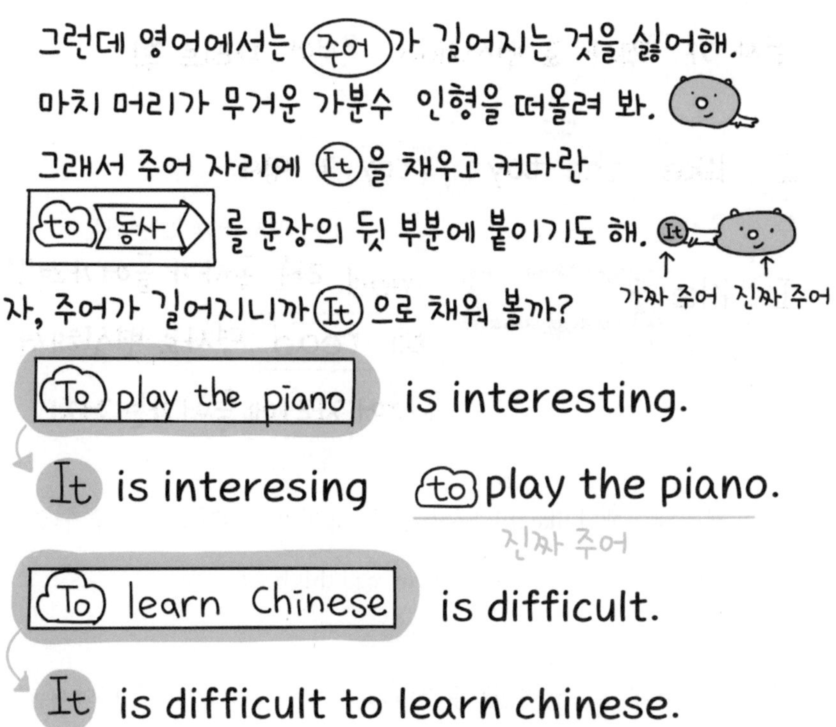
그런데 영어에서는 주어가 길어지는 것을 싫어해.
마치 머리가 무거운 가분수 인형을 떠올려 봐.
그래서 주어 자리에 It을 채우고 커다란
to 동사 를 문장의 뒷 부분에 붙이기도 해.
It
가짜 주어
진짜 주어
자, 주어가 길어지니까 It으로 채워 볼까?
To play the piano is interesting.
It is interesing to play the piano.
진짜 주어
To learn Chinese is difficult.
It is difficult to learn chinese.

(2) 동사가 → 명사로 변신해서 목적어(타깃 칸) 자리에 입장하기

'~하는 것을'로 해석되고, 주어+타동사+[to부정사]의 순서로 쓰여.

난 장난감을 좋아해. 장난감이 명사니까 단순하지?

난 달리는 것을 좋아해. '달리다'가 동사이기 때문에 한국어로도 '달리는 것'이라고 바꾸듯이, run이 동사이기 때문에 to run으로 바꿔서 명사가 되어 목적어 칸에 들어가는 거야.

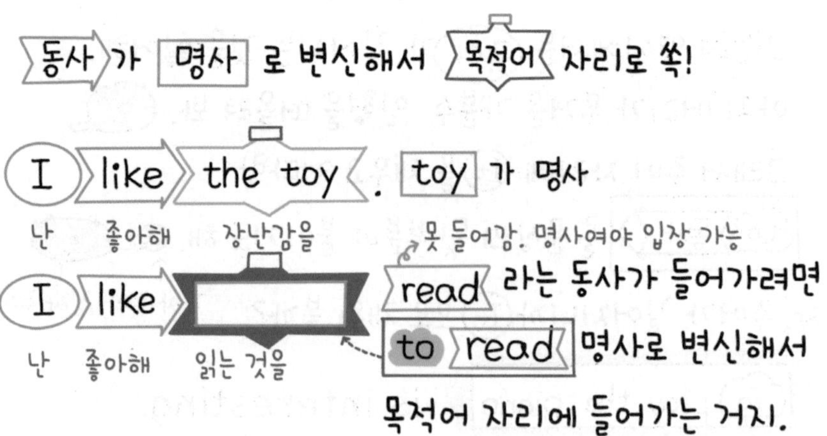
동사가 명사로 변신해서 목적어 자리로 쏙!
I like the toy. toy가 명사
난 좋아해 장난감을
못 들어감. 명사여야 입장 가능
I like
난 좋아해 읽는 것을
read 라는 동사가 들어가려면
to read 명사로 변신해서
목적어 자리에 들어가는 거지.

난 이 책을 좋아해. I like this book. → book이 명사니까 타깃이 될 수 있어.

난 이 책을 읽는 것을 좋아해. I like to read this book.

만약 read 앞에 to가 없다면? 동사 like와 동사 read가 연달아 나와서 잘못된 거야. read가 타깃 칸(목적어)에 들어가려면 to read가 되어서 명사로 변신해야 해. 타깃 칸에는 명사만 들어갈 수 있어.

나중에 배울 건데 동사가 명사가 되는 방법이 한 가지 더 있어. ing를 붙여서 reading으로 만들면 동명사가 되어 명사 역할을 할 수 있고 타깃 칸에 탈 수 있어.

예 I like to read this book.

I like reading this book.

'나는 이 책을 읽는 것을 좋아해.'를 표현하는 방법이 2가지인 거지. 일단은 to부정사만 먼저 정확히 배워 보자.

He wanted to drink water.
그는 원했다 물을 마시는 것을
I like to cook.
나는 좋아한다 요리하는 것을

(3) 동사가 → 명사로 변신해서 보어(주인공 보충칸) 자리에 입장하기

'~하는 것이다'로 해석되고, '주어+자동사+[to부정사]'의 순서로 쓰여.

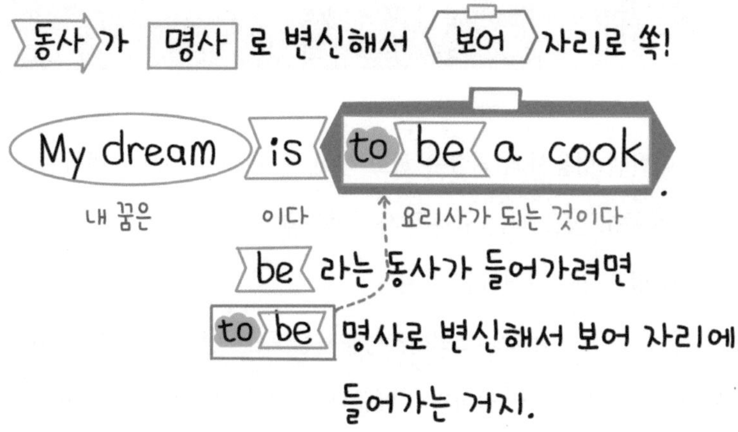
동사 가 명사 로 변신해서 보어 자리로 쏙!
My dream is to be a cook.
내 꿈은
이다
요리사가 되는 것이다
be 라는 동사가 들어가려면
to be 명사로 변신해서 보어 자리에
들어가는 거지.

단순한 형태라서 쉽지? 주로 be동사 뒤에 나오고, '~하는 것이다'로 해석하면 돼. '주어는 ~이다'로는 문장이 완벽하지 않잖아. 그래서 주어를 보충하는 보어 자리에는 명사나 형용사가 올 수 있거든(입장 제한). 여기에서 [to 동사원형]이 명사로 사용되어 주어를 설명해 주는 거야.

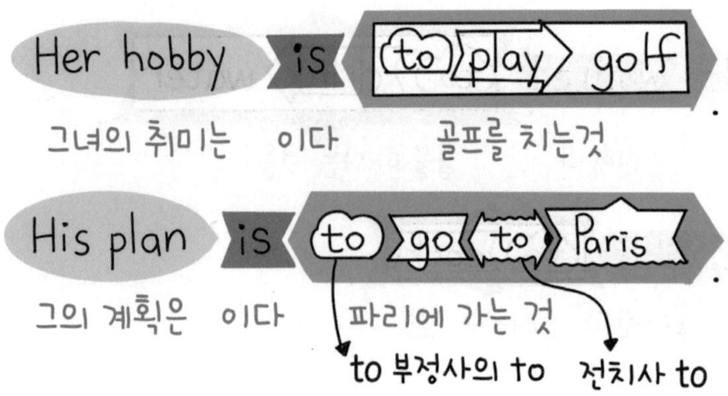
Her hobby
is
to
play
golf
그녀의 취미는
이다
골프를 치는것
His plan
is
to
go
to
Paris
그의 계획은
이다
파리에 가는 것
to 부정사의 to
전치사 to

7-3 동사가 형용사로 변신

동사가 이번엔 형용사의 역할을 하고 싶어. 동사를 이용해서 명사를 자세히 설명하고 꾸며 주고 싶을 때는 to와 동사원형을 붙여서 to부정사를 만드는 거야. 짜잔~ 동사가 형용사로 변신하는 거지.

자, 그럼 형용사는 어디에 쓰인다? 형용사는 주로 명사를 앞에서 꾸며 주는데, to부정사가 되면 길이가 길어지기 때문에 뒤에서 꾸며 줘. 명사 뒤에서 주저리주저리 설명하는 거지.

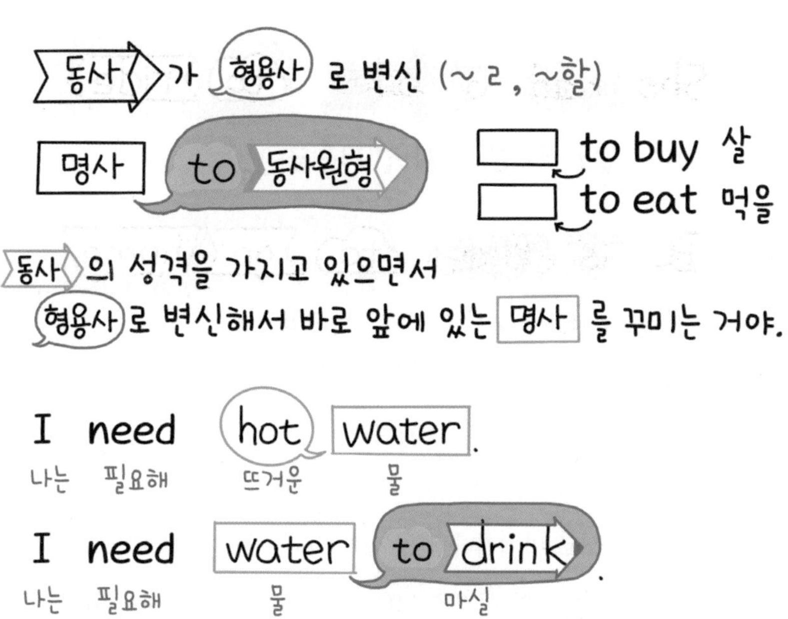
동사가 형용사로 변신 (~ㄹ, ~할)
명사
to 동사원형
to buy 살
to eat 먹을
동사의 성격을 가지고 있으면서
형용사로 변신해서 바로 앞에 있는 명사를 꾸미는 거야.
I need hot water.
나는 필요해 뜨거운 물
I need water to drink.
나는 필요해 물 마실

이 경우 [to 동사원형]이 명사 바로 뒤에 나오고 '~~할(ㄹ)'로 해석이 돼.

뜨거운 물: hot water (hot이 형용사니까 앞에서 꾸미지?)

마실 물: water to drink (drink가 동사니까 to를 붙여서 뒤에서 꾸민 거야.)

짧은 시간: short time (short이 형용사니까 앞에서 꾸미지?)

피자 먹을 시간: time to have some pizza (have가 동사니까 뒤에서 꾸민 거야.)

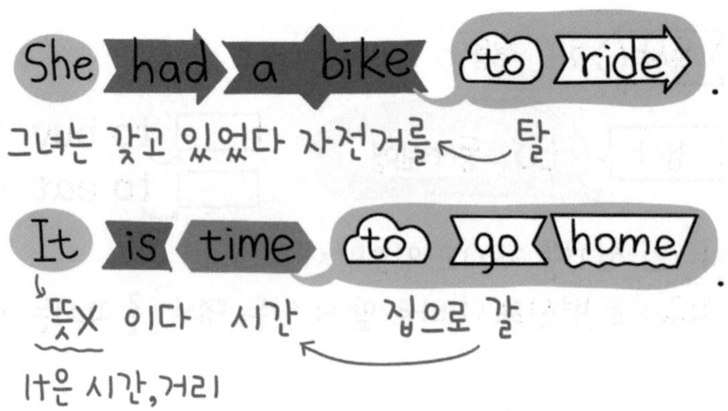
She had a bike to ride.
그녀는 갖고 있었다 자전거를 탈
It is time to go home.
뜻X 이다 시간 집으로 갈
It은 시간, 거리

to 다음에 타동사로 마치거나 전치사로 끝나는 경우가 있어. to부정사는 형용사가 되도 여전히 동사의 성격을 그대로 갖고 있거든. 그래서 to부정사인데 to타동사라면, 타동사의 목적 타깃이 바로 앞에 꾸며 주던 명사인 구조가 되는 거야.

예를 들어, something to drink 마실 것, drink something이 되어 동사 느낌도 가지면서 마실 어떤 것이라고 꾸며 주는 형용사가 되는 거지.

예 Thomas has friends to play with.
토마스는 함께 놀 친구들을 가지고 있어.

끝이 전치사로 끝났네. 전치사는 꼭 타깃이 있어야 해. 그 타깃이 바로 friends야. (play with freinds)

7-4 동사가 부사로 변신

동사가 마지막으로 부사의 역할을 하고 싶어. 동사가 부사가 되고 싶을 때에도 to와 동사원형을 붙여서, 짜잔~ 동사가 부사로 변신하는 거지.

자, 그럼 부사는 어디에 쓰였더라?

부사는 동사, 형용사, 부사, 문장 전체를 꾸미는 역할이었고, 문장 구조에서 뼈대(프레임)가 되는 게 아니라 느낌을 살려 주는 액세서리라고 했어. 부사로 쓰일 경우는 문맥에 따라서 해석이 다양해. '~하기에, ~해서, ~하기 위해서, ~하는 것을 보니' 등등이 있어. 아휴, 너무 많지? 그래서 to부정사 중에서 명사와 형용사로 쓰인 경우를 빼고는 다 부사로 변신한 거라고 보는 게 더 쉬울 거야.

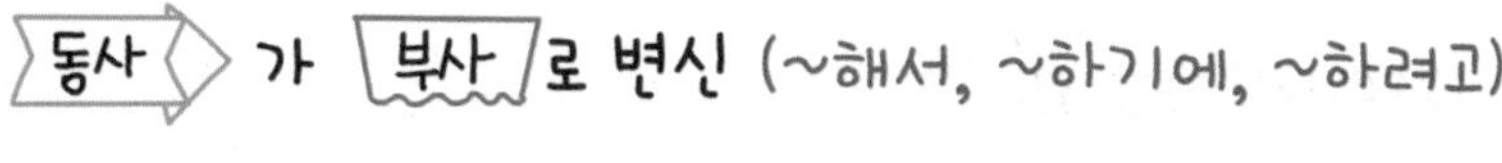
동사 가 부사 로 변신 (~해서, ~하기에, ~하려고)

주어 동사 ~~ to 동사원형

동사의 성격을 가지고 있으면서
부사로 변신해서 동사 형용사 문장전체 를 꾸민다.

★ 부사적 용법은 워낙 다양해서 to부정사가 나온 경우,
to 동사 와 to 동사 를 뺀 건 전부 다
명사적 용법 형용사적 용법
to 동사 이라고 보는 게 편해.
부사적 용법

동사가 부사로 변해서 쓰인 경우를 to부정사의 부사적 용법이라고 해. 크게 4가지 정도의 뜻이 있어.

(1) 부사적 용법: 목적

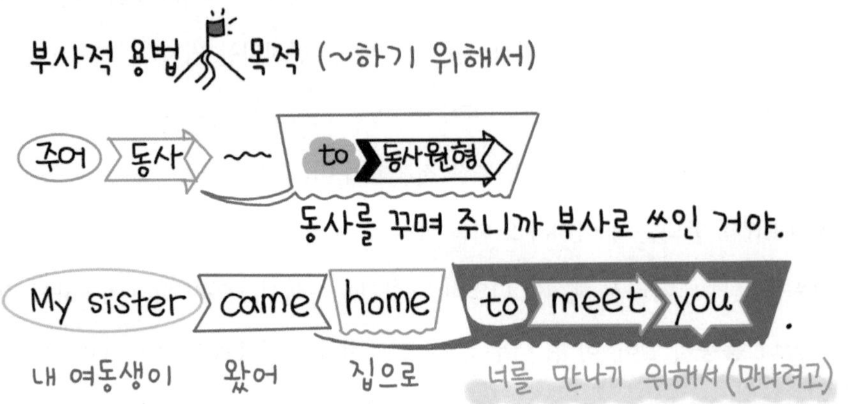

부사적 용법 목적 (~하기 위해서)
주어 동사 ~~ to 동사원형
동사를 꾸며 주니까 부사로 쓰인 거야.
My sister came home to meet you.
내 여동생이 왔어 집으로 너를 만나기 위해서 (만나려고)

(2) 부사적 용법: 결과

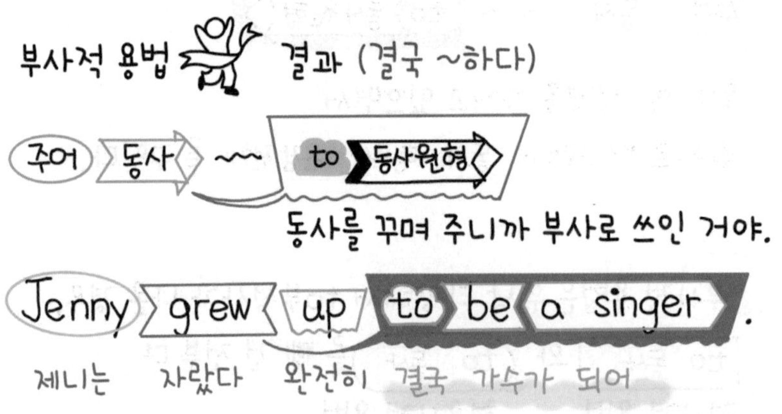

부사적 용법 결과 (결국 ~하다)
주어 동사 ~~ to 동사원형
동사를 꾸며 주니까 부사로 쓰인 거야.
Jenny grew up to be a singer.
제니는 자랐다 완전히 결국 가수가 되어

(3) 부사적 용법: 원인과 근거

① 원인(~해서, ~하기엔)

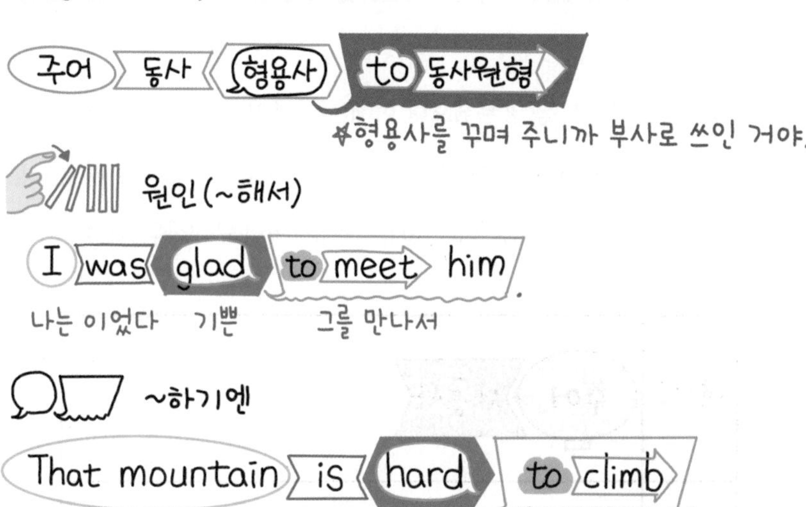

주어
동사
형용사
to
동사원형
✲형용사를 꾸며 주니까 부사로 쓰인 거야.
원인(~해서)
I was glad to meet him.
나는 이었다 기쁜 그를 만나서
~하기엔
That mountain is hard to climb.
그 산은 이다 어려운 오르기엔

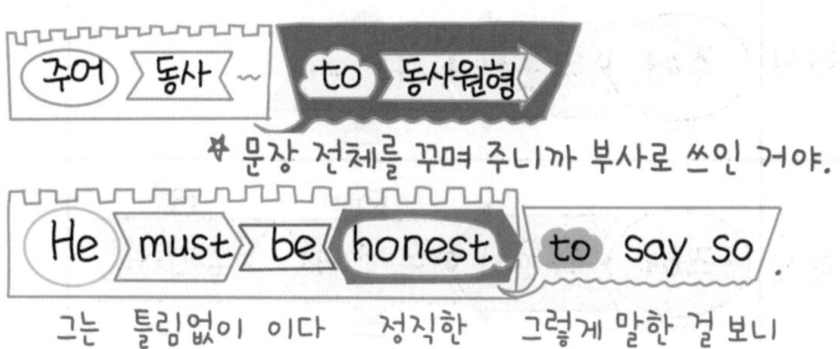

② 근거(~하는 것을 보니)
주어
동사
~
to
동사원형
✲문장 전체를 꾸며 주니까 부사로 쓰인 거야.
He must be honest to say so.
그는 틀림없이 이다 정직한 그렇게 말한 걸 보니

7-5 원형부정사가 쓰이는 특별한 경우

지금까지는 to부정사를 공부했으니 이제 원형부정사를 배워 볼게. 으악! 원형부정사는 뭐냐고? 부정사(동사가 변신하는 것)인데 to 없이 동사원형 자체로 변신하는 거야. 쉽게 말하면 to부정사에서 to를 생략해 버린 부정사인 거야.

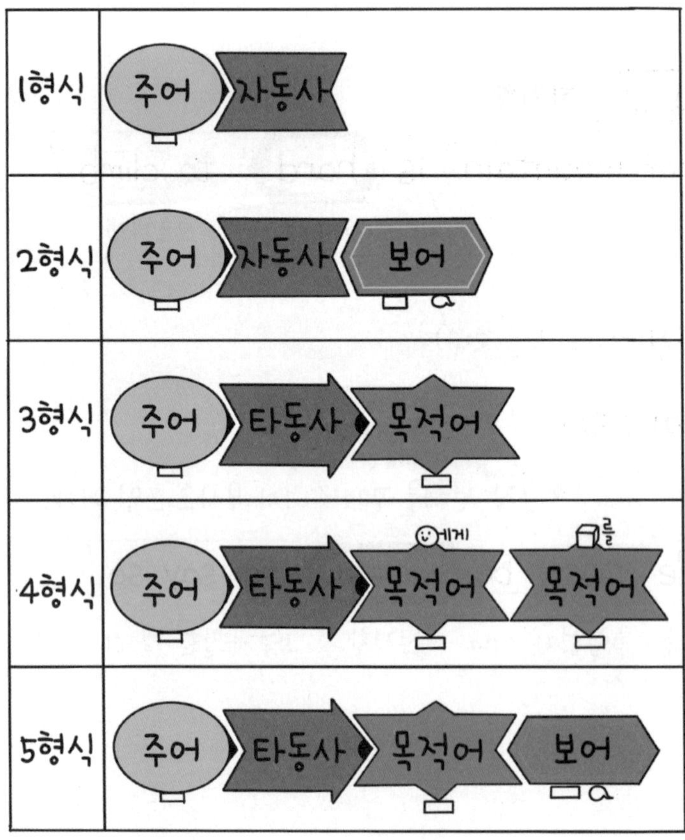
1형식
주어
자동사
2형식
주어
자동사
보어
3형식
주어
타동사
목적어
4형식
주어
타동사
에게
목적어
를
목적어
5형식
주어
타동사
목적어
보어

마지막 5형식에서 주인공, 동사, 목적어, 목적격 보어(목적어 보충 설명) 자리에 명사와 형용사가 아닌 동사가 들어가려면 원래는 to부정사가 와야 하거든. 그런데 문장에서 특정한 동사일 경우(let, have, make, help, see, watch, hear, feel) 목적격 보어 자리에 원형부정사가 들어와. 얘가 특별하기 때문에 문법 시험의 단골 문제로 자주 나오니까, 그림으로 한눈에 보며 쏙쏙 이해해 보자.

(1) 사역동사+목적어+원형부정사

동사가 '-를 하게 하다', '-을 시키다'라는 의미로 쓰이는 3개의 사역동사(시키는 동사)인 경우, 목적격 보어에 원형부정사가 와야 해.

let(하게 하다), have(하게 하다), make(하게 만들다)

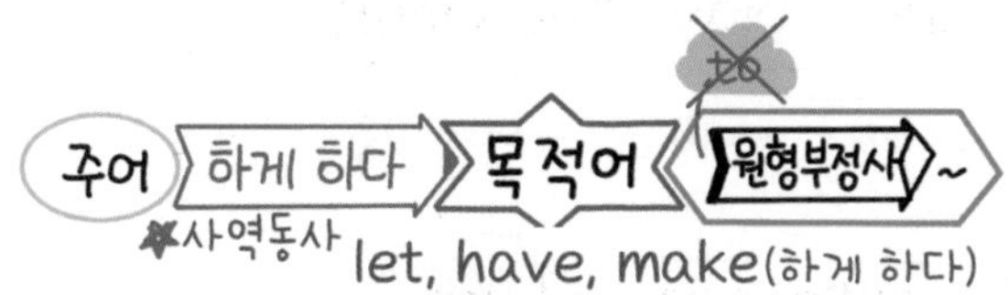
to
주어
하게 하다
목적어
원형부정사
~
사역동사
let, have, make(하게 하다)

let 하게 하다
make 만들다 하게 하다
have 가지다 하게 하다

사역동사라고 해. '시키다, 하게 하다'란 뜻이야.

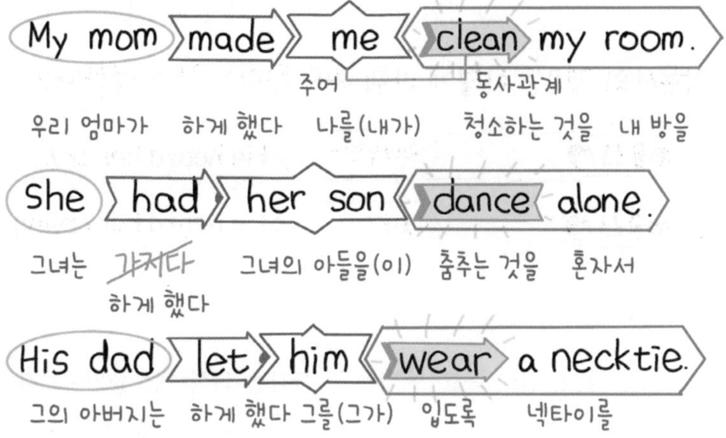
My mom made me clean my room.
주어
동사관계
우리 엄마가 하게 했다 나를(내가) 청소하는 것을 내 방을
She had her son dance alone.
그녀는 가지다 그녀의 아들을(이) 춤추는 것을 혼자서
하게 했다
His dad let him wear a necktie.
그의 아버지는 하게 했다 그를(그가) 입도록 넥타이를

(2) 지각동사+목적어+원형부정사

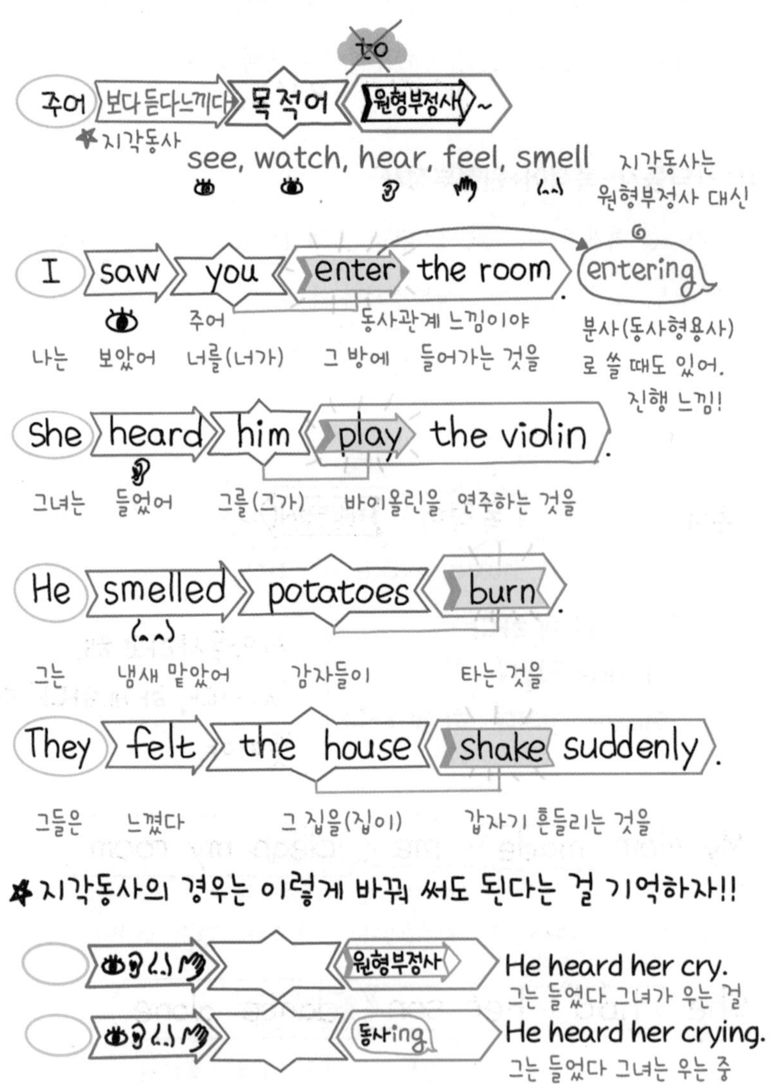
to
주어
보다 듣다 느끼다
목적어
원형부정사 ~
지각동사
see, watch, hear, feel, smell
지각동사는
원형부정사 대신
I saw you enter the room.
entering
주어
동사관계 느낌이야
나는 보았어 너를(너가) 그 방에 들어가는 것을
분사(동사형용사)
로 쓸 때도 있어.
진행 느낌!
She heard him play the violin.
그녀는 들었어 그를(그가) 바이올린을 연주하는 것을
He smelled potatoes burn.
그는 냄새 맡았어 감자들이 타는 것을
They felt the house shake suddenly.
그들은 느꼈다 그 집을(집이) 갑자기 흔들리는 것을
지각동사의 경우는 이렇게 바꿔 써도 된다는 걸 기억하자!!
원형부정사
He heard her cry.
그는 들었다 그녀가 우는 걸
동사ing
He heard her crying.
그는 들었다 그녀는 우는 중

동사가 눈으로 보고, 귀로 듣고, 느끼는 등 감각을 인식하는 4개의 지각동사(감각기관으로 아는)인 경우도 목적격 보어에 원형부정사가 와야 해.

see(보다), watch(보다), hear(듣다), feel(느끼다)

보고 듣고 느끼는 '동사+목적어+원형부정사' 패턴은 목적격 보어 자리에 동사ing(현재분사: 동사형용사)를 넣어도 괜찮아. 이렇게 되면 보어에 형용사가 들어간 것과 마찬가지인 거지. 동사ing를 넣어 주면 진행 중이라는 느낌을 더해 주는 거야.

(3) help+목적어+원형부정사(to부정사)

help는 목적격 보어 자리에 원형부정사와 to부정사 둘 다 올 수 있어. 예외적으로 알아 두자.

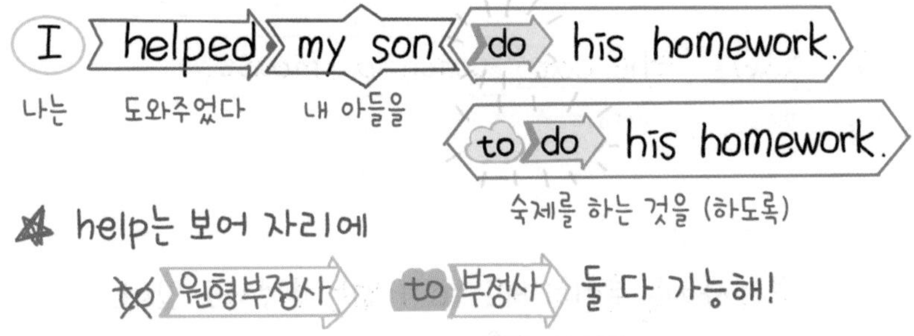
I helped my son do his homework.
나는 도와주었다 내 아들을
to do his homework.
숙제를 하는 것을 (하도록)
help는 보어 자리에
to 원형부정사 to 부정사 둘 다 가능해!

이런 문장 기차 5번(5형식) 문장의 경우 사실 겉모습을 보면 되게 이상해. 왜냐하면 동사가 마치 2번 나오는 것처럼 보이거든. 동사가 2번 나오나? 아냐. 보통 문장 하나에 동사는 한 번 등장하며, 그 문장을 이끌어 가는 것이 바로 동사야. 그럼 두 번째로 보인 동사는 뭐지? 맞아, 그건 원형부정사(동사원형)야.

자, 다시 복습하자면,

겉모습은 이상해. 언뜻 보면 동사가 한 문장에 2번 나온 걸로 보여.

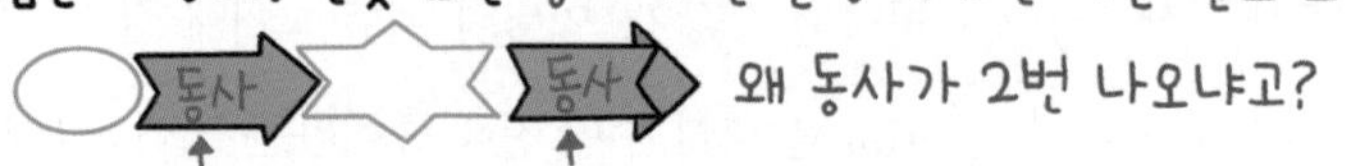

동사
동사
왜 동사가 2번 나오냐고?

이건 진짜 동사 ✱원형부정사(동사원형)

Mary
let
her son
go
home.
동사?(O)
동사?(X)
원형부정사(동사원형)

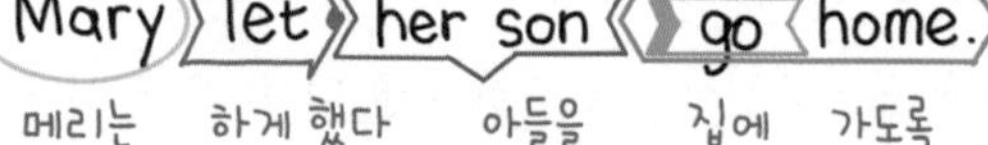

Mary
let
her son
go
home.

메리는 하게 했다 아들을 집에 가도록

I saw the cat catch a mouse.

봤다(동사)?(O) 잡다(동사)?(X)

동사원형(원형부정사)

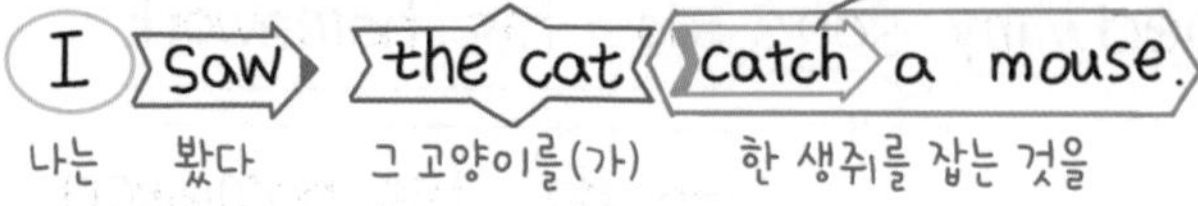

I
saw
the cat
catch
a mouse.
나는
봤다
그 고양이를(가)
한 생쥐를 잡는 것을

부정사에는 특이하게도 to가 없는 부정사도 있어.

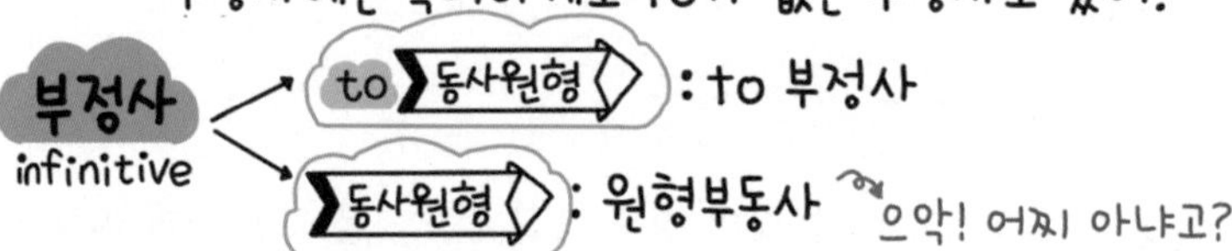

부정사
infinitive
to
동사원형
: to 부정사
동사원형
: 원형부동사
으악! 어찌 아냐고?

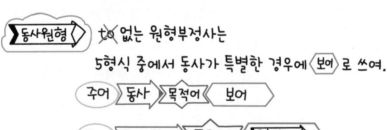

동사원형 ~~to~~ 없는 원형부정사는

5형식 중에서 동사가 특별한 경우에 〈보어〉로 쓰여.

주어
동사
목적어
보어

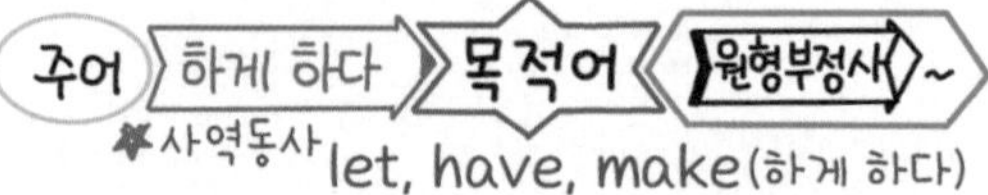

주어
하게 하다
목적어
원형부정사 ~

✱사역동사 let, have, make(하게 하다)

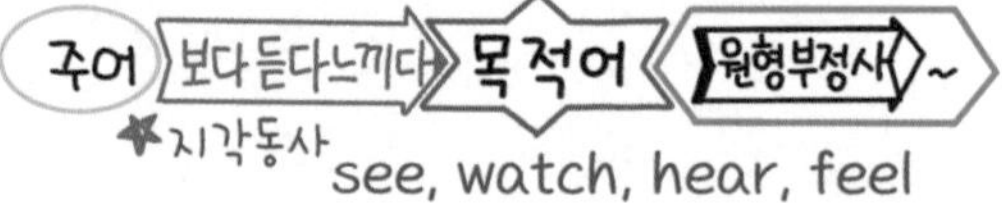

주어
보다 듣다 느끼다
목적어
원형부정사 ~

✱지각동사 see, watch, hear, feel

1. 하게 하는, 시키는 동사(사역동사)+목적어+원형부정사

2. 보고 듣고 느끼는 동사(지각동사)+목적어+원형부정사

이렇게 크게 소리내서 읽어 봐.

그럼, 동사와 원형부정사에는 무슨 차이가 있을까? 동사는 주인공의 시개누(시간, 개수, 누구)를 짊어지지만, 원형부정사는 동사원형 자체야. 예를 들면, 'I heard her play the piano.'라는 문장에서 겉보기엔 heard(들었다), play(치다) 동사가 2번 등장한 것처럼 보여. 그런데 heard는 동사라 과거시제를 담고 있지만, play는 원형부정사(동사원형)라 시제의 영향을 안 받아.

7-6 부정사의 의미상의 주어

문장의 주어가 to부정사의 주인공이 아닌데 주인공을 말하고 싶을 때는 어떻게 해야 할까? to부정사 바로 앞에서 직접 주인공을 밝혀 줘야 해. 방법은 'of 주인공', 또는 'for 주인공'이지. 여기서 잠깐! 전치사는 타깃을 갖고, 그 타깃은 반드시 목적격인 명사여야 해서 오각별로 그린 거 기억하지? 그래서 of나 for 다음에는 목적격 명사를 넣어야 해.

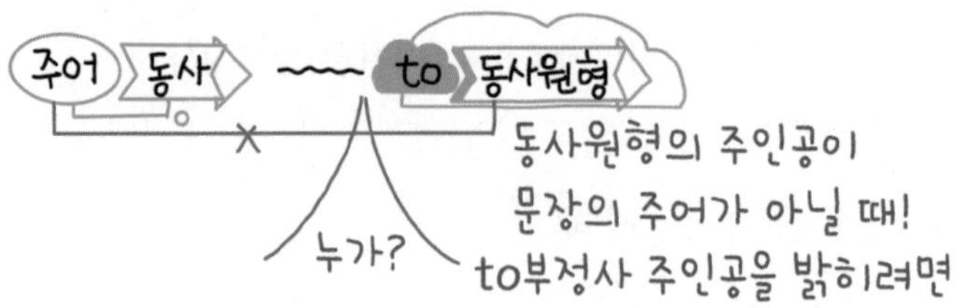
to부정사의 의미상의 주어를 넣자. 언제?
주어
동사
to
동사원형
동사원형의 주인공이
문장의 주어가 아닐 때!
누가?
to부정사 주인공을 밝히려면

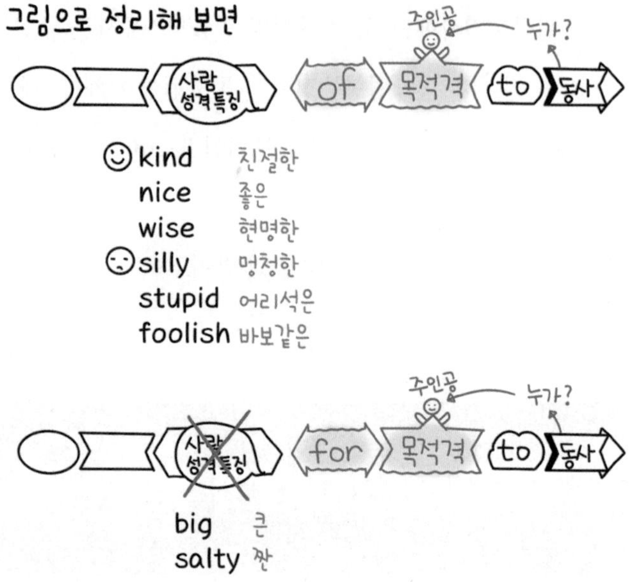
그림으로 정리해 보면
주인공
누가?
사람 성격특징
of
목적격
to
동사
kind 친절한
nice 좋은
wise 현명한
silly 멍청한
stupid 어리석은
foolish 바보같은
주인공
누가?
사람 성격특징
for
목적격
to
동사
big 큰
salty 짠

사람의 성격을 묘사하는 형용사를 꾸며 줄 때는 그 사람의 성격이 '주인공으로부터' 나온다는 것을 강조해서 'of 주인공 to부정사'를 써야 하고, 그 외에는 모두 'for 주인공 to부정사'를 쓰면 돼. 성격을 묘사하는 형용사에는 kind, nice, wise, generous, silly, stupid, foolish 등이 있어.

'It's kind to help him.'도 되지만, 누가 그를 도왔는지 주인공을 밝히고 싶으면 of you를 넣어서 'It's kind of you to help him.'이라고 쓰면 되는 거야. kind of(=) you. 이 성격을 가진 사람이 너라는 걸 강조하려고 of를 넣은 거지. 그 외에는 전부 다 for 주인공을 쓰면 돼. 말로는 참 어렵지? 그림으로 이해하는 게 제일 쉬울 거야.

① 사람의 성격·특징을 묘사한 형용사를 꾸미는 경우에는

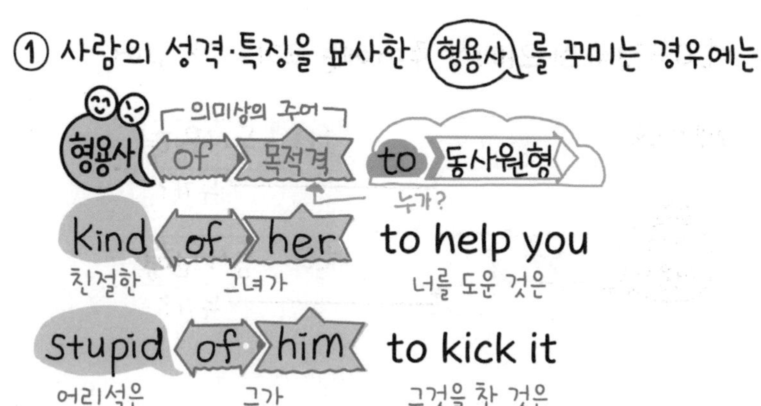
의미상의 주어
형용사 of 목적격 to 동사원형
누가?
Kind of her to help you
친절한 그녀가 너를 도운 것은
stupid of him to kick it
어리석은 그가 그것을 찬 것은

사람의 성격을 묘사하는 형용사 문장이 아니라면, to부정사의 주인공을 밝혀 줄 때는 항상 to부정사 바로 앞에 for를 사용하면 돼. for 다음에 목적격으로 오는 거 잊지 말고. 전치사 뒤에는 항상 목적격 명사, 알았지?

② 그 외에는 (사람 성격을 묘사한 경우가 아니면)

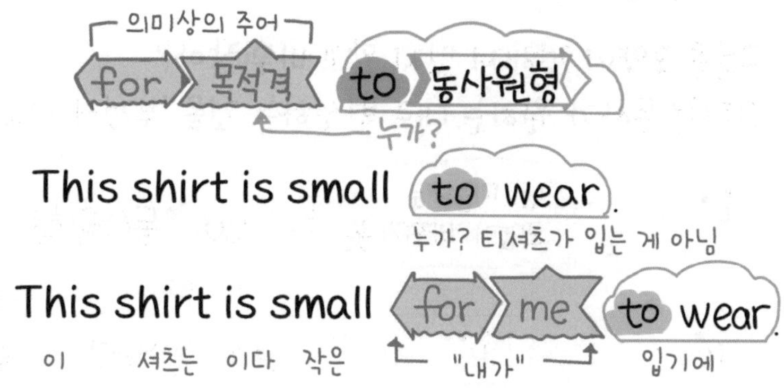
의미상의 주어
for 목적격 to 동사원형
누가?
This shirt is small to wear.
누가? 티셔츠가 입는 게 아님
This shirt is small for me to wear.
이 셔츠는 이다 작은 "내가" 입기에

자, 그럼 의미상의 주어를 정리해 보자. to부정사에 나오는 동사원형의 주인공을 밝혀 주고 싶을 경우에는 다음과 같아.

to부정사의 의미상 주어에는 2가지가 있어.

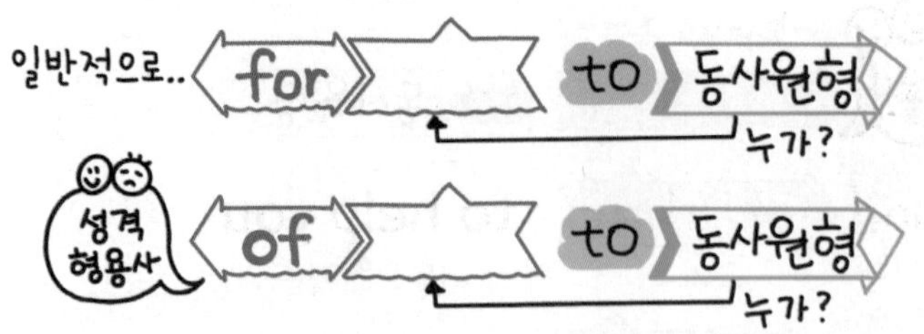
일반적으로..
for
to
동사원형
누가?
성격 형용사
of
to
동사원형
누가?

마지막으로 제일 간단하게 to부정사의 3가지 종류도 한 번 더 총정리해 볼까? 나무를 보지 말고, 숲을 봐야 해. 동사가 다른 역할을 하고 싶어서 이 모든 문법이 나온 거라는 점 잊지 마. 다음에는 동사가 다른 방법으로 명사가 되는 방법을 배울 거야. ^^

to부정사 infinitive

구름은 모양이 정해져 있지 않고 바뀌잖아?
그처럼 동사가 원하는 대로 변신하는 것을 '부정사'라고 해.

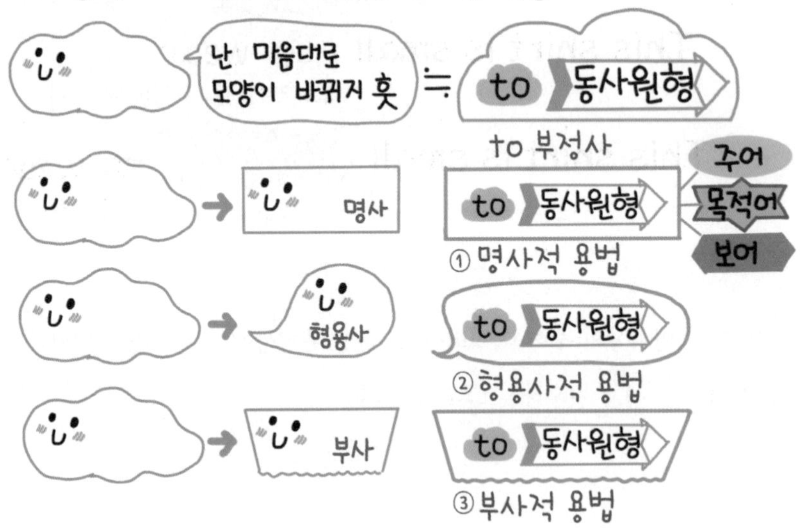
난 마음대로
모양이 바뀌지 훗
≒
to
동사원형
to 부정사
명사
to
동사원형
주어
목적어
보어
① 명사적 용법
형용사
to
동사원형
②형용사적 용법
부사
to
동사원형
③부사적 용법

QUIZ QUIZ

1 다음 빈칸에 들어갈 말을 알맞게 바꾼 것은?

Claire wanted ________ playing games.

① stop ② to stop ③ stopping ④ stopped

2 주어진 문장의 밑줄 친 부분과 용법이 같은 것은?

[I study English to talk with friends.]

① It's exciting to play tennis.
② I need something to eat.
③ She is going to the library to study.
④ I want to be a singer.

3 주어진 문장의 밑줄 친 부분과 용법이 같은 것은?

[I have some books to buy.]

① I want to visit her house.
② It's fun to teach the students.
③ I went there to meet him.
④ Give him something to drink.

4 다음 중 빈칸에 들어갈 단어가 나머지 넷과 다른 것은?

① It's important ________ me to do my best.
② It's nice ________ you to take care of her.
③ It's hard ________ her to tell him the truth.
④ It's too heavy ________ me to carry.

QUIZ 정답

1

정답: ②

클레어는 게임을 그만하는 것을 원했다.

want는 타동사라서 바로 뒤에 목적어가 나와야 한다. 목적어 자리에는 명사가 들어가야 하므로 stop이 들어가려면 to stop으로 써야 한다(to부정사의 명사적 용법).

2

정답: ③

친구들과 이야기하기 위해서 영어를 공부한다.

to부정사를 제외해도 문장에 이상이 없고, 단지 앞 단어만 꾸미지 않기 때문에 부사적 용법(목적)으로 쓰인 것이다.

① 명사적 용법(가주어) ② 형용사적 용법
③ 부사적용법(목적) ④ 명사적 용법(목적어)

3

정답: ④

나는 살 책이 있다.

to부정사를 제외해도 문장에 이상이 없고, 앞 단어(books)를 꾸며 주기 때문에 형용사적 용법으로 쓰인 것이다.

① 명사적 용법(목적어) ② 명사적 용법(가주어)
③ 부사적 용법 ④ 형용사적 용법(something 꾸며 준다)

4

정답: ②

[to부정사의 주어]가 [문장의 주어]와 다를 경우 형용사의 성격에 따라 주의해서 사용한다. 나머지는 for를 쓰면 되지만 nice는 성격에 대한 형용사라서 of를 사용해야 한다. of는 전체로부터 나온 느낌인 전치사라서 그러하다.

CHAPTER 08

동사의 변신 (2)
동명사

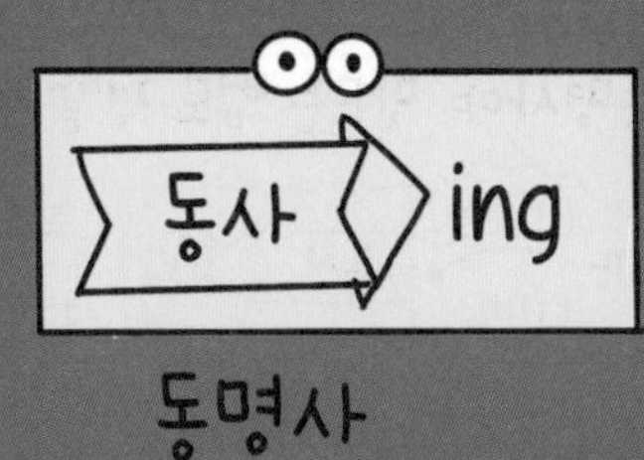
동사
ing

동명사

욕심이 제일 많은 동사라는 애가 있었어. 동사는 명사도 하고, 형용사도 하고, 부사도 하고 싶었어. 그럼 어떻게 변신을 해야 할까? to부정사를 이용하면 동사는 하고 싶은 신분이 되어 원하는 기차 부분에 탈 수 있었잖아. 기억하지? 그거 말고 동명사(동사명사)와 분사(동사형용사)도 있어. 이렇게 영어 문법의 대부분은 동사가 변신하는 방법과 쓰임에 관한 거야.

8-1 동명사=동사가 명사로 변신

동명사 Gerund

동사가 욕심이 많아서 동사 에서 명사 로 변신하고 싶은 거야.

앞에서 to 부정사 배웠다고? 맞아 맞아.

그런데 동사 가 명사 로 변신하는 방법이 하나 더 있어.

그 이름도 알기 쉽게 동명사야. 만드는 법도 정말 쉬워.

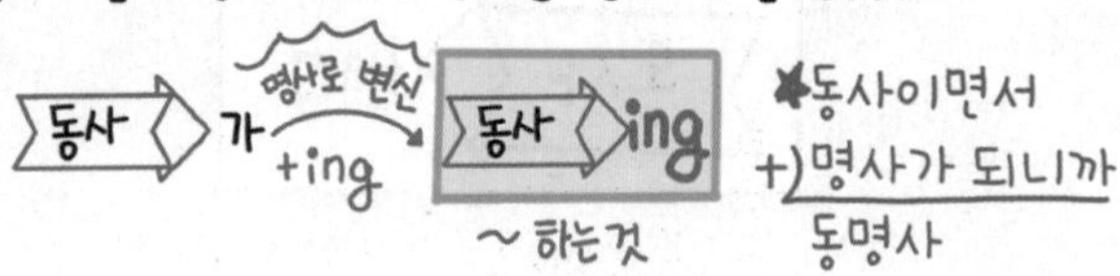
동사
가
명사로 변신
+ing
동사 ing
~하는것
동사이면서
+)명사가 되니까
동명사

그럼 명사가 되어 뭐 하려고?

아하~ 동사가 동명사가 되어 명사만 입장할 수 있는 자리에 쏘옥~ 들어가는 거지.

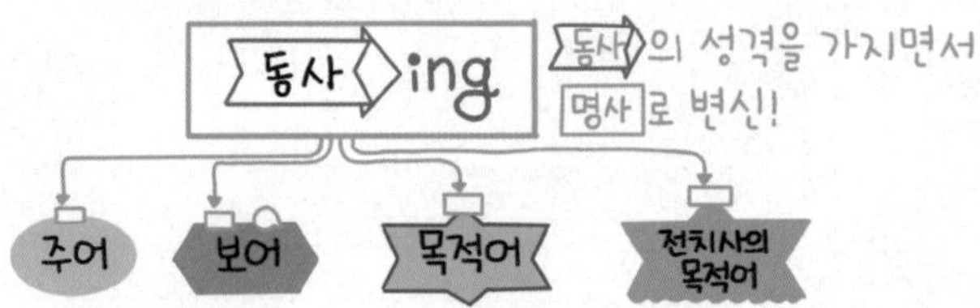
동사 ing
동사의 성격을 가지면서
명사로 변신!
주어
보어
목적어
전치사의 목적어

동명사는 이름 자체가 정말 쉽지? 동사이면서 명사가 된 거야. to부정사는 동사가 명사, 형용사, 부사 3가지로 변신했었지? 그런데 동사가 명사로 변신하는 방법이 한 가지 더 있어. 뒤에 꼬리처럼 ing를 달면 명사로 변신할 수 있는 거야. 짜잔!

동사는 대체 왜 명사로 변신하려고 하는 걸까? 어디로 입장할 수 있는 거지? 동명사가 되면 바로 명사가 입장할 수 있는 주어, 보어, 목적어, 전치사의 목적어 자리에 동명사로 변신해서 쏙 들어가는 거지. to부정사의 명사적 용법보다 한 가지가 더 많지? 바로 전치사의 목적어가 될 수 있어.

8-2 동명사로 바꾸는 방법

동명사 만들기는 엄청 쉬워. 마법의 '잉' 꼬리를 붙인다고 생각해 봐. 대부분은 동사에 바로 ing만 붙이면 끝이야. (직사각형으로 변신!)

그런데 동사가 e로 끝나는 경우에는 대부분 마지막 e가 소리나지 않는 묵음이니까, 뒤에 ing가 오면 e 다음에 i가 붙어서 이중모음으로 발음이 달라질 수 있어. 그래서 e를 아예 지워 버린 후에 ing(명사로 만드는 마법의 꼬리)를 붙이는 거지.

단, see처럼 원래가 이중 모음인 seeing 같은 경우나 am, are, is의 동명사인 being은 제외야.

끝으로 짧은 모음과 짧은 자음으로 끝나는 동사(짧은 스타카토의 느낌)는 마지막 자음의 소리를 확실히 살려 주기 위해서 마지막 자음을 한 번 더 쓰고 ing 꼬리를 달면 돼.

동사를 동명사로 바꾸는 방법

① 대부분은 동사 끝에 ing를 붙인다.

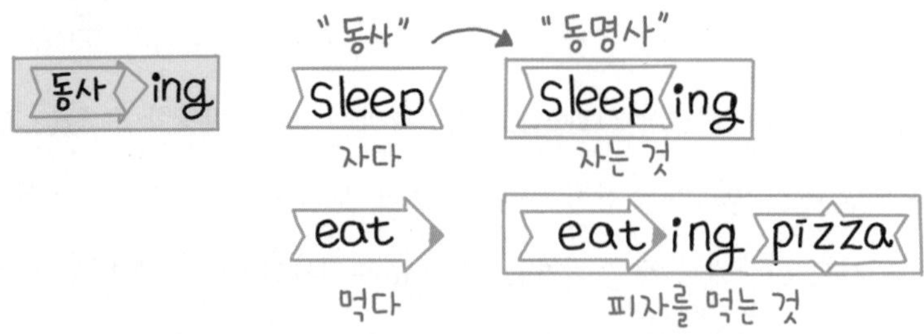
동사 ing
"동사"
"동명사"
sleep
자다
sleep ing
자는 것
eat
먹다
eat ing pizza
피자를 먹는 것

② 마지막이 ~e로 끝나는 동사는 (대부분 묵음이니까)
~e를 생략하고 ing를 붙인다.

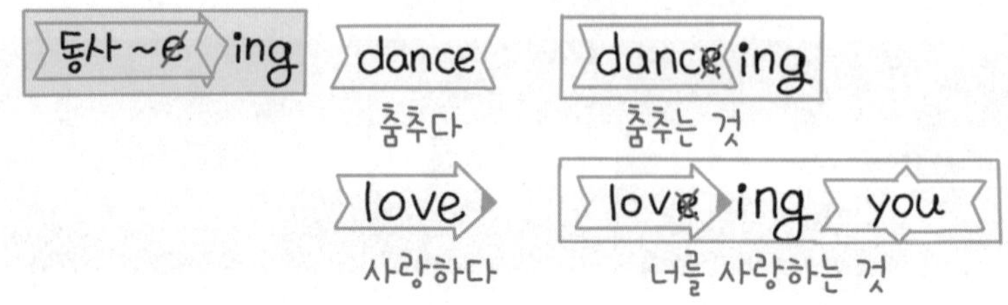
동사 ~e ing
dance
춤추다
dance ing
춤추는 것
love
사랑하다
love ing you
너를 사랑하는 것

③ 동사가 짧은 모음과 짧은 자음으로 끝나면(짧모짧자)
한 번 더 그 자음을 붙이고 ing를 붙인다.

동사 ~모 자 자 ing
a.e.i.o.u
한 번 더!
shop
쇼핑하다
shop ping
쇼핑하는 것

자, 그럼 동명사를 만드는 3가지 방법을 한눈에 볼 수 있게 그림으로 보여 줄게.

동명사 만드는 3가지 방법 요약

마법 꼬리 ing 달면 변신하지, 훗!

동
사
ing

명사

넌 어차피 소리 없는 'e' 잖아.
i 가 뒤에 오면 헷갈리니까 'e' 너는 빠져.

동사
e
ing

명사

짧은 느낌의 소리일 때는(단모음+단자음)
마지막 소리가 뭉개지지 말라고 끝자음을 한번 더 써.

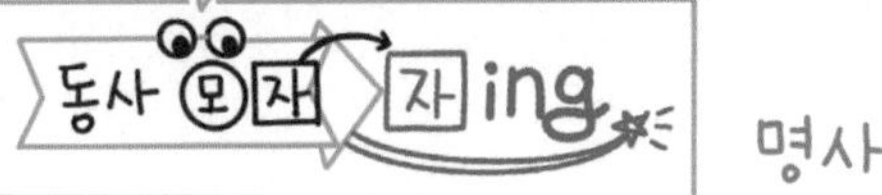
동사
모
자
자
ing

명사

8-3 주어, 보어, 목적어, 전치사의 목적어로 쓰이는 동명사

동명사 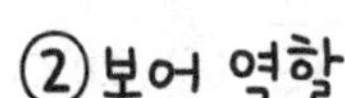
동사
ing

동사 성격을 가지면서 명사

① 주어 역할 

② 보어 역할 

③ 목적어 역할 

④ 전치사의 목적어 

(1) 주어 역할

명사가 되었으니 이제 주어(문장의 주인공 역할) 자리에 들어갈 수 있어.

'~하는 것은'

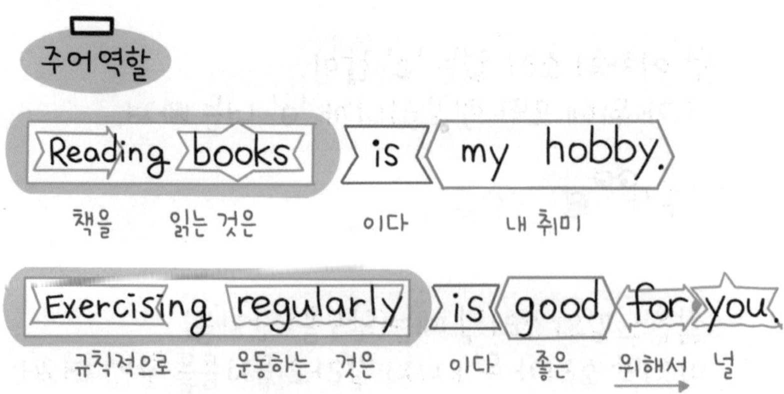

주어역할
Reading books is my hobby.
책을 읽는 것은 이다 내 취미
Exercising regularly is good for you.
규칙적으로 운동하는 것은 이다 좋은 위해서 널

(2) 보어 역할

명사가 되었으니 이제 보어(주인공 보충 설명) 자리에 들어갈 수 있어.

'~하는 것이다'

보어역할
Her job is selling flowers.
그녀의 일은 이다 꽃을 파는 것
My hobby is drawing pictures.
나의 취미는 이다 그림을 그리는 것

(3) 목적어 역할

명사가 되었으니 이제 목적어(타동사의 타깃) 자리에 들어갈 수 있어.

'~하는 것을'

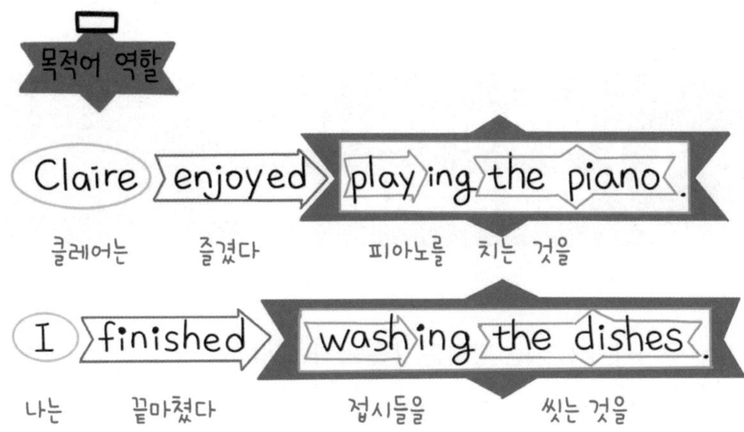

목적어 역할
Claire enjoyed playing the piano.
클레어는 즐겼다 피아노를 치는 것을
I finished washing the dishes.
나는 끝마쳤다 접시들을 씻는 것을

(4) 전치사의 목적어

전치사의 목적어(타깃) 자리에는 to부정사로 변신한 명사는 불가능하고, 동명사만 들어올 수 있어. 전치사 for 다음에 바로 to가 오면 이상하기 때문에 동명사만 사용해.

전치사
전치사의 목적어
Thank you for inviting me.
고마워 너를 이유는 나를 초대해 줘서
He is good at playing soccer.
그는 이다 잘하는 어떤 점 축구를 하는 것

그리고 전치사와 전치사의 목적어는 둘 다 아래에 물결 무늬이지? 이건 그 둘이 합쳐져서 부사 덩어리가 된다는 표시인 거야. 부사 덩어리면 액세서리이므로, 그 둘을 생략해도 문장의 형식을 볼 때는 큰 지장이 없는 거지.

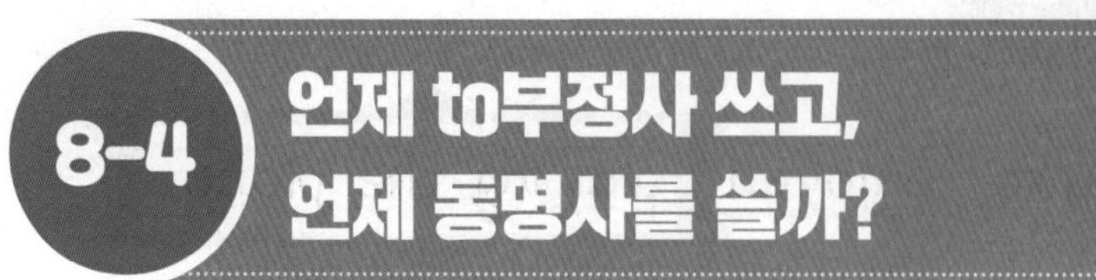

8-4 언제 to부정사 쓰고, 언제 동명사를 쓸까?

그럼 동사가 명사 되는 방법은 많은 거네. 그럼 to부정사(명사)나 동명사를 아무 때나 편하게 쓰면 되는 걸까? 그건 아니야.

그럼 잠깐

동사가 명사로 변신하는 방법이 2가지나 있는 거야?

그렇지. to 동사 to부정사로 명사가 되거나,
동사ing 동명사로 명사가 되는 거야.

그럼 둘 중에 아무거나 쓰면 되는 거야?

주어 나 보어 로 쓰는 건 상관없지만,

목적어 로 쓰일 때는 앞 타동사에 따라서

to 부정사 / 동명사(ing) 를 결정해야 해. to부정사를 좋아하는 타동사
동명사(ing)를 좋아하는 타동사가
각각 있는 거야.

타동사 중에서 to부정사를 목적어 타깃으로 쓰는 동사와 동명사만 목적어 타깃으로 쓰는 동사가 있어. 마치, 아이스크림만 원하는 사람이 있고 커피만 원하는 사람이 있듯이 타깃이 달라져.

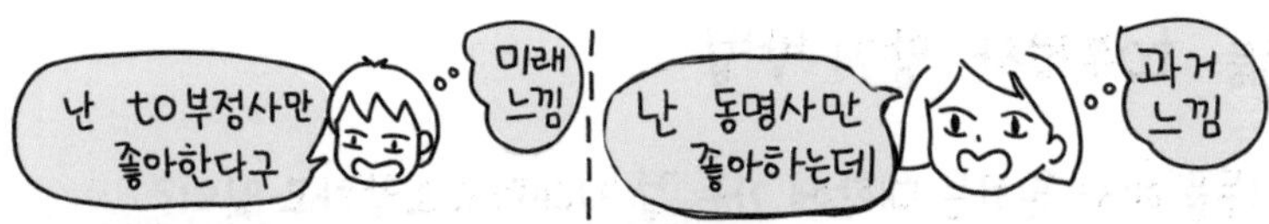

난 to부정사만 좋아한다구
미래 느낌
난 동명사만 좋아하는데
과거 느낌

to 부정사 만 목적어로 쓰는 동사

to 부정사 예) 가는 것을

want	to go	원하다
expect	to go	기대하다
promise	to go	약속하다
plan	to go	계획하다
agree	to go	동의하다
decide	to go	결정하다
hope	to go	바라다
encourge	to go	격려하다
allow	to go	허락하다
need	to go	필요하다

동명사 만 목적어로 쓰는 동사

~ ing 예) 가는 것을

enjoy	going	즐기다
finish	going	마치다
stop	going	끝내다
keep	going	계속 ~하다
quit	going	끝내다
put off	going	미루다
deny	going	아니라고 부인하다
mind	going	꺼리다(싫어하다)
imagine	going	상상하다
practice	going	연습하다
recommend	going	추천하다

영어를 잘하려면 영어의 느낌에 익숙해져야 한다고 했지? to부정사를 타깃으로 쓰는 동사들은 앞으로 일어날 상황에 대해 말하는, 미래에 대한 느낌을 가진 동사들이 많아. 그에 비해서 동명사를 타깃으로 쓰는 동사들은 대부분 이미 해왔던 거, 과거에 대한 느낌을 가진 동사들이 많아. 하나하나 외우려면 너무 복잡해서 스토리텔링으로 만들어 봤어. 자, 소리내서 읽어 보며 어떤 동사들인지 이미지 메이킹해 봐.

1) to부정사를 목적어(타깃)로 쓰는 동사들은 미래에 대한 느낌들이 많아.

plan, choose, decide, promise, want, expect, hope, wish, invite, agree, ask, allow, encourage

1등 to부정사 암기 방법

1등을 해서 원하는 대학에 가는 걸 기대하고 소망하고 있니?
want to~ expect to~ wish to~

그럼 구체적으로 계획하고, 유혹이 와도 바른 선택을 해야 해.
plan to~ choose to~

무엇보다 스스로 결심한 대로 공부하기로 한 약속을 지켜야 해.
decide to~ promise to~

만약 대학에 가면 바라던 대로 그(녀)에게 만나자고 요청하고
hope to~ ask to~

집으로도 한번 초대해 봐. 부모님도 기뻐서 허락하실 거야.
invite to~ allow to~

자, 그 꿈에 맞는 노력에 동의하니? 널 늘 뒤에서 격려 응원할게.
agree to~ encourage to~

☆ 눈으로만 보지 마. input은 소용없어. output을 해야 돼!
실제 큰 소리로 중얼중얼 읽고, 손으로 영작을 해서
입술과 손에 표현이 달라붙어야 해. 아래처럼!

want to enter the university
decide to enter the university
expect to enter the university
choose to enter the university
agree to enter the university

입술에 붙이기
그냥 익숙해져 버릴 것!

plan to have dinner 저녁 먹을 것을 계획하다

choose to have dinner 저녁 먹을 것을 선택하다

decide to have dinner 저녁 먹을 것을 결정하다

promise to have dinner 저녁 먹을 것을 약속하다

want to have dinner 저녁 먹을 것을 원하다

expect to have dinner 저녁 먹을 것을 기대하다

hope to have dinner 저녁 먹을 것을 바라다

wish to have dinner 저녁 먹을 것을 소망하다

invite her to have dinner 저녁 먹을 것을 그녀에게 초대하다

agree to have dinner 저녁 먹을 것을 동의하다

ask her to have dinner 저녁 먹을 것을 그녀에게 요청하다

allow her to have dinner 저녁 먹을 것을 그녀에게 허락하다

encourage her to have dinner 저녁 먹을 것을 그녀에게 격려하다

2) 동명사를 목적어(타깃)로 쏘는 동사들은 해왔던 과거에 대한 느낌들이 많아.

enjoy, avoid, consider, give up, quit, finish, stop, deny, put off, postpone, mind, keep, imagine, recommend, practice

enjoy drinking coffee 커피 마시는 것을 즐기다

avoid drinking coffee 커피 마시는 것을 피하다

consider drinking coffee 커피 마시는 것을 깊이 생각하다

give up drinking coffee 커피 마시는 것을 포기하다

quit drinking coffee 커피 마시는 것을 중단하다

finish drinking coffee 커피 마시는 것을 끝내다

stop drinking coffee 커피 마시는 것을 멈추다

deny drinking coffee 커피 마신 것을 부인하다(아니라고 하다)

put off drinking coffee 커피 마시는 것을 미루다

postpone drinking coffee 커피 마시는 것을 미루다

mind drinking coffee 커피 마시는 것을 꺼리다(싫어하고 불편해하다)

keep drinking coffee 커피 마시는 것을 계속하다

imagine drinking coffee 커피 마시는 것을 상상하다

recommend drinking coffee 커피 마시는 것을 추천하다

practice drinking coffee 커피 마시는 것을 연습하다

동명사(ing) 암기 방법

난 커피 마시기를 즐겼는데 어느 날부터 커피를 피하는 습관을
enjoy ~ing avoid ~ing

깊이 생각했어. 하지만 커피를 포기하고 그만두고 끝내는 건
consider ~ing give up ~ing quit ~ing finish ~ing

그 생각은 아니라고 부인하고 미루다가 중단했어.
deny ~ing put off ~ing stop ~ing

어느 날 친구가 "너 커피 마시는 걸 꺼리니?"라고 묻더니
mind ~ing

"그렇다면 다른 좋아하는 음식을 상상해 보는 걸 추천할게."
imagine ~ing recommend ~ing

"도와줘서 고마워. 커피 끊기를 연습할게." 그 후 쭉 계속하고 있다.
practice ~ing keep ~ing

✰ output이 가장 중요해.
실제 큰 소리로 중얼중얼 읽고, 손으로 영작을 해서
입술과 손에 표현이 달라붙어야 해. 아래처럼!

enjoy drinking coffee
stop drinking coffee
keep drinking coffee
imagine drinking coffee
⋮

입술에 붙이기
그냥 익숙해져 버릴 것!

3) to부정사와 동명사 둘 다 목적어(타깃)로 쓰고 뜻이 비슷한 동사들도 있어.

like, begin, love, start, hate, continue

to부정사 와 동명사 를 둘 다 쓰는 동사 (둘다 좋아)

begin to go / begin going	시작하다		like to go / like going	좋아하다
start to go / start going	시작하다		love to go / love going	사랑하다
			hate to go / hate going	미워하다

like reading books / like to read books 책을 읽는 것을 좋아하다

begin reading books / begin to read books 책을 읽는 것을 시작하다

love reading books / love to read books 책을 읽는 것을 사랑하다

start reading books / start to read books 책을 읽는 것을 시작하다

hate reading books / hate to read books 책을 읽는 것을 싫어하다

continue reading books / continue to read books 책을 읽는 것을 계속하다

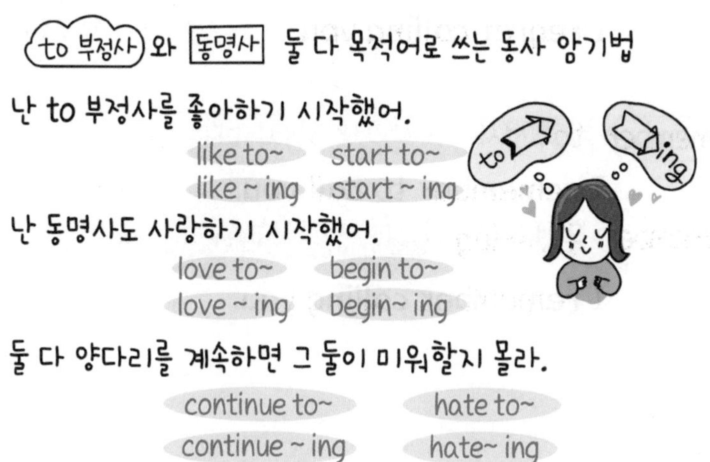
to 부정사 와 동명사 둘 다 목적어로 쓰는 동사 암기법
난 to 부정사를 좋아하기 시작했어.
like to~ start to~
like ~ ing start ~ ing
난 동명사도 사랑하기 시작했어.
love to~ begin to~
love ~ ing begin~ ing
둘 다 양다리를 계속하면 그 둘이 미워할지 몰라.
continue to~ hate to~
continue ~ ing hate~ ing
to
ing

4) to부정사와 동명사를 둘 다 목적어(타깃)로 쓰고 뜻이 달라지는 경우는 꼭 기억해야 해. 느낌이 달라지기 때문이야.

'try, rememver, forget, regret'은 타깃에 따라서 뜻이 확확 달라져.

to부정사와 동명사가 목적어로 가능하나 뜻이 다른경우

try | to부정사 | ~하려고 노력하다(목적, 미래)

I tried call you. 전화하려고 노력했어.

try | 동명사 ing | ~해보다(시험삼아 시도하는 느낌)

I tried to calling you. 그냥 전화 한번 해 봤어.

forget | to부정사 | ~할 일을 잊다(미래, 다음)

I forgot to call you. 전화하려던 걸 잊었어.

forget | 동명사 ing | ~했던 일을 잊다(과거)

I forgot calling you. 전화했던 걸 잊었어.

regret | to부정사 | ~하게 되서 유감이다. 안타깝다(지금, 미래)

I regret to call you. 전화드려 유감이에요.

regret | 동명사 ing | ~했던 것을 후회한다(과거 느낌)

I regret calling you. 전화했던 걸 후회해.

remember | to부정사 | ~할 것을 기억하다(미래)

I remember to call you. 전화할 걸 기억해.

remember | 동명사 ing | ~했던 것을 기억하다(과거 느낌)

I remember calling you. 전화했던 걸 기억해.

try to call you 전화하는 것을 노력하다

try calling you 전화하는 것을 해보다 (시도)

remember to call you 전화할 것을 기억하다 (다가올 일)

remember calling you 전화했던 것을 기억하다 (지나간 일)

forget to call you 전화할 것을 잊다 (다가올 일)

forget calling you 전화했던 것을 잊다 (지나간 일)

regret to call you 전화한 것을 유감이다 (다가올 일)

regret calling you 전화했던 것을 후회하다 (지나간 일)

[참고] stop은 to부정사와 동명사가 뒤에 올 때 용법이 달라지므로 헷갈리니까 주의하자.

stop to call you 전화를 하려고 (잠시) 멈춰서다 (to부정사 - 부사적 용법)

stop calling you 전화하는 것을 멈추다 (to부정사 - 명사적 용법 - 목적어)

QUIZ QUIZ

1 다음 중 빈칸에 들어갈 수 있는 동사(open)의 형태가 나머지 넷과 다른 것은?

① Would you mind _________ the window?

② I like _________ the window.

③ I want _________ the window.

④ I gave up _________ the window.

2 다음 문장을 해석해 보시오.

① She stopped drinking water.

⇨ ____________________

② She stopped to drink water.

⇨ ____________________

3 괄호 안의 주어진 말을 문법에 맞게 바꾸어 쓰시오.

① She finished (watch) the movie. 그녀는 영화 보는 것을 끝냈다.

② I enjoy (go) to the museum. 나는 박물관 가는 걸 즐겨.

4 다음 문장에서 어색한 부분을 찾으시오.

① I hope going to the library with you. 난 너와 도서관에 같이 가길 바라.

② Seeing is believeing. 보는 것이 믿는 것이다.

QUIZ 정답

1

정답: ③

open이라는 동사가 목적어로 쓰이려면 to부정사나 동명사로 변신해야 한다. 문장에 나온 동사에 따라 목적어가 달라진다.

mind(꺼리다), give up(포기하다)는 목적어로 동명사만 사용한다. want는 목적어로 to부정사만 사용한다. like는 목적어로 동명사, to부정사 모두 가능하다.

2

정답: ① 그녀는 물 마시는 것을 멈췄다.

정답: ② 그녀는 물을 마시기 위하여 멈춰 섰다.

3

① finish는 동명사를 목적어로 사용하므로 watching

② enjoy도 동명사를 목적어로 사용하므로 going

4

① hope은 to부정사를 목적어로 사용하므로 to go

② see는 장모음이라 seeing이지만, believe의 마지막 e는 소리가 안 나기 때문에 지워야 한다. believing

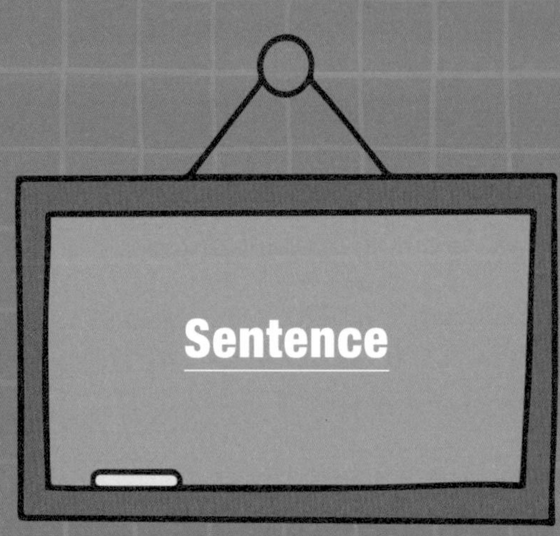
Sentence

CHAPTER 09

문장 기차와 문장의 종류

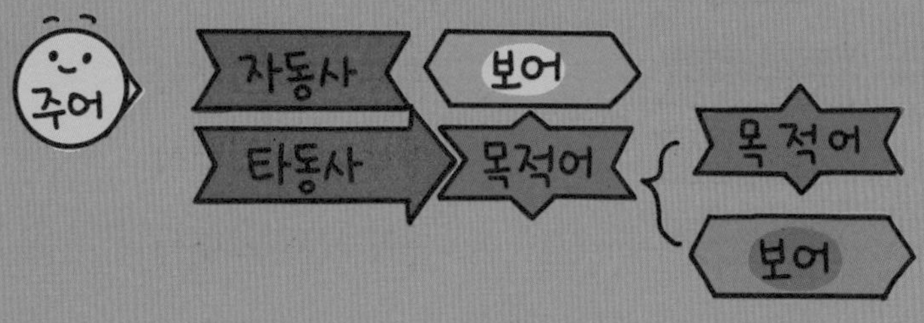
주어
자동사
보어
타동사
목적어
목적어
보어

앞에서 다루지 않았던 문장 기차의 4번째, 5번째 기차 칸도 마저 알아볼게. 사실 초등학생이거나 기초가 탄탄하지 않은 학생들 경우에는 4, 5형식이 아직 필요하지 않아서 뒤로 뺀 거야. 1, 2, 3형식이 문장의 기본 뼈대니까 말이지. 하지만 문장 기차 4, 5가 종종 쓰이고, to부정사나 동명사를 제대로 알려면 이 개념이 들어가니까 지금부터 먼저 복습을 하고 배워 보자.

사람을 엑스레이로 찍으면 살은 보이지 않고 뼈대만 나오잖아? 그것과 마찬가지로 문장을 엑스레이로 찍어 문장의 뼈대만 남겨서 몇 형식인지 알아보는 거야.

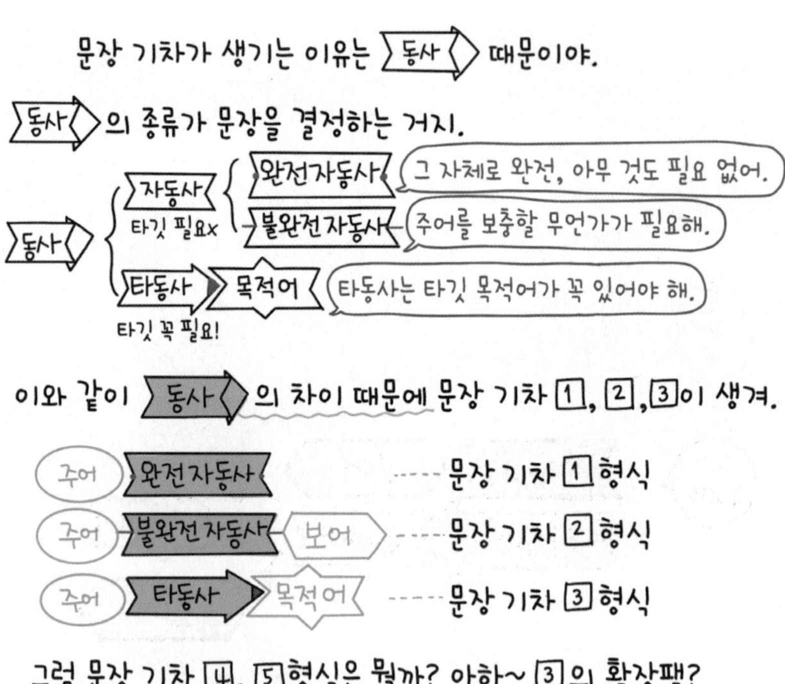
문장 기차가 생기는 이유는 동사 때문이야.
동사의 종류가 문장을 결정하는 거지.
동사
자동사
타깃 필요x
완전자동사
그 자체로 완전, 아무 것도 필요 없어.
불완전자동사
주어를 보충할 무언가가 필요해.
타동사
타깃 꼭 필요!
목적어
타동사는 타깃 목적어가 꼭 있어야 해.
이와 같이 동사의 차이 때문에 문장 기차 1, 2, 3이 생겨.
주어 완전자동사 ----- 문장 기차 1 형식
주어 불완전자동사 보어 ----- 문장 기차 2 형식
주어 타동사 목적어 ----- 문장 기차 3 형식
그럼 문장 기차 4, 5 형식은 뭘까? 아하~ 3의 확장팩?

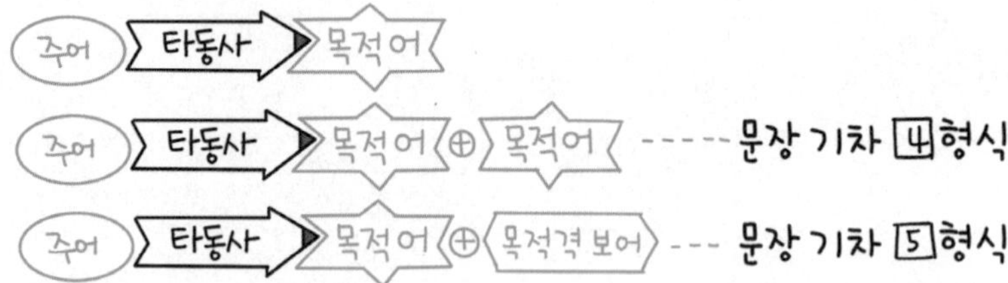
주어 타동사 목적어
주어 타동사 목적어 ⊕ 목적어 ----- 문장 기차 4 형식
주어 타동사 목적어 ⊕ 목적격 보어 --- 문장 기차 5 형식

그럼 대체 영어에는 왜 문장의 5형식(5가지 문장 기차)이 있을까? 그건 바로 '동사' 때문이야. 이게 무슨 말일까?

동사가 타깃이 없는 자동사와 타깃 목표물이 반드시 필요한 타동사로 나뉘고, 다시 자동사는 뒤에서 보충할 필요가 없는 완전자동사와 뒤에서 주어를 보충 설명하는 보어가 꼭 필요한 불완전자동사로 나눠지기 때문이야. 으악, 복잡하다고? 맞아!

그래서 한눈에 들어오게 아이콘으로 정리했는데, 우선 자동사 그림 종류를 2가지로 만들어 봤어. 완전자동사는 팔을 벌릴 필요가 없는 그림이야. 하지만 불완전자동사는 주어와 보어를 연결해 주는 역할을 하니까, 팔을 벌려서 연결 고리가 되는 그림으로 그렸어. 타동사는 화살이나 로켓이 날아가듯 화살표 모양이고, 타깃이 꼭 필요한 걸 강조하기 위해 화살촉을 진하게 색칠한 거야.

자, 그럼 형식이 3가지가 아니라 왜 5가지일까? 나머지 2개는 3형식의 연장된 버전으로 봐도 될 거 같아. 왜냐하면 3, 4, 5형식은 다 타동사거든. 그럼 뭐가 다르냐고? 4형식은 '~주다'로 해석되는 동사야. 5형식은 3형식으로는 아쉬워서 목적어 뒤에 목적어 보충 설명(초록색)을 넣은 거지. 그럼 문장 기차 5가지(5형식)를 배워 볼까?

문장 기차 5가지를 한 그림에 담아 볼까?

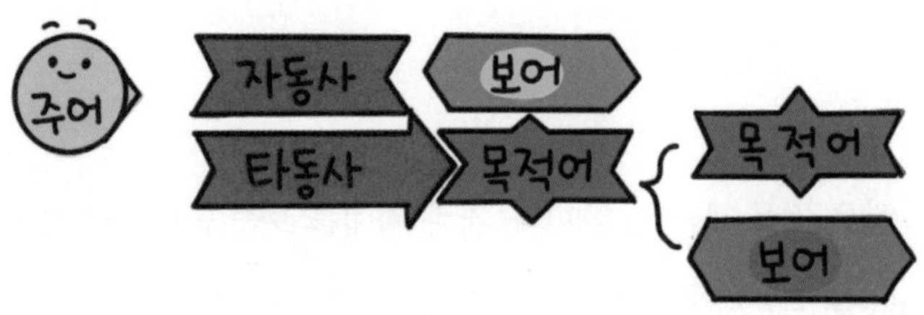
주어
자동사
보어
타동사
목적어
목적어
보어

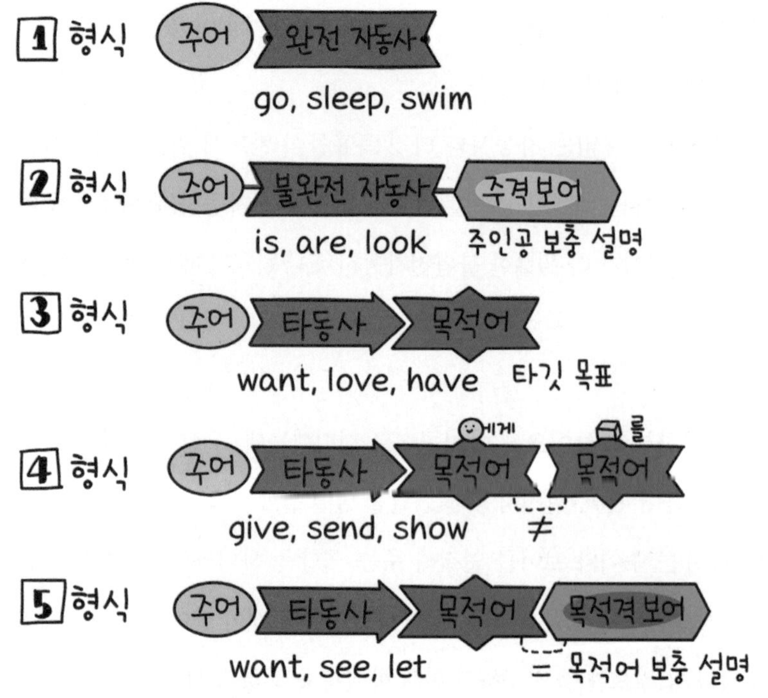
1 형식
주어
완전 자동사
go, sleep, swim
2 형식
주어
불완전 자동사
주격보어
is, are, look
주인공 보충 설명
3 형식
주어
타동사
목적어
want, love, have
타깃 목표
4 형식
주어
타동사
에게
목적어
를
목적어
give, send, show
≠
5 형식
주어
타동사
목적어
목적격 보어
want, see, let
= 목적어 보충 설명

9-1 문장 기차 1, 2, 3형식 복습

앞에서 배운 내용이지만 다시 천천히 복습해 볼게. 이제 문장을 볼 때 그림을 떠올리고 입체적으로 생각하면 문장 이해력이 빠르고 정확해질 수 있어.

(1) 1형식

문장이 길고 짧은 것을 보는 게 아니라, 기본 뼈대를 보는 눈이 있어야 해. 마치 내 눈으로 X-ray를 찍는다고 생각해 봐. X-ray를 찍으면 뼈대만 보이잖아? 그렇게 핵심 뼈대만 찾는 거야.

특히, 전치사 덩어리는 아무리 길어도 부사 역할을 하는 거라서(액세서리) 생략해도 되니 기본 뼈대가 아니지. 부사를 제외하고 봤을 때 뼈대에 주어와 동사만 남는 경우가 1형식이야.

'주어+동사'만 나올 수 있는 이유는 동사가 완전자동사여서 특별히 보충 설명이 필요 없기 때문이야. '잔다. 노래한다. 간다(go가 완전자동사라는 걸 기억하자.)' 등은 그 자체로 완전하고 보충이 필요 없어.

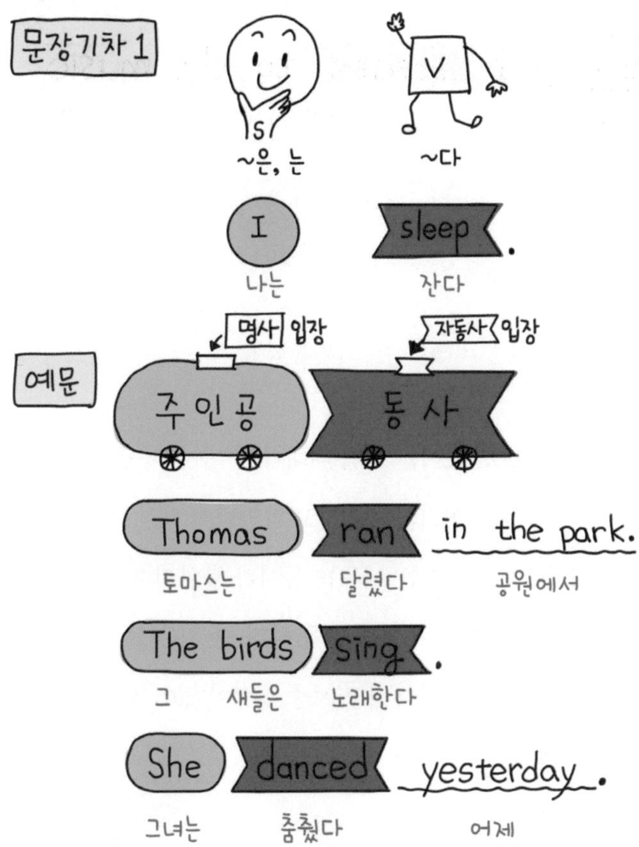

문장기차 1
S
V
~은, 는
~다
I
sleep.
나는
잔다
명사 입장
자동사 입장
예문
주인공
동사
Thomas ran in the park.
토마스는
달렸다
공원에서
The birds sing.
그 새들은
노래한다
She danced yesterday.
그녀는
춤췄다
어제

완전자동사는 몇 개 되지 않으니 모양과 같이 쓰임을 외워 두면 좋아.

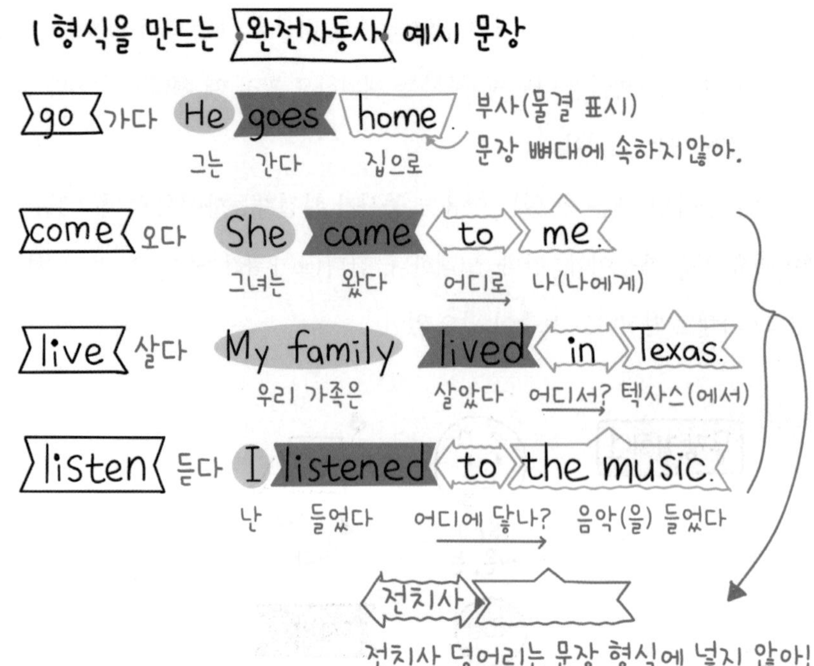
1형식을 만드는 완전자동사 예시 문장
go 가다 He goes home.
그는 간다 집으로
부사(물결 표시)
문장 뼈대에 속하지않아.
come 오다 She came to me.
그녀는 왔다 어디로 나(나에게)
live 살다 My family lived in Texas.
우리 가족은 살았다 어디서? 텍사스(에서)
listen 듣다 I listened to the music.
난 들었다 어디에 닿나? 음악(을) 들었다
전치사
전치사 덩어리는 문장 형식에 넣지 않아!

(2) 2형식

2형식은 X-ray를 찍으면 보이는 핵심 뼈대가 '주어+동사+보어'로 이루어진 경우야. 역시 부사나 전치사 덩어리는 제외하고 바라봐야 해.

'주어+동사+보어'로 만들어지는 이유는 동사가 불완전자동사이기 때문이야. 주어랑 불완전자동사만 있을 경우에는 말을 하다 만 거 같고 너무 이상해. '주어가 무엇이다' 또는 '주어가 어떠하다'라고 보충 설명이 있어야 완전해지기 때문에 꼭 보어가 필요한 거지.

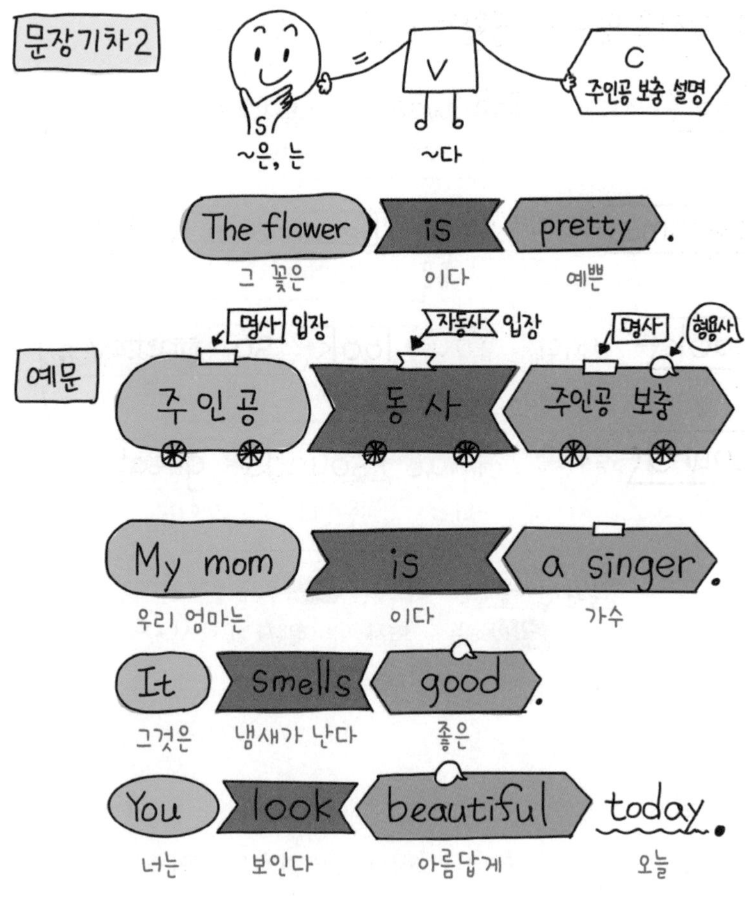
문장기차 2
S
~은, 는
V
~다
C
주인공 보충 설명
The flower
is
pretty
그 꽃은
이다
예쁜
예문
명사 입장
자동사 입장
명사
형용사
주인공
동사
주인공 보충
My mom
is
a singer
우리 엄마는
이다
가수
It
smells
good
그것은
냄새가 난다
좋은
You
look
beautiful
today
너는
보인다
아름답게
오늘

불완전자동사는 몇 가지가 정해져 있어. 그러니까 10개 정도 되는 불완전자동사가 무엇인지, 문장에서 어떻게 쓰이는지 그림으로 기억해 두면 편해.

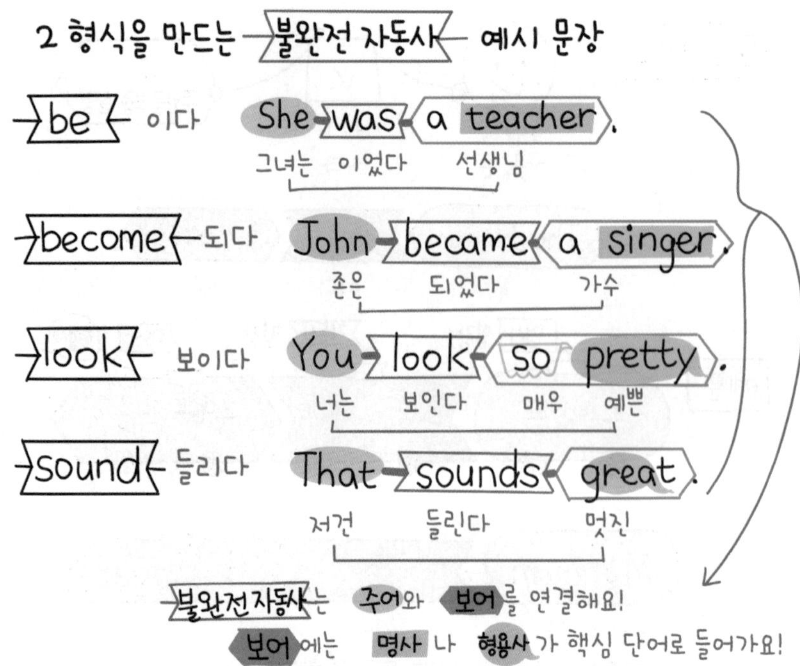
2 형식을 만드는 불완전 자동사 예시 문장
be 이다
She was a teacher.
그녀는 이었다 선생님
become 되다
John became a singer.
존은 되었다 가수
look 보이다
You look so pretty.
너는 보인다 매우 예쁜
sound 들리다
That sounds great.
저건 들린다 멋진
불완전자동사는 주어와 보어를 연결해요!
보어에는 명사 나 형용사가 핵심 단어로 들어가요!

(3) 3형식

3형식은 핵심 뼈대가 '주어+타동사+타깃(목적어)'으로 이루어진 경우야. 역시 부사나 전치사 덩어리는 제외하고 바라봐야 해. 대부분의 영어 문장은 타동사가 많아서 3형식으로 된 경우가 많아.

모두 다 들어본 적 있지? 'I love you. 나는 사랑해(타동사) 너를(대상, 타깃)' 타동사는 매우 많아서 따로 적지 않을게. 완전자동사, 불완전자동사를 빼고는 타동사라고 보면 돼.

그런데 문제는 이런 품사가 문장 안에서 맡은 역할에 따른 거라서 단어마다 고정되어 있지 않다는 거야. 문장 안에서 자동사도 되고, 타동사도 되고, 명사도 되어 뜻이 바뀌기도 해. 그래서 책을 많이 읽고 영어로 생각하고 말하는 규칙을 익혀서 문장 보는 눈을 길러야 해.

한국인이 자주 하는 실수를 생각해 보자.

예 I will marry with you. (×)

왜 틀린 거지? marry가 '결혼하다'라는 자동사라면 전치사 with가 붙을 수 있지만, 영어식 사고방식으로 marry는 '~와 결혼하다'라는 뜻의 타동사라서 전치사가 올 수 없고 바로 타깃이 나와야 해. 'I will marry you.(○)'가 맞는 문장이야. 동사의 종류가 자동사냐, 타동사냐가 이렇게 중요한 거야.

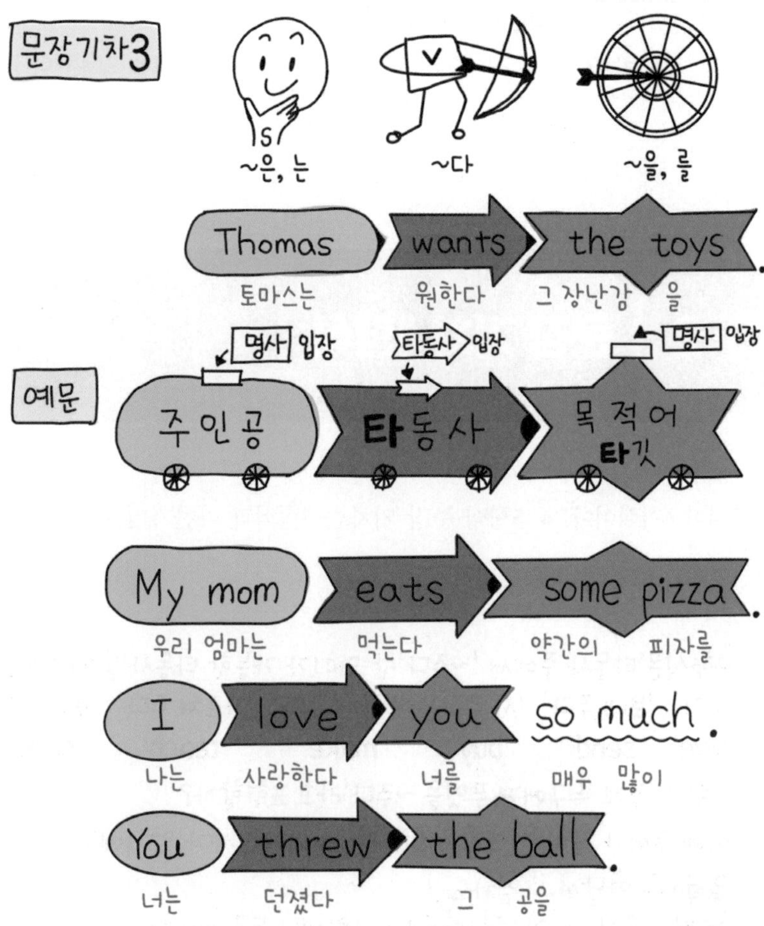
문장기차3
S
~은, 는
~다
~을, 를
Thomas
wants
the toys
토마스는
원한다
그 장난감
을
명사 입장
타동사 입장
명사 입장
예문
주인공
타동사
목적어
타깃
My mom
eats
some pizza
우리 엄마는
먹는다
약간의
피자를
I
love
you
so much
나는
사랑한다
너를
매우
많이
You
threw
the ball
너는
던졌다
그
공을

3형식을 만드는 타동사 예시 문장(한국인의 실수 많은)

Will you marry ~~with~~ me? (X)
타동사 다음엔 바로 타깃!
너 결혼할래 나를? (한국어로는 '나와 결혼하다')

I don't resemble ~~with~~ my dad.
타동사 다음엔 바로 타깃!
난 닮지 않았다 아빠를 (한국어로는 '아빠와 닮다')

I discuss ~~about~~ the problem.
타동사 다음엔 바로 타깃!
난 의논한다 그 문제를 (한국어로는 '그 문제에 대해 의논하다')

9-2 문장 기차 4형식

드디어 4형식이야! 4, 5형식 문장 기차는 3형식과 마찬가지로 타동사가 와. 그럼 3형식과 무엇이 다른 걸까?

4형식은 타동사 중에서 '~주다'란 의미가 가능한 타동사일 때 쓰여.
'주다' '보내 주다' '사 주다' '만들어 주다' '가르쳐 주다' '보여 주다'
give send buy make teach show
그럼 어떻게 '누구에게 무엇을 ~주다'라고 표현할까?
이때 순서가 강력한 역할을 해(~를, ~에게 조사가 없기에).
목적어를 연달아 나열하되,
첫 번째 목적어는 간접목적어(주로 사람이나 동물. ~에게)
두 번째 목적어는 직접목적어(주로 사물. ~를)
다음과 같이 그래머콘을 만들었어.

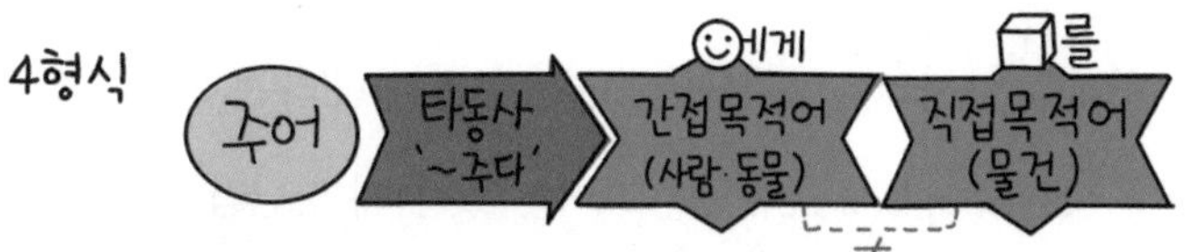
4형식
주어
타동사
'~주다'
에게
간접목적어
(사람·동물)
를
직접목적어
(물건)
≠

'~주다'란 타동사는 '누구에게' '무엇을' 주는가를
말하기 위해 글의 순서로 표현한 거야.
한국말은 '에게', '을/를' 같은 조사가 있지만
영어는 글의 순서, 배열로 의미나 역할이 정해지는 거야.

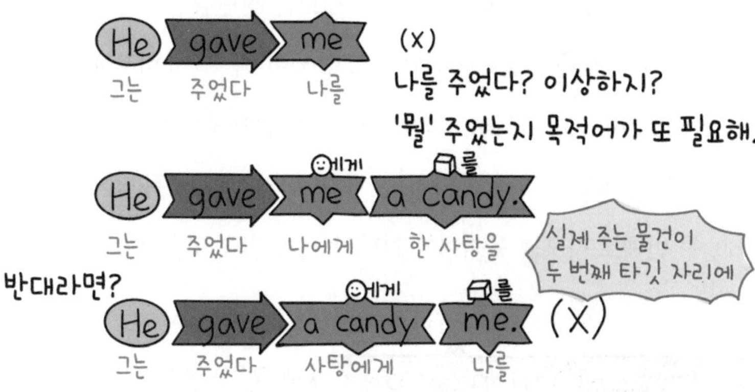
He gave me
그는 주었다 나를
(x)
나를 주었다? 이상하지?
'뭘' 주었는지 목적어가 또 필요해.
에게 를
He gave me a candy.
그는 주었다 나에게 한 사탕을
실제 주는 물건이
두 번째 타깃 자리에
반대라면?
에게 를
He gave a candy me.
(X)
그는 주었다 사탕에게 나를

바로 '~주다'란 의미를 가진 타동사라면, 도대체 누구에게 무엇을 '~주다'인지가 궁금해지는 동사라는 거야. 그래서 목적어를 이어서 나열하는 방법을 사용하는데, 순서 자체가 강력한 역할을 해. 첫 번째 목적어에는 간접목적어(사람, 동물 등), 두 번째 목적어에는 직접목적어(물건 등)가 오는 거야. 그래서 타깃별(목적어)을 2가지로 그렸고, 구분을 쉽게 하기 위해 사람과 물건 아이콘을 그린 거지.

(1) '~주다'라는 동사가 나올 때 주어, ~주다 타동사, 사람목적어, 물건목적어 순서야.

'~주다'가 가능한 동사가 나올 경우만 사용하고 타깃 그림이 2가지가 오는 거야. 만약 반대로 쓴다면, 말이 안 되는 거지. 'He gave a book me. (×)'는 '그는 책에게 나를 주었다.'라는 뜻이 되거든. 실제 주는 그 대상이 두 번째 타깃 자리에 들어가야 해.

3형식과 4형식을 다시 비교해 볼까? buy는 '~을 사다'라는 타동사라 타깃(별 모양)이 바로 와. 'She bought a new toy. 그녀는 샀다 새 장난감을' 기본적인 3형식이야.

그런데, 'She bought him. 그녀는 샀다 그를' 뭐 가능한 이야기일 수도 있지만 일반적으로는 이상하지? '그녀는 그에게 새로운 장난감을 사 주었다'라는 말을 하고 싶으면 사람목적어, 물건목적어 순으로 써야 해. 그게 바로 4형식이야. 그래서 'She bought him a new toy. 그녀는 사 주었다 그에게 새로운 장난감을' 영어는 이와 같은 순서로 생각하고 말하는 거지. 먼저 나오는 목적어가 전달받는 사람(타깃), 두 번째로 나오는 목적어가 전달하는 물건(타깃)인 거야.

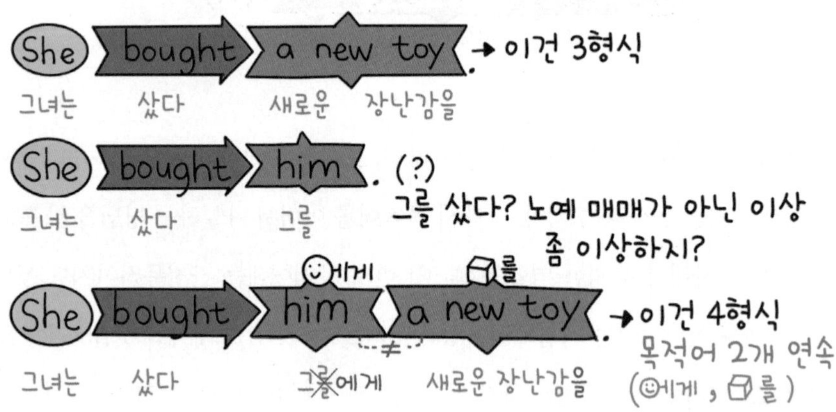
She bought a new toy. → 이건 3형식
그녀는 샀다 새로운 장난감을
She bought him. (?)
그를 샀다? 노예 매매가 아닌 이상
좀 이상하지?
그녀는 샀다 그를
에게
를
She bought him a new toy. → 이건 4형식
목적어 2개 연속
(에게, 를)
그녀는 샀다 그를에게 새로운 장난감을

(2) 4형식은 우리가 기본적으로 아는 3형식으로도 표현할 때가 많아.

만약, 물건목적어를 먼저 쓴다면 문장 기차 3형식으로 바뀌기 때문에 전치사가 등장해서 받는 사람을 표현해야 해. 이때 동사에 따라 어울리는 전치사가 달라져서 시험에 엄청 자주 나와. 하지만 그 느낌을 이해한다면 쉽게 풀 수 있을 거야. 대부분은 to가 나오기 때문에 to가 아닌 경우들을 주의해서 직접 여러 번 말하고 써 봐.

그럼 어느 경우에 어떤 전치사를 사용해서 3형식으로 변할 수 있냐고? 그건 동사에 따라 달라지므로 4형식, 즉 '~주다'가 어울리는 타동사들을 종류별로 익혀야 해. make는 '만들다'라는 타동사지만, 4형식으로 쓰이면 '만들어 주다'라는 뜻이 되거든. 그럼 종류별로 그림을 그려 볼게.

1) 가지고 있는 걸 전달하는 느낌의 '~주다' 동사는 전치사 to를 써.

4형식을 만드는 ~주다 동사는 뭐가 있을까?
크게 3종류로 나눠서 알려 줄게.
① 그냥 전달
② 누굴 위해 행동해서 ~해 주다
③ 질문 요청 주다

가지고 있는 걸 전달해서 주는 동사 ~주다

give
주다
send
보내 주다
show
보여 주다
bring
가져다주다
tell
말해 주다
teach
가르쳐 주다
pay
돈을 주다
lend
빌려주다
pass
전달해 주다
sell
팔아 주다
write
써 주다
offer
주다(제공해 주다)

4형식을 3형식으로 바꾸려면?

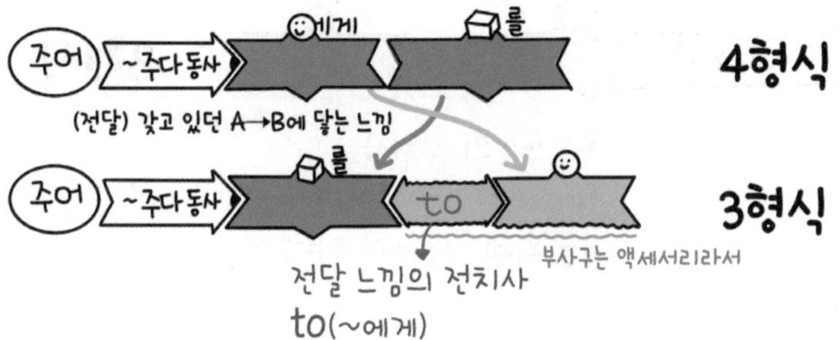
주어
~주다 동사
에게
를
4형식
(전달) 갖고 있던 A→B에 닿는 느낌
주어
~주다 동사
를
to
3형식
부사구는 액세서리라서
전달 느낌의 전치사
to(~에게)

2) 가지고 있지 않은데 누구를 위해서 특정 행동을 하는 '~주다' 동사는 전치사 for를 써.

전달 및 도착보다는 '목표, 위해서'라는 느낌이 강하기 때문이야.

4형식을 만드는 ~주다 동사는 뭐가 있을까?

크게 3종류로 나눠서 알려 줄게.

① 그냥 전달

② 누굴 위해 행동해서 ~해 주다

③ 질문 요청 주다

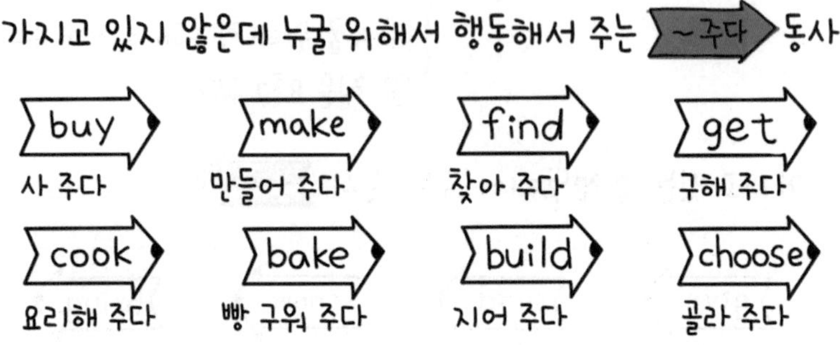

가지고 있지 않은데 누굴 위해서 행동해서 주는 ~주다 동사
buy
사 주다
make
만들어 주다
find
찾아 주다
get
구해 주다
cook
요리해 주다
bake
빵 구워 주다
build
지어 주다
choose
골라 주다

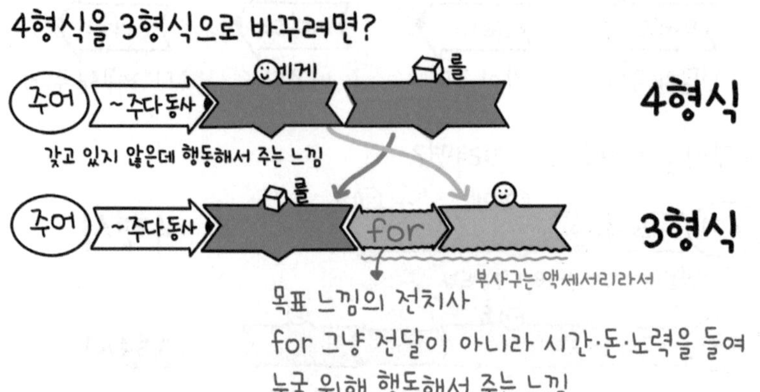

4형식을 3형식으로 바꾸려면?
에게
를
주어
~주다 동사
4형식
갖고 있지 않은데 행동해서 주는 느낌
를
주어
~주다 동사
for
3형식
부사구는 액세서리라서
목표 느낌의 전치사
for 그냥 전달이 아니라 시간·돈·노력을 들여
누굴 위해 행동해서 주는 느낌

3) 질문을 주다, 요청을 주다는 뜻의 ask는 of를 써.

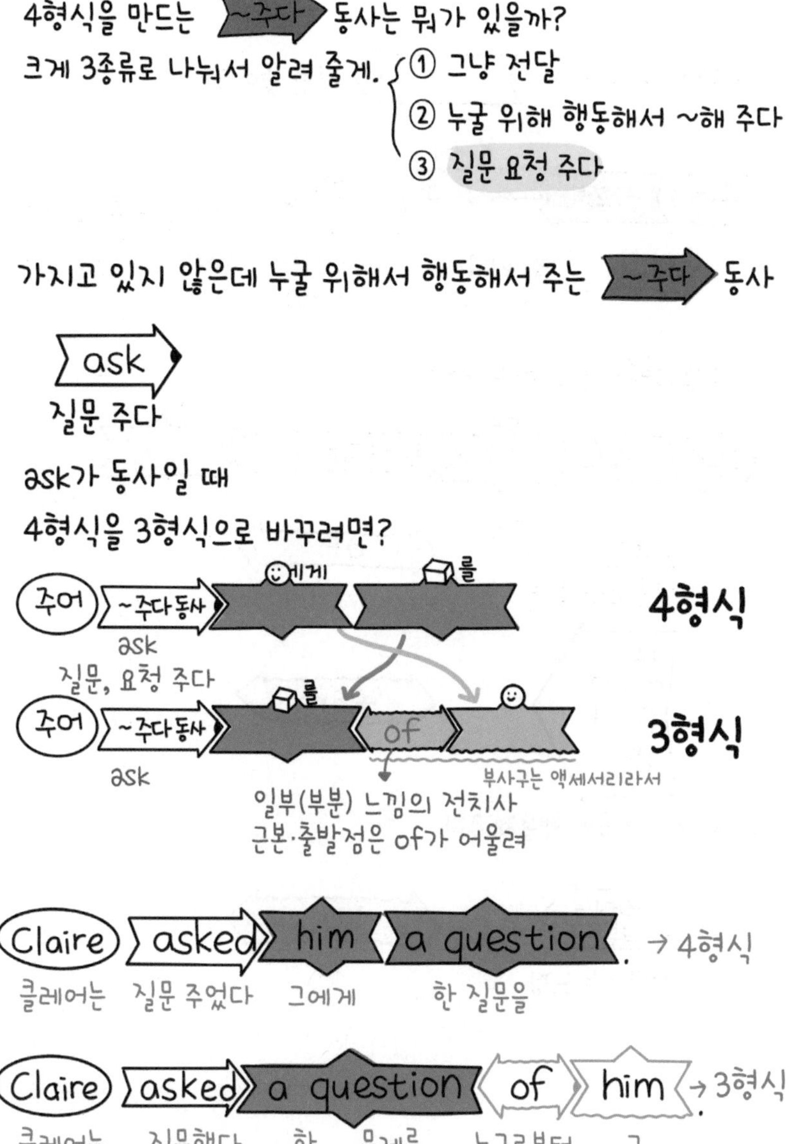
4형식을 만드는 ~주다 동사는 뭐가 있을까?
크게 3종류로 나눠서 알려 줄게.
① 그냥 전달
② 누굴 위해 행동해서 ~해 주다
③ 질문 요청 주다
가지고 있지 않은데 누굴 위해서 행동해서 주는 ~주다 동사
ask
질문 주다
ask가 동사일 때
4형식을 3형식으로 바꾸려면?
주어
~주다 동사
에게
를
4형식
ask
질문, 요청 주다
를
of
3형식
부사구는 액세서리라서
일부(부분) 느낌의 전치사
근본·출발점은 of가 어울려
Claire asked him a question. → 4형식
클레어는 질문 주었다 그에게 한 질문을
Claire asked a question of him. → 3형식
클레어는 질문했다 한 문제를 누구로부터 그

자, 그럼 4형식을 한눈에 보이게 정리해 볼까? 4형식에 어울리는 동사는 '~주다'가 가능한 동사들이라 누구에게 무엇을 주는지 타깃을 밝히려면 순서대로 타

깃 2개를 사용하는 거야. 순서가 매우 중요해. 사람목적어 후 물건목적어 순이야. '에게' 목적어 다음에 '을/를' 목적어라고 외우자!

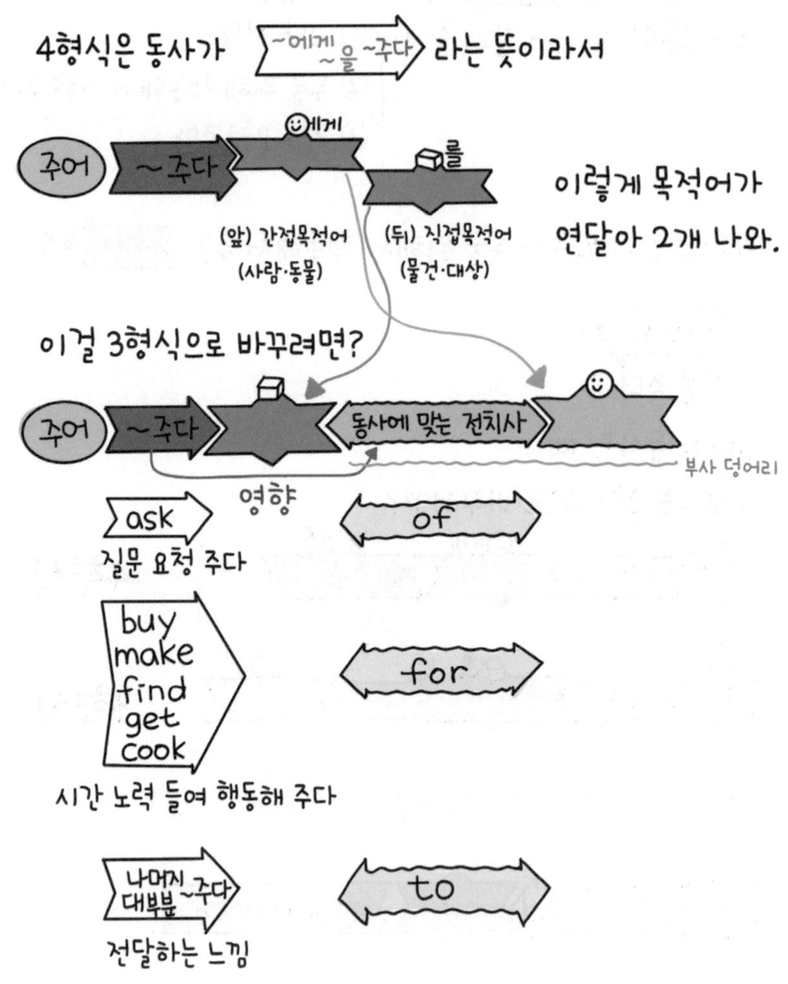
4형식은 동사가
~에게 ~을 ~주다
라는 뜻이라서
주어
~주다
에게
를
(앞) 간접목적어
(사람·동물)
(뒤) 직접목적어
(물건·대상)
이렇게 목적어가
연달아 2개 나와.
이걸 3형식으로 바꾸려면?
주어
~주다
동사에 맞는 전치사
부사 덩어리
영향
ask
질문 요청 주다
of
buy
make
find
get
cook
시간 노력 들여 행동해 주다
for
나머지 대부분 ~주다
전달하는 느낌
to

그리고 4형식(주어-동사-사람 타깃-물건 타깃)의 문장은 3형식(주어-타동사-타깃)으로 바뀔 수 있어. 우선 물건 타깃이 앞으로 나오고 알맞은 전치사 뒤에 사람 타깃이 붙게 되면, 전치사 이후는 전부 부사 덩어리가 되는 거야. 문장 보는 X-ray에서 뼈대를 볼 때 물결 표시인 부사 덩어리는 안 보인다고 했지? 그래서 3형식이 되는 거야.

4형식을 만드는 '~주다' 동사를 종류별로 정리해 보자.

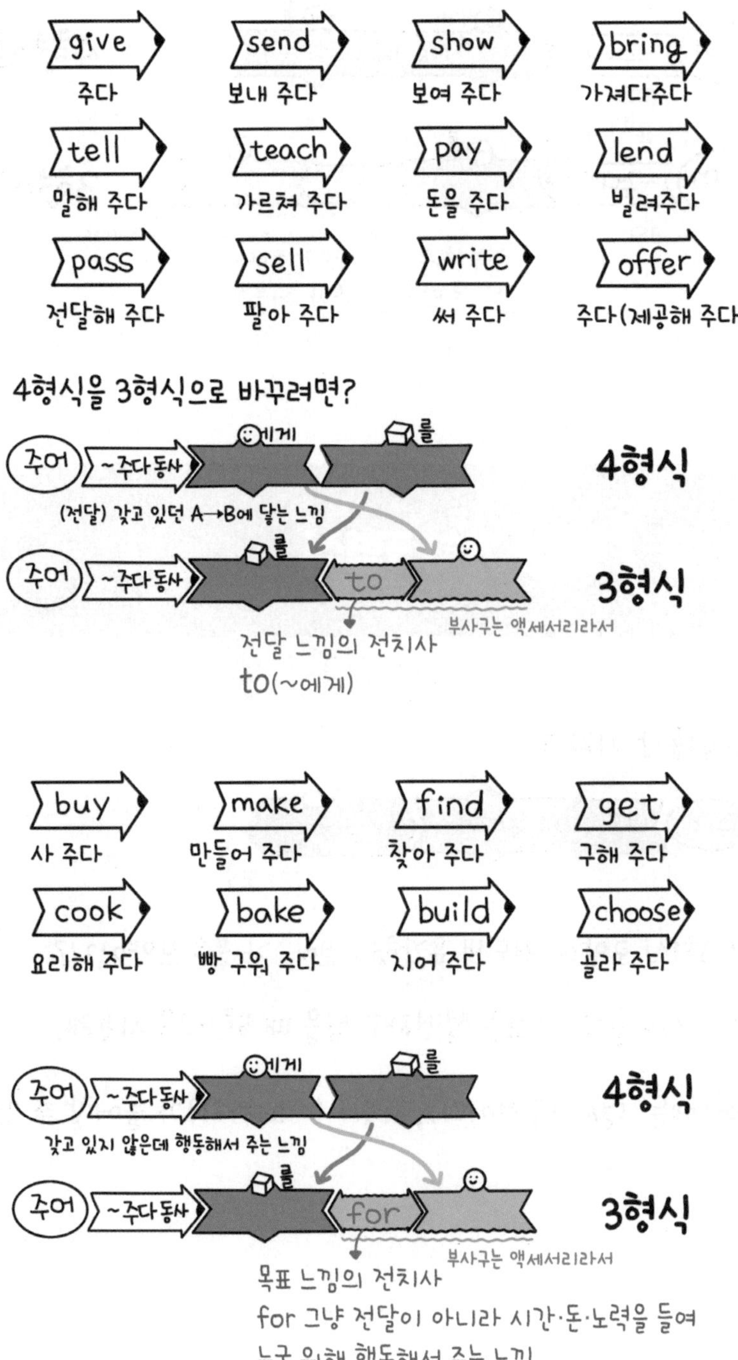
give
주다
send
보내 주다
show
보여 주다
bring
가져다주다
tell
말해 주다
teach
가르쳐 주다
pay
돈을 주다
lend
빌려주다
pass
전달해 주다
sell
팔아 주다
write
써 주다
offer
주다(제공해 주다)
4형식을 3형식으로 바꾸려면?
주어
~주다 동사
에게
를
4형식
(전달) 갖고 있던 A→B에 닿는 느낌
를
to
3형식
부사구는 액세서리라서
전달 느낌의 전치사
to(~에게)
buy
사 주다
make
만들어 주다
find
찾아 주다
get
구해 주다
cook
요리해 주다
bake
빵 구워 주다
build
지어 주다
choose
골라 주다
주어
~주다 동사
에게
를
4형식
갖고 있지 않은데 행동해서 주는 느낌
를
for
3형식
부사구는 액세서리라서
목표 느낌의 전치사
for 그냥 전달이 아니라 시간·돈·노력을 들여
누굴 위해 행동해서 주는 느낌

ask가 동사일 때
4형식을 3형식으로 바꾸려면?

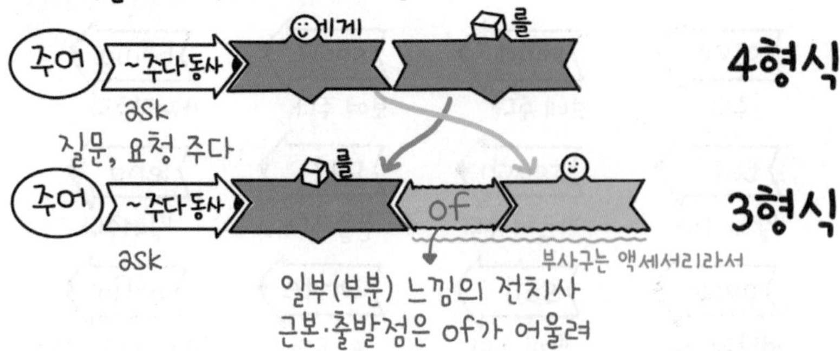

에게
를
주어
~주다 동사
ask
질문, 요청 주다
4형식
를
of
3형식
부사구는 액세서리라서
일부(부분) 느낌의 전치사
근본·출발점은 of가 어울려

9-3 문장 기차 5형식

5형식(문장 기차 5)

주어
타동사
목적어
보어
목적어 보충

기본 3형식 모양에 연두색 육각형 〈보어〉가 붙은 모양이지?

타깃 목적어를 좀 더 보충 설명하고 싶을 때 5형식을 사용해.

〈보어〉에는 명사(무엇이다), 형용사(어떠하다)가 들어갈 수 있어.

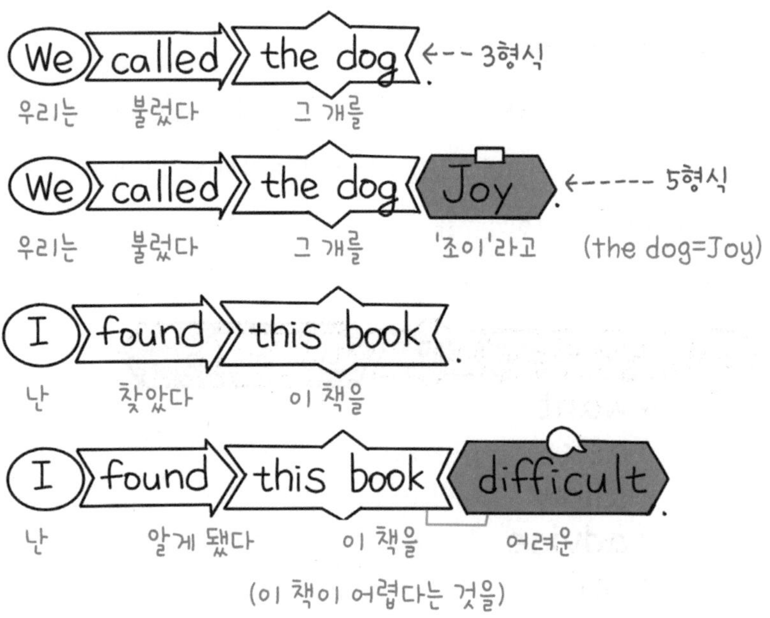
We called the dog. ←-- 3형식
우리는 불렀다 그 개를
We called the dog Joy. ←----- 5형식
우리는 불렀다 그 개를 '조이'라고 (the dog=Joy)
I found this book.
난 찾았다 이 책을
I found this book difficult.
난 알게 됐다 이 책을 어려운
(이 책이 어렵다는 것을)

(1) 목적격 보어 자리에 명사나 형용사가 오는 경우

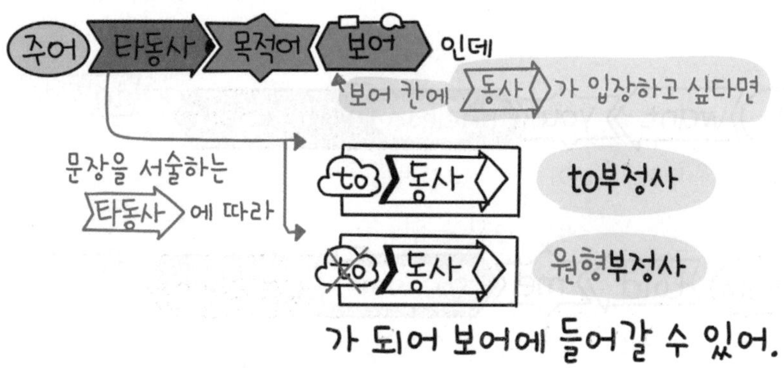
주어 타동사 목적어 보어 인데
보어 칸에 동사 가 입장하고 싶다면
문장을 서술하는
타동사 에 따라
to 동사 to부정사
to 동사 원형부정사
가 되어 보어에 들어갈 수 있어.

5형식이란 기본 3형식에 추가로 타깃에 대한 보충 설명을 더 붙이고 싶을 때, 목적격 보어를 뒤에 추가하는 구조야. 그런데 이 목적격 보어 자리에는 명사나 형용사만 들어올 수 있어.

(2) 보어의 입장 제한

명사, 형용사만 가능하므로 동사가 보어 자리에 들어오려면 원칙적으로는 to부정사로 변신해야 해. 그런데 문장의 동사에 따라서 목적격 보어 자리에 to부정사, 원형부정사가 들어오기도 해.

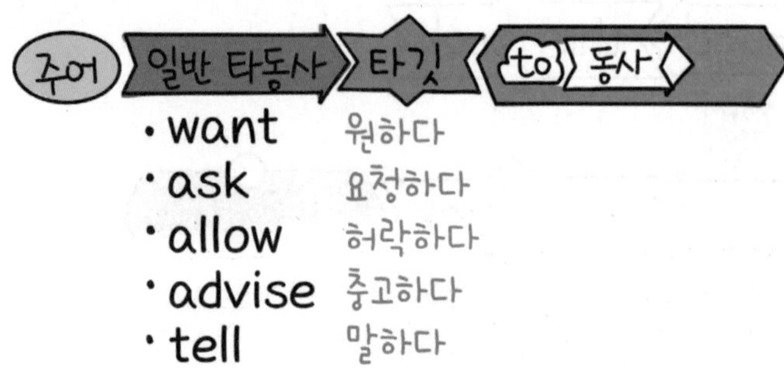

주어
일반 타동사
타깃
to
동사
· want 원하다
· ask 요청하다
· allow 허락하다
· advise 충고하다
· tell 말하다

to부정사가 (명사로 변신해서) 목적격 보어 자리에 들어오는 경우로는 want, ask, allow, tell, advise 등이 있어.

타깃이 동사하는 것을 원한다, 요청한다, 허락한다, 말한다, 충고한다.

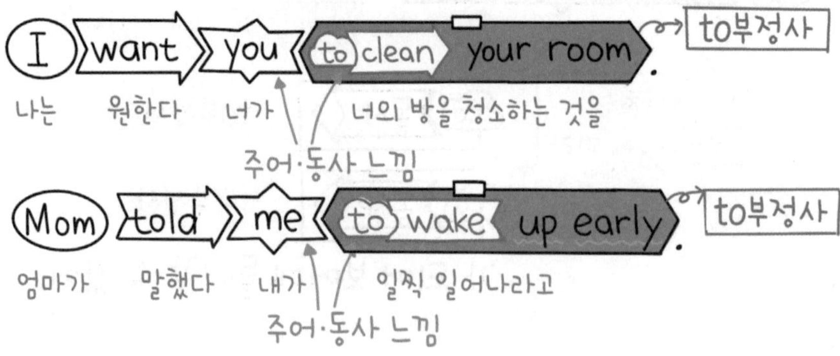

I want you to clean your room.
to부정사
나는 원한다 너가 너의 방을 청소하는 것을
주어·동사 느낌
Mom told me to wake up early.
to부정사
엄마가 말했다 내가 일찍 일어나라고
주어·동사 느낌

위의 그림처럼 타깃(목적어)과 to부정사의 동사가 마치 주어와 동사 느낌을 갖게 되는 거야. 그림을 봐봐. 보이지?

(3) 예외 1

하게 하다 동사(사역타동사)는 보어 자리에 원형부정사가 들어와.

하게 하다 동사(사역동사, 시키는 느낌)는 타깃 다음에 원형부정사가 와. 왜 그럴까? 강조 및 현장감을 주기 위해서야. 발음으로 to라고 끊지 않고, 타깃이 동사를 하게 했다는 뉘앙스를 주려고 원형부정사를 사용해.

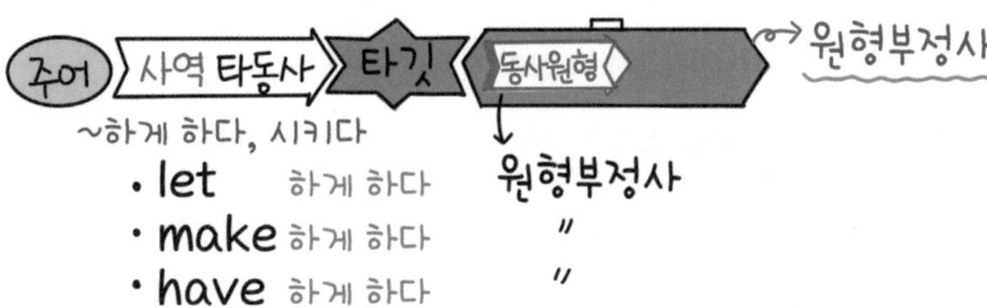

주어
사역 타동사
타깃
동사원형
원형부정사
~하게 하다, 시키다
• let 하게 하다
• make 하게 하다
• have 하게 하다
원형부정사
"
"

let은 '하게 하다'란 뜻을 잘 알고 있는데, have는 '가지다'라는 뜻 아니냐고? have는 '가지다, 먹다' 등 뜻이 많은데 여기서는 '하게 하다. 시키다'란 뜻이야. 'My mom had me wash the dishes. 엄마가 나를 설거지하게 했다.' 이런 뜻이지. make도 '만들다'란 뜻이지만 5형식으로 쓰이면 '하게 하다(하게 만들다)'라는 뜻이야. My mom made me wash the dishes. 또한, 사역동사는 아니지만 동사 help는 원형부정사와 to부정사 둘 다 가능해.

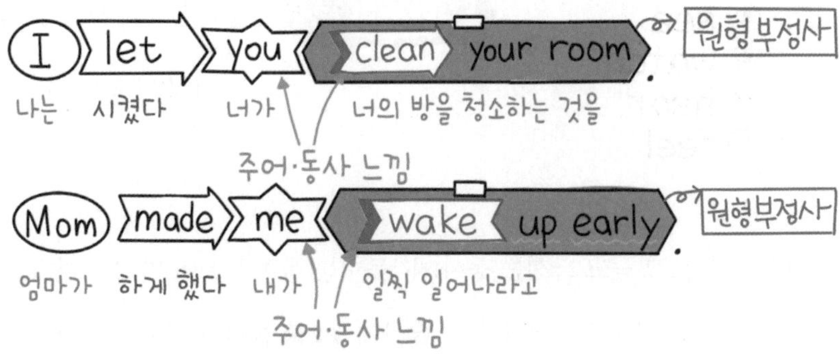

I let you clean your room.
원형부정사
나는 시켰다 너가 너의 방을 청소하는 것을
주어·동사 느낌
Mom made me wake up early.
원형부정사
엄마가 하게 했다 내가 일찍 일어나라고
주어·동사 느낌

그런데 얼핏 보면 '주어+동사+목적어+동사'가 나와서 동사가 한 칸 건너뛰고 2번이나 등장한 듯이 보여. 앞의 동사는 진짜 동사라서 시간(시제), 주어의 개수, 누구인지도 짊어지고 있는 반면, 뒤의 동사는 아주 홀가분하게 개시누(개수, 시간, 누구)랑 상관없이 to를 떼어 버린 원형부정사인 거야.

(4) 예외 2

오감을 쓰는 동사(지각타동사)는 보어 자리에 원형부정사가 들어와.

눈으로 보고 귀로 듣고 느끼는 동사(지각동사)는 타깃 다음에 원형부정사가 와. 왜 그럴까? 역시 생생한 현장감을 주기 위해서야. 발음으로 to라고 끊지 않고, 타깃이 동사 하는 것을 보고, 듣고, 느꼈다는 생생한 뉘앙스를 주려고 원형부정사를 사용해.

이것도 얼핏 보면 '주어+동사+목적어+동사'가 나와서 동사가 2번이나 등장한 듯이 보여. 하지만 앞의 동사는 진짜 동사라서 시간(시제), 주어의 개수, 누구인지도 짊어지고 있지만, 뒤의 동사는 아주 홀가분하게 개시누(개수, 시간, 누구)랑 상관없이 to를 떼어 버린 원형부정사인 거야.

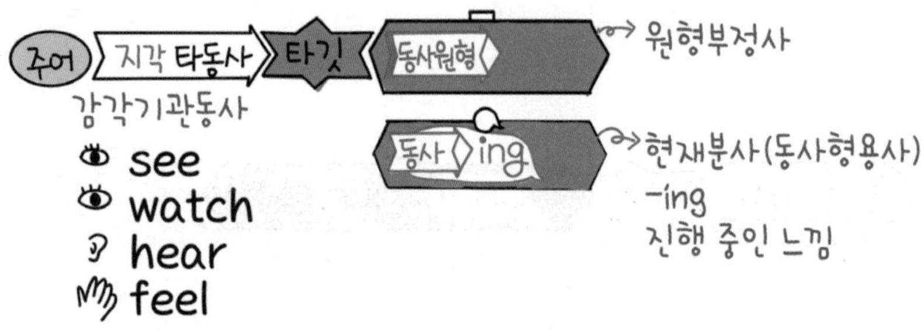
주어
지각 타동사
타깃
동사원형
원형부정사
감각기관동사
see
watch
hear
feel
동사 ing
현재분사(동사형용사)
-ing
진행 중인 느낌

특이한 건, 보고 듣고 느끼는 동사(지각동사)는 목적격 보어 자리에 현재분사가 오기도 해. 엥? 현재분사가 뭐냐고? 동사에 ing를 붙여서 형용사로 변신하는 거야. ing를 붙이면 막 진행되는 느낌을 더해 주는 동사형용사(동사 느낌을 가진 형용사)가 돼. 보어에는 형용사가 들어갈 수 있다고 했지? 그래서 ing가 붙은 동사형용사가 보어에 들어가서, 지금 막 진행 중인 것을 보고 듣고 느낀다는 느낌을 줄 수 있어.

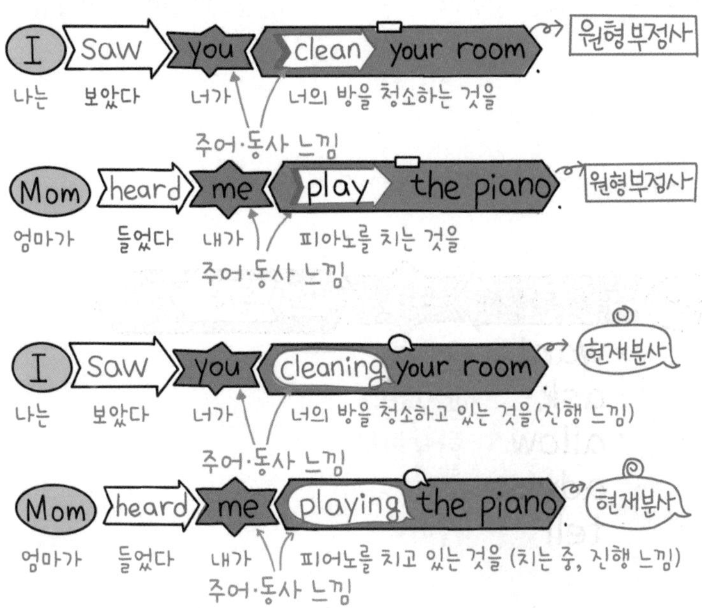

I
Saw
you
clean
your room
원형부정사
나는
보았다
너가
너의 방을 청소하는 것을
주어·동사 느낌
Mom
heard
me
play
the piano
원형부정사
엄마가
들었다
내가
피아노를 치는 것을
주어·동사 느낌
I
Saw
you
cleaning
your room
현재분사
나는
보았다
너가
너의 방을 청소하고 있는 것을(진행 느낌)
주어·동사 느낌
Mom
heard
me
playing
the piano
현재분사
엄마가
들었다
내가
피어노를 치고 있는 것을 (치는 중, 진행 느낌)
주어·동사 느낌

자, 총정리를 하자면,

1) 기본 형태는 이거야.

주어-타동사-타깃-타깃 보충(명사, 형용사 입장 가능)

5형식(문장 기차 5)

주어
타동사
목적어
보어
목적어 보충

기본 3형식 모양에 연두색 육각형 〈보어〉가 붙은 모양이지?

타깃 목적어를 좀 더 보충 설명하고 싶을 때 5형식을 사용해.

〈보어〉에는 명사 (무엇이다), 형용사 (어떠하다)가 들어갈 수 있어.

그런데 보어 자리에 동사가 들어가고 싶다면?

동사의 변형 형태인 to부정사나, 원형부정사(동사원형)가 보어 자리에 들어가는 예는 다음과 같아. 타동사에 따라서 결정되는 거야. want, ask, allow, tell, advise는 목적어가 하는 행동(동사)을 붙여 주고 싶으면 보어 자리에 to부정사를 넣어 줘.

2) 목적격 보어에 to부정사를 쓰는 경우

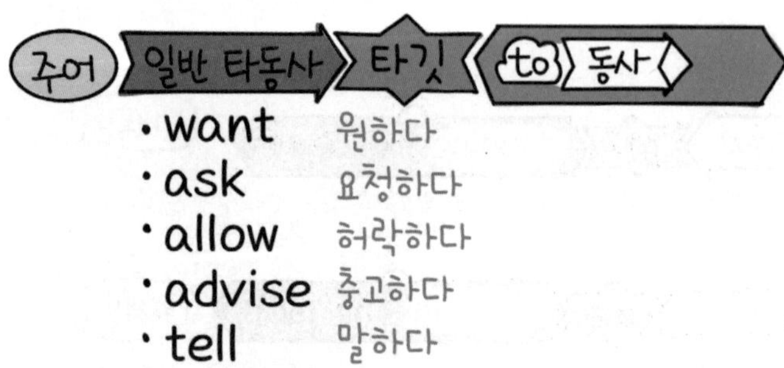
주어
일반 타동사
타깃
to
동사
• want 원하다
• ask 요청하다
• allow 허락하다
• advise 충고하다
• tell 말하다

하지만 중학교 시험에 단골로 등장하는 사역동사(-하게 하다, 시키다)와 지각동사(눈으로 보고, 귀로 듣고, 느끼다)인 경우에는 to부정사가 아니라 원형부정사(동사원형)가 보어 자리에 들어오게 되는 거야.

3) 시키는 하게 하다 동사: 목적격 보어에 원형부정사를 쓴다.

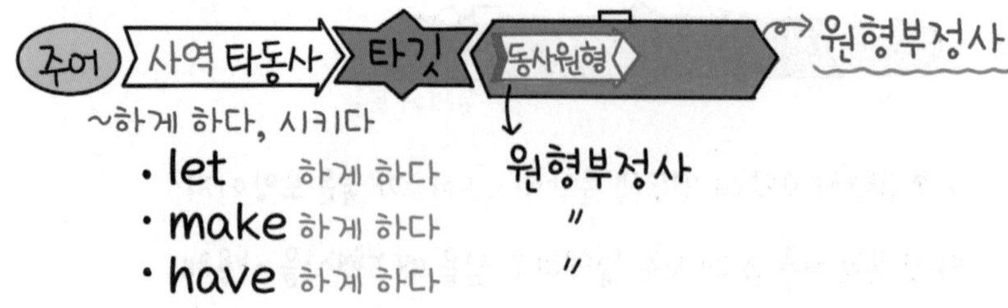
주어
사역 타동사
타깃
동사원형
원형부정사
~하게 하다, 시키다
• let 하게 하다
• make 하게 하다
• have 하게 하다
원형부정사
"
"

4) 보고 듣고 느끼는 지각동사: 목적격 보어에 원형부정사 또는 현재분사 ing를 쓴다.

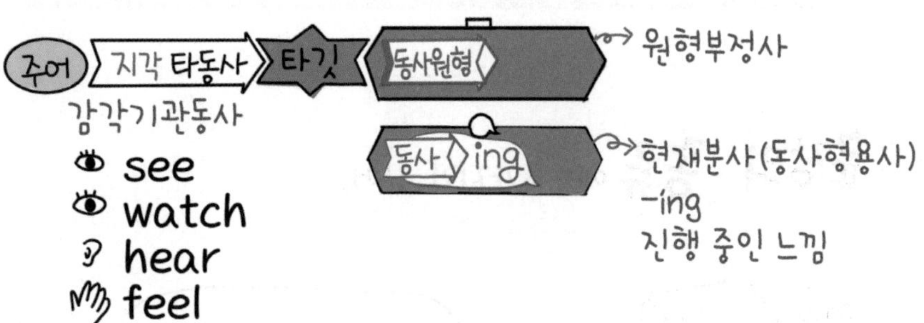
주어
지각 타동사
타깃
동사원형
원형부정사
감각기관동사
see
watch
hear
feel
동사 ing
현재분사(동사형용사)
-ing
진행 중인 느낌

9-4 문장의 6가지 종류

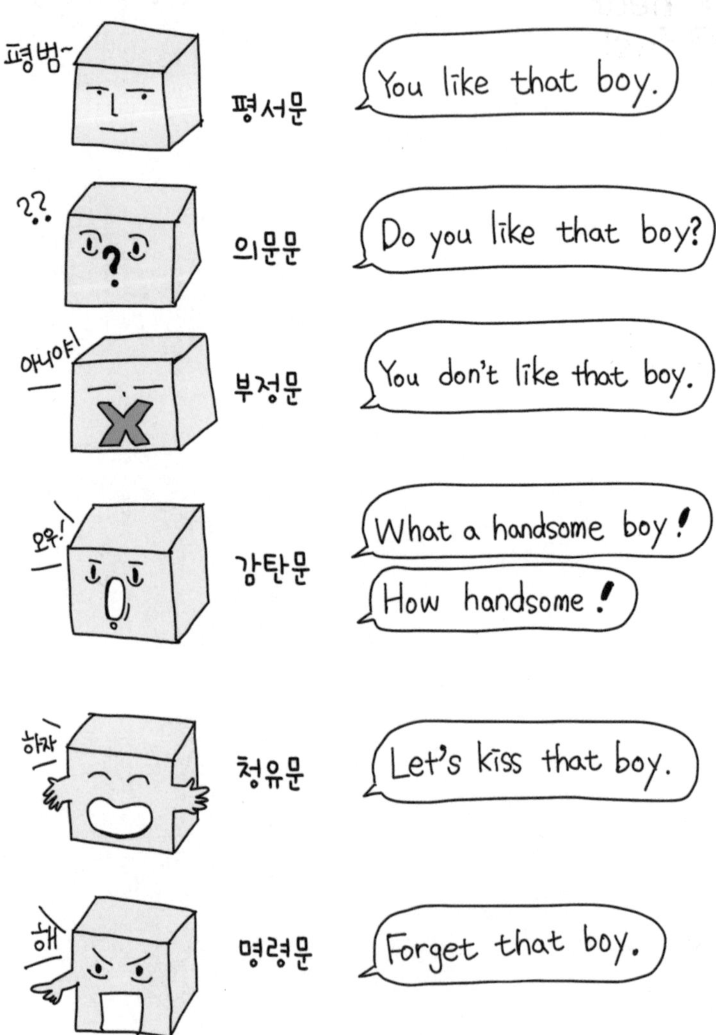
문장의 종류에는 6가지가 있어.
평범~
평서문
You like that boy.
??
의문문
Do you like that boy?
아니야!
부정문
You don't like that boy.
오우!
감탄문
What a handsome boy!
How handsome!
하자
청유문
Let's kiss that boy.
해
명령문
Forget that boy.

평서문: 너는 그 남자애를 좋아한다.

의문문: 너는 그 남자애를 좋아하니?

부정문: 너는 그 남자애를 좋아하지 않아.

감탄문: 정말 잘생긴 남자애구나!

정말 잘생겼다!

청유문: 그 남자애에게 뽀뽀하자.

명령문: 그 남자애를 잊어버려.

(1) 평서문

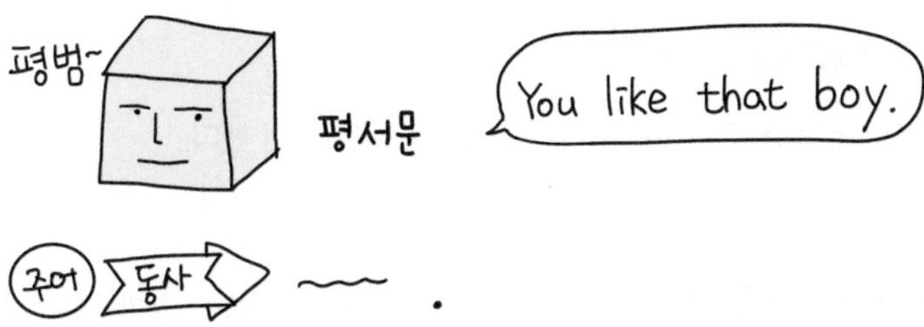
평범~
평서문
You like that boy.
주어
동사

평서문은 그냥 평범한 보통 문장이야. 그림의 예처럼 '너는 저 남자애를 좋아한다.'라는 문장의 기본 형태라서 쉬워. 주어, 동사 순서이지.

예 she lived in Houston. 그녀는 살았다 휴스턴에.

He loves her. 그는 사랑한다 그녀를.

(2) 부정문

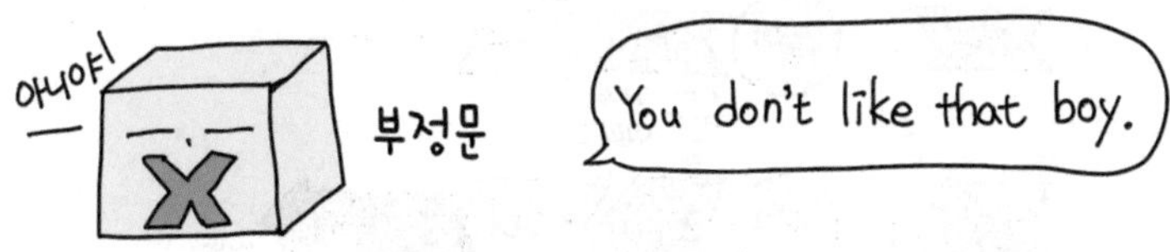
아니야!
부정문
You don't like that boy.

부정문에는 not이 붙어야 해.

그런데 not은 조동사, be동사 뒤에만 붙는 것이 원칙이야.

우선 조동사가 있으면 '조동사+not'이고, 조동사 없이 be동사가 있을 때는 be동사 뒤에 not이 붙어. 그럼 일반동사(be동사 빼고 전부 다~)는 어쩌지? 일반동사를 대신하는 조동사를 추가해서 시제, 개수, 누구인가에 따라 do, does, did를 넣은 후 not을 붙이는 거야. 그런데 조동사가 나오면 무조건 동사원형으로 변하니까 'do(does, did)+not+동사원형' 순서로 바꿔 주면 돼.

예 He isn't my boyfriend. 그는 내 남자친구가 아니다.
You can't swim well. 너는 수영을 못한다 잘.
Claire didn't take a shower. 클레어는 샤워를 안 했다.

복잡할수록 원칙을 봐야 해. 원칙은 '조동사 또는 be동사 뒤에 not이 붙는다' 하나야. 그래서 일반동사는 do, does, did라는 조동사를 추가해서 not을 붙이는 거지.

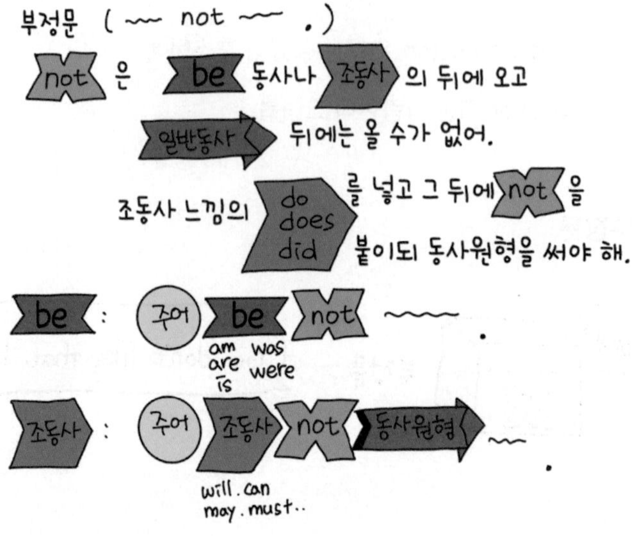
부정문 (~ not ~ .)
not 은 be 동사나 조동사 의 뒤에 오고
일반동사 뒤에는 올 수가 없어.
조동사 느낌의 do does did 를 넣고 그 뒤에 not 을 붙이되 동사원형을 써야 해.
be : 주어 be not ~ .
am are is was were
조동사 : 주어 조동사 not 동사원형 ~ .
will . can may . must ..

일반동사
주어
do
does
did
not
동사원형
be동사 빼고 전부
개시누에 따라

not이 붙을 때 축약형(두 단어를 줄여서 쓰는 표현)이 나오니까 기억해야 해. 예를 들어 won't(will not -안 할 것이다), weren't (were not 아니었다), didn't(안 했다) 등처럼 말이야.

(3) 의문문

의문문
Do you like that boy?

의문문은 조동사나 be동사가 주어 앞으로 나가고 물음표(?)를 붙여 주는 게 원칙이야.

일반동사라면 조동사 역할을 하는 Do, Does, Did가 앞으로 나가고 물음표를 붙이는 거지. 한국말은 문장 마지막에 '-까?, -니?'를 넣지만, 영어의 사고방식은 문장의 동사와 주어 순서를 뒤집어서 의문문을 만드는 거야.

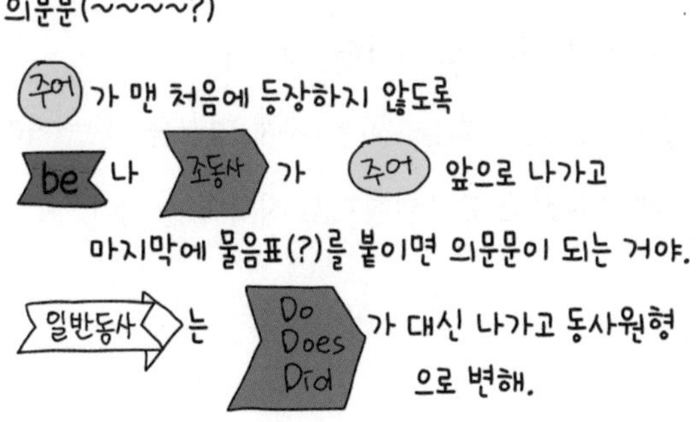
의문문(~~~~?)
주어 가 맨 처음에 등장하지 않도록
be 나 조동사 가 주어 앞으로 나가고
마지막에 물음표(?)를 붙이면 의문문이 되는 거야.
일반동사 는 Do Does Did 가 대신 나가고 동사원형으로 변해.

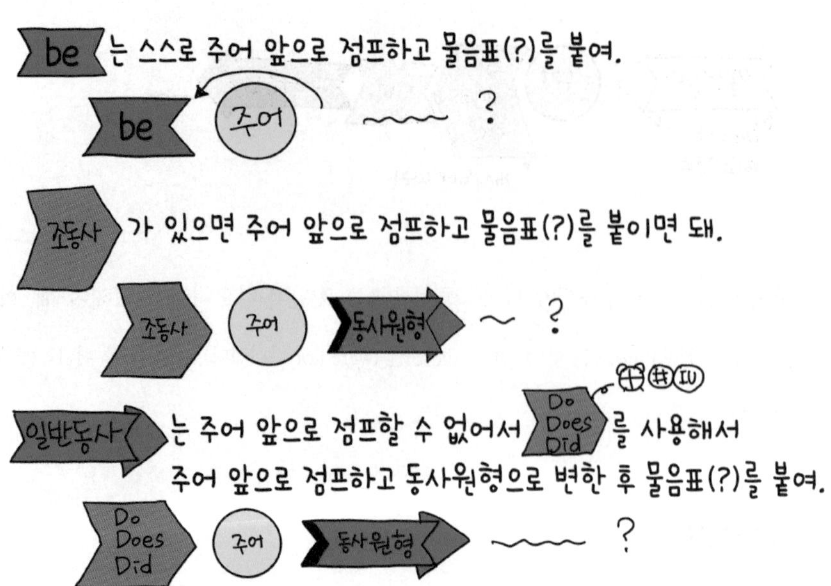
be 는 스스로 주어 앞으로 점프하고 물음표(?)를 붙여.
be
주어
?
조동사 가 있으면 주어 앞으로 점프하고 물음표(?)를 붙이면 돼.
조동사
주어
동사원형
?
일반동사 는 주어 앞으로 점프할 수 없어서 Do Does Did 를 사용해서
주어 앞으로 점프하고 동사원형으로 변한 후 물음표(?)를 붙여.
Do Does Did
주어
동사원형
?

예 Are you sleeping? 너 자고 있니?

Will you marry me? 너 나랑 결혼할래?

Did he finish his homework? 그는 숙제 끝냈니?

(4) 명령문

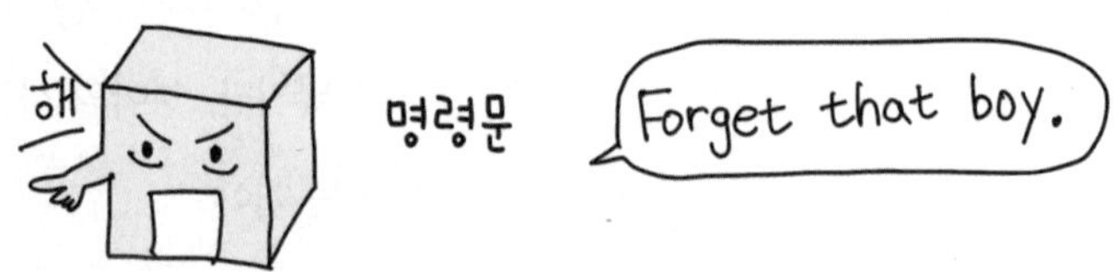
해
명령문
Forget that boy.

명령문은 주어 없이 동사원형으로 시작해. 왜일까?

내 앞에 있는 너(you 1) 또는 너희들(you 2+)에게 명령을 하는 거라서 주어는 you뿐이기 때문에, 아예 생략하고 동사원형으로 시작하는 거야.

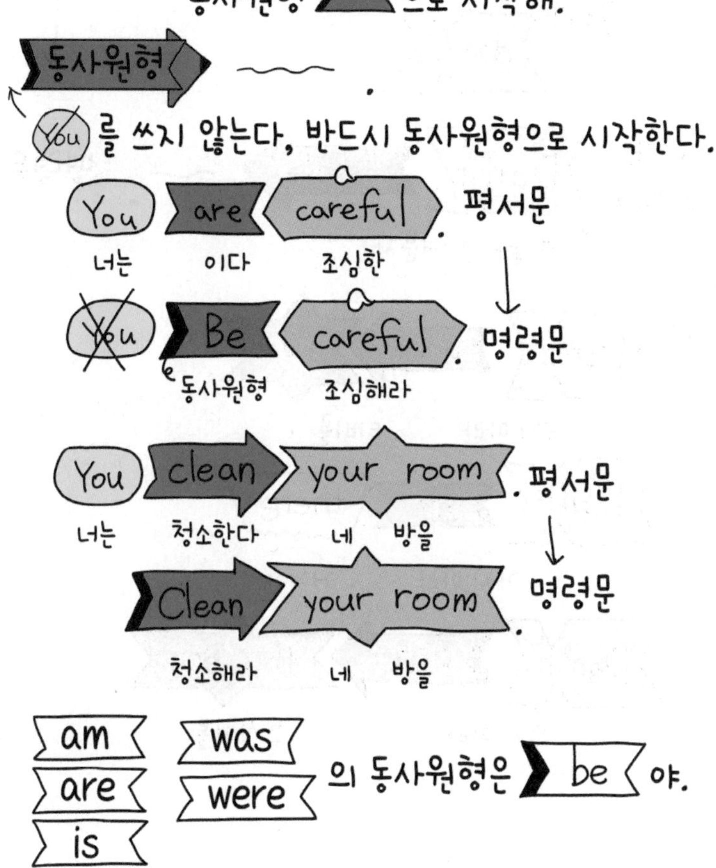
명령문
너 또는 너희들에게 명령하기 때문에
You(1) You(2+)
어차피 주어는 You 뿐이라 생략하고
동사원형 으로 시작해.
동사원형
You를 쓰지 않는다, 반드시 동사원형으로 시작한다.
You are careful. 평서문
너는 이다 조심한
You Be careful. 명령문
동사원형 조심해라
You clean your room. 평서문
너는 청소한다 네 방을
Clean your room. 명령문
청소해라 네 방을
am are is was were 의 동사원형은 be 야.

예 Be quiet. 조용히 해.

Make your bed. 침대 정리해.

하지 말라는 명령을 내릴 때도 있잖아. 그때는 맨 앞에 Don't를 붙여 주면 돼. 간단하지?

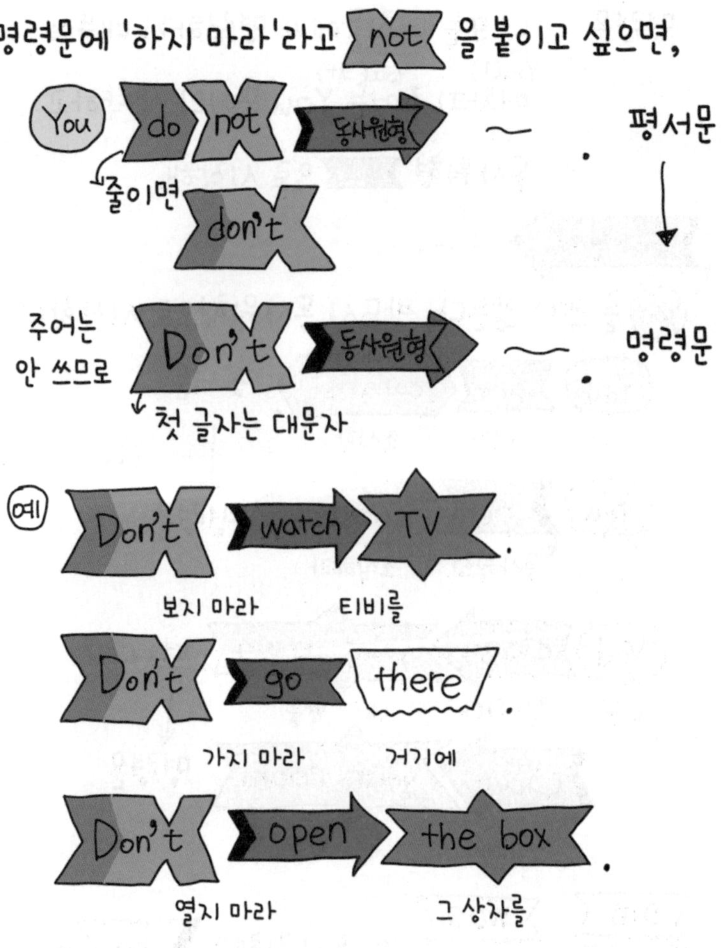
명령문에 '하지 마라'라고
not
을 붙이고 싶으면,
You
do
not
동사원형
~ .
평서문
줄이면
don't
주어는
안 쓰므로
Don't
동사원형
~ .
명령문
첫 글자는 대문자
예
Don't
watch
TV
.
보지 마라
티비를
Don't
go
there
.
가지 마라
거기에
Don't
open
the box
.
열지 마라
그 상자를

예 Don't be shy. 부끄러워하지 마.

Don't play video games. 게임 하지 마.

Don't go there. 거기에 가지 마.

(5) 청유문

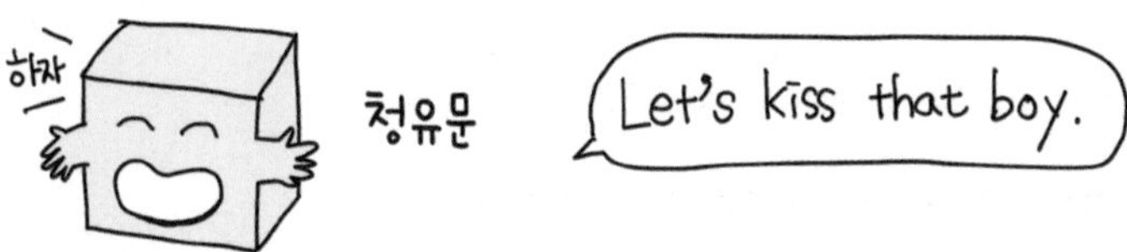
하자
청유문
Let's kiss that boy.

청유문은 나와 같이 있는 사람(우리들 us)에게 '~한 행동'을 하자고 권할 때 쓰는 문장이야. 'Let's 동사원형'으로 표현하면 돼. 사실 'Let's 동사원형'이란 표현은 'Let us 동사원형'을 줄인 표현이야. 문장 그대로 해석하면 '우리를 -하게 하자'인데, 살짝 돌려서 표현하는 느낌이라 결국은 '-하자'라는 뜻이지.

예 Let's eat some ice cream. 아이스크림을 먹자.
Let's join this club. 이 동아리에 가입하자.

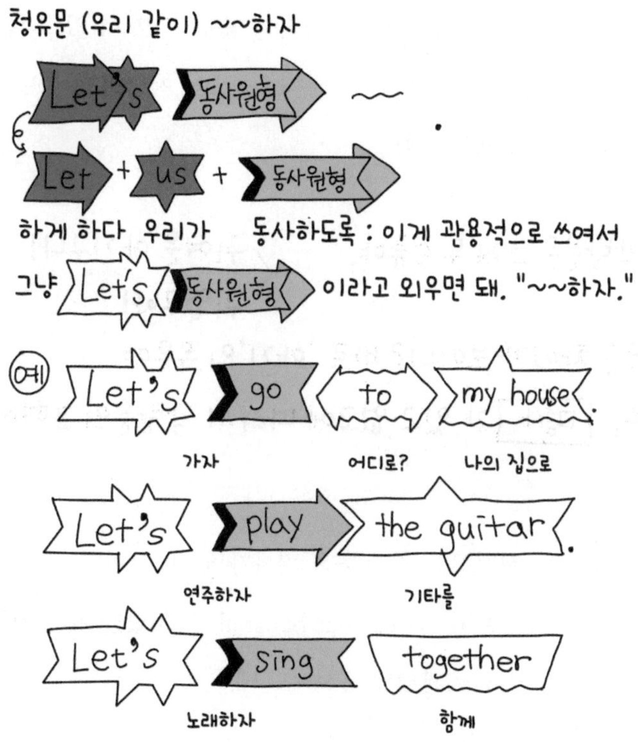
청유문 (우리 같이) ~~하자
Let's 동사원형 ~~ .
Let + us + 동사원형
하게 하다 우리가 동사하도록 : 이게 관용적으로 쓰여서
그냥 Let's 동사원형 이라고 외우면 돼. "~~하자."
예 Let's go to my house.
가자 어디로? 나의 집으로
Let's play the guitar.
연주하자 기타를
Let's sing together
노래하자 함께

하지 말자고 권하려면 Let's 바로 뒤에 not을 붙이면 돼.

예 Let's not sleep late. 늦잠 자지 말자.
Let's not eat this pizza. 이 피자를 먹지 말자.

(6) 감탄문

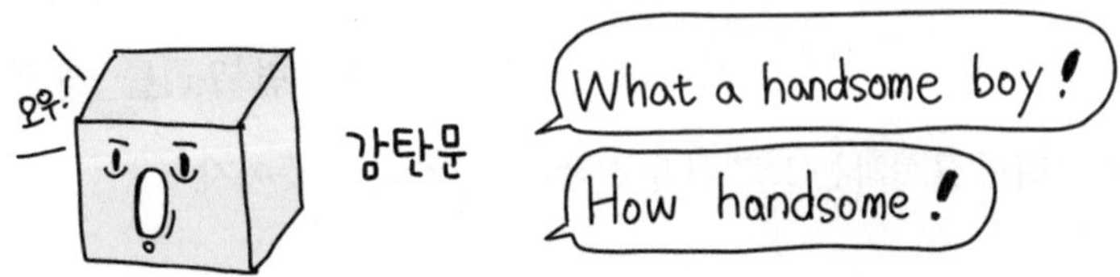
오우!
감탄문
What a handsome boy!
How handsome!

영어의 감탄하는 문장에는 what으로 시작하거나 how로 시작하는 2가지 경우가 있어. 구분을 어떻게 하냐고? 잘 봐. "진짜 잘생긴 남자애다!", "진짜 잘생겼다!" 이 둘의 차이점은 남자애라는 구체적인 명사가 있느냐 없느냐는 거야. 그래서 구체적인 대상을 명사로 표현할 때는 what으로 시작하고, 그냥 형용사만 강조할 때는 how로 시작하면 돼.

감탄문은 크게 두 종류야. 귀여운 아기구나! / 귀엽구나!
무슨 차이가 보이니? 바로 '아기'의 유무야.
즉, 명사 가 있고 없고에 따라서 감탄문의 표현이 달라져.

1) what으로 시작하는 감탄문은 명사가 있어. 그런데 뒤에 오는 주어 동사는 생략해도 돼. 'What a delicious banana! 넘 맛있는 바나나네!'도 괜찮고, 'What a delicious banana it is!'로 표현해도 돼.

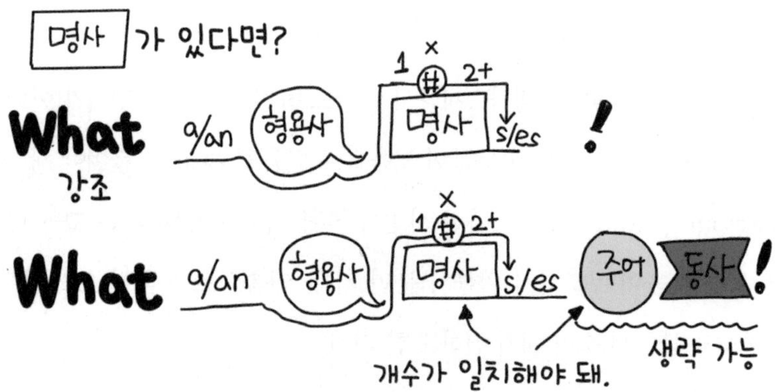
명사 가 있다면?
What 강조
a/an
형용사
1 # 2+
명사
s/es
!
What
a/an
형용사
1 # 2+
명사
s/es
주어
동사
!
개수가 일치해야 돼.
생략 가능

그런데 한국인 입장에서 머리가 아픈 게 뭐냐면, 알다시피 영어의 사고방식에서 명사는 숫자에 너무 민감한 거야.

셀 수 없나? 셀 수 없다면 앞에 관사도, 뒤에 s/es도 붙지 않아.

셀 수 있나? 셀 수 있다면 1개인지 2+개인지 따져야 해.

1개라면 명사를 꾸며 주는 형용사 앞에 관사 a/an을 붙이고,

2개라면 명사 뒤에 s/es를 붙여서 여러 개임을 밝혀야 해.

① 명사가 셀 수 없으면 a/an을 붙이지 않아.

그냥 무조건 'what a 형용사 명사 주어 동사'로만 외우면 안 되는 거야. (어릴 때 what a 형명주동 외웠던 기억이 나. ㅠㅠ)

예 명사가 셀 수 없을 때
What beautiful weather !
아름다운 날씨구나!
What beautiful weather it is !
아름다운 날씨구나!

② 명사가 셀 수 있는데 1개이다.

그러면 a/an을 붙여. 명사 1개라서 붙기도 하지만, 오히려 명사가 아니라 바로 다음에 오는 형용사의 첫 부분이 모음으로 발음될 때 an을 붙여야 해. 'What an awesome picture! 정말 근사한 사진이구나!' 복잡하지? a/an은 그냥 바로 다음에 오는 발음이 부드럽기 위한 구분인 거야. 연속으로 모음이 오면 불편하기 때문에 n을 붙여서 소리 내기 편하게 한 거지.

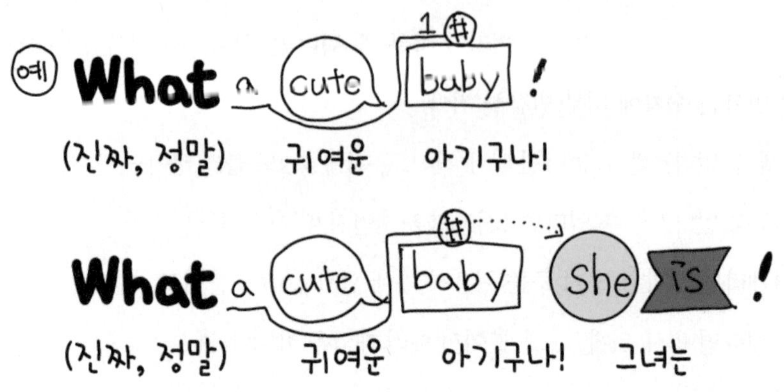
예
What a cute baby !
1 #
(진짜, 정말) 귀여운 아기구나!
What a cute baby she is !
#
(진짜, 정말) 귀여운 아기구나! 그녀는

③ 명사가 셀 수 있는데 2+개이다.

복수 2개 이상이면 관사는 쓰지 않고 명사 뒤에 s나 es를 붙여 주면 돼.

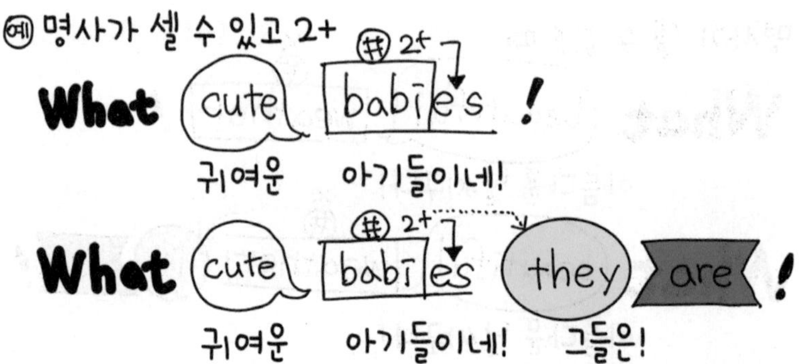
예 명사가 셀 수 있고 2+
2+
What cute babies !
귀여운 아기들이네!
2+
What cute babies they are !
귀여운 아기들이네! 그들은!

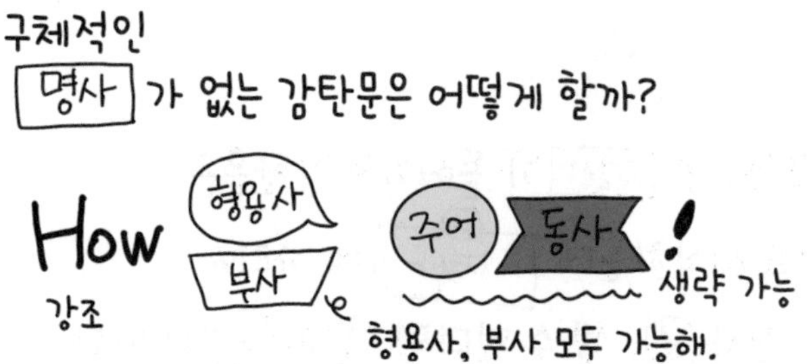
구체적인
명사 가 없는 감탄문은 어떻게 할까?
How
강조
형용사
부사
형용사, 부사 모두 가능해.
주어
동사
!
생략 가능

2) 다음으로 구체적인 명사가 없지만 감탄을 하면서 느낌을 강조해 주고 싶을 때는 그냥 how만 붙이면 돼. 다만, 여기서는 명사가 없기 때문에 형용사와 부사를 둘 다 강조할 수 있고, 개수를 신경 안 쓰니 훨씬 쉬워. 감탄문에서는 주어 동사를 생략해도 괜찮아.

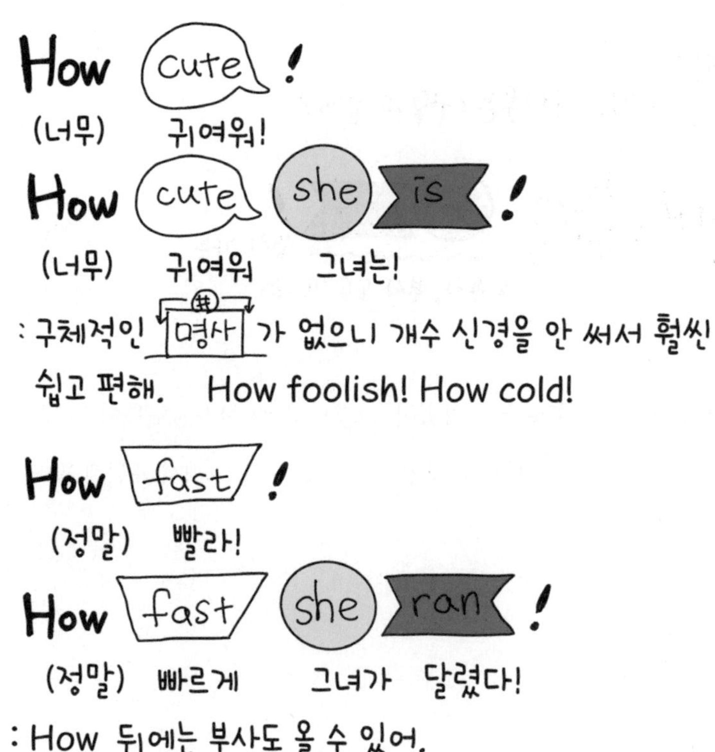
How cute !
(너무) 귀여워!
How cute she is !
(너무) 귀여워 그녀는!
: 구체적인 명사 가 없으니 개수 신경을 안 써서 훨씬
쉽고 편해. How foolish! How cold!
How fast !
(정말) 빨라!
How fast she ran !
(정말) 빠르게 그녀가 달렸다!
: How 뒤에는 부사도 올 수 있어.
How well James sings! 제임스가 노래를 잘 부르는구나!

한눈에 보이도록 정리해 볼게.

자, 이제 알겠지? 명사 가 들어가는 감탄문은
what으로 시작하는데 # 명사 에 따라서
셀 수 없는 명사 X, 셀 수 있다면 1과 2+에 따라

What a/an 형용사 × 1 # 2+ 명사 s/es 주어 동사 !
생략 가능

셀 수 없다면 x: a/an도 s/es도 붙지 않음
셀 수 있는데 1: 형용사 앞에 a/an 붙음
셀 수 있는데 2+: 명사 뒤에 s/es 붙음

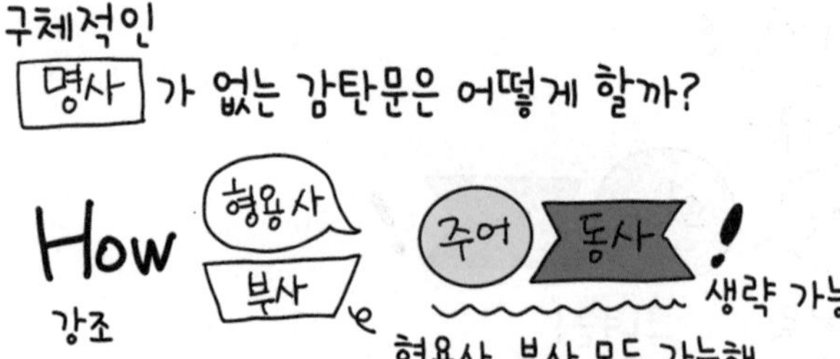
구체적인
명사 가 없는 감탄문은 어떻게 할까?
How
강조
형용사
부사
주어
동사
!
생략 가능
형용사, 부사 모두 가능해.

이로서 문장의 6가지 종류를 마쳤어. 그림으로 배우니까 도움이 되니? 직관적으로 이해하는 데 도움이 되도록 문장에 눈·코·입을 그려서 표현해 봤어.

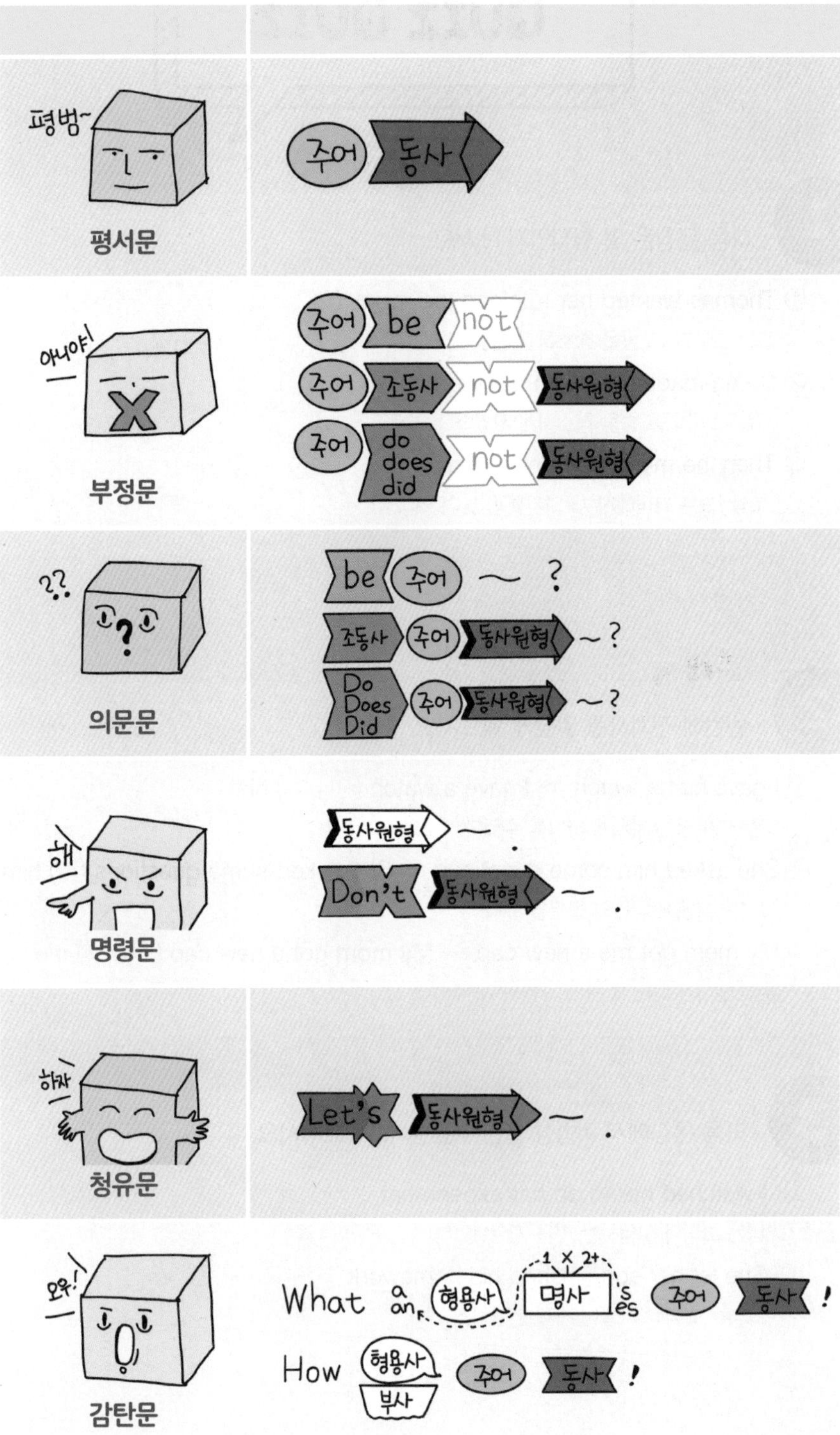

평범~
평서문
주어 동사
아니야!
부정문
주어 be not
주어 조동사 not 동사원형
주어 do does did not 동사원형
??
의문문
be 주어 ~ ?
조동사 주어 동사원형 ~ ?
Do Does Did 주어 동사원형 ~ ?
해!
명령문
동사원형 ~ .
Don't 동사원형 ~ .
하자
청유문
Let's 동사원형 ~ .
오우!
감탄문
What a an 형용사 1 X 2+ 명사 s es 주어 동사 !
How 형용사 부사 주어 동사 !

QUIZ QUIZ

1

다음 문장은 몇 형식인지 쓰시오.

① Thomas wanted her to clean the room. (   )
그는 그녀가 그 방을 청소하길 원했다.

② So he made her clean the room. (   )
그는 그녀가 그 방을 청소하게 시켰다.

③ Then, he made her a new chair. (   )
그 후, 그는 그녀에게 새 의자를 만들어 줬다.

2

빈칸에 전치사를 알맞게 넣으시오.

① I gave him a watch. → I gave a watch (   ) him.
나는 그에게 손목시계 하나를 주었다.

② She asked him some questions. → She asked some questions (   ) him.
그녀는 그에게 약간의 질문을 했다.

③ My mom got me a new cap. → My mom got a new cap (   ) me.
우리 엄마가 나에게 새 모자를 구해 주었다.

3

다음 문장에서 어법상 틀린 부분을 찾아 고치시오.

① I watched her to do her experiment.
나는 그녀가 실험하는 것을 지켜보았다.

② She let her son finished his homework.
그녀는 그녀의 아들이 숙제를 마치게 했다.

QUIZ 정답

1

정답: 5형식, 5형식, 4형식

① her – to clean the room 그녀가 방을 청소한다. 목적어와 목적격 보어가 같거나 주어–동사 느낌이라 5형식이다.

② her – clean the room 그녀가 방을 청소한다. 목적어와 목적격 보어가 주어–동사 느낌이라 5형식이다. made가 사역동사로 쓰이고 clean은 원형부정사이다.

③ her ≠ a new chair 서로 같은 느낌도 아니고 주어–동사 느낌도 아니므로 4형식이다. made가 만들어 주다(주는 느낌인 수여동사)–간접목적어–직접목적어

2

4형식을 3형식으로 바꿀 때에는 동사에 따라 사용되는 전치사가 다르다.

① give는 그냥 전달하는 느낌이므로 to

② ask(질문 주다)는 질문이 질문한 사람(목적어)에게 속한 느낌이라 of

③ got(구해 주다)는 특별히 없던 걸 노력해서 주는 느낌이라 for

3

정답: ① I watched her do her experiment.

watch는 지각동사라서 5형식 목적어의 보어 자리에 원형부정사가 와야 한다.

정답: ② She let her son finish his homework.

let은 사역동사라서 5형식 목적어의 보어 자리에 원형부정사가 와야 한다.

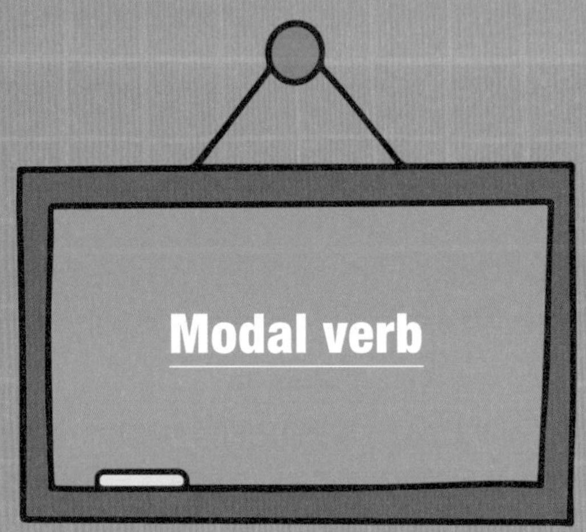
Modal verb

CHAPTER 10

조동사

조동사

동사를 도와주면서 느낌을 바꿔 주는 조동사가 있어. 조동사는 원칙이 동사의 앞에서 도와주는 거라서, 마치 로켓의 부스터 같은 역할을 해. 또한 조동사가 나오면 동사가 동사원형으로 변하는 게 원칙인데, 한눈에 이해되게 그래머콘을 그려 봤어.

10-1 동사를 도와주는 부스터, 조동사

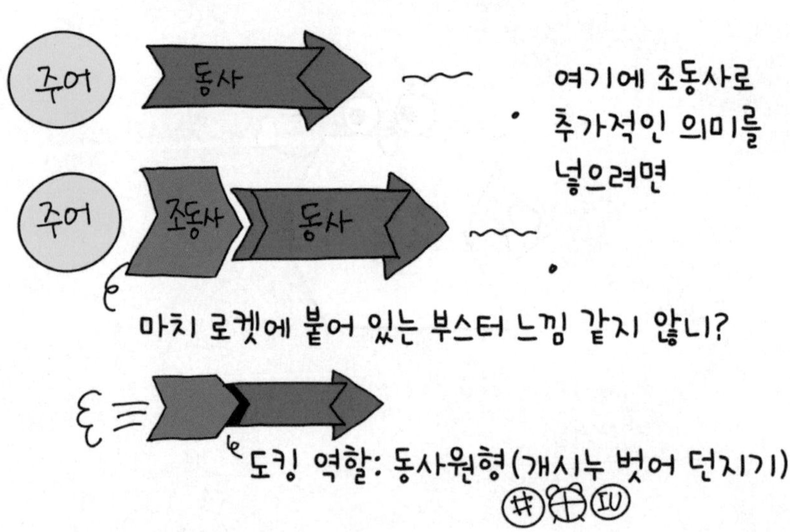
조동사는 동사 앞에서 의미를 더해 주는 역할을 하고
조동사 뒤에는 동사원형이 온다. 어렵지?
비주얼로 한 눈에 보이게 표현해 볼까?
주어
동사
여기에 조동사로 추가적인 의미를 넣으려면
주어
조동사
동사
마치 로켓에 붙어 있는 부스터 느낌 같지 않니?
도킹 역할: 동사원형(개시누 벗어 던지기)

예를 들어 볼게.

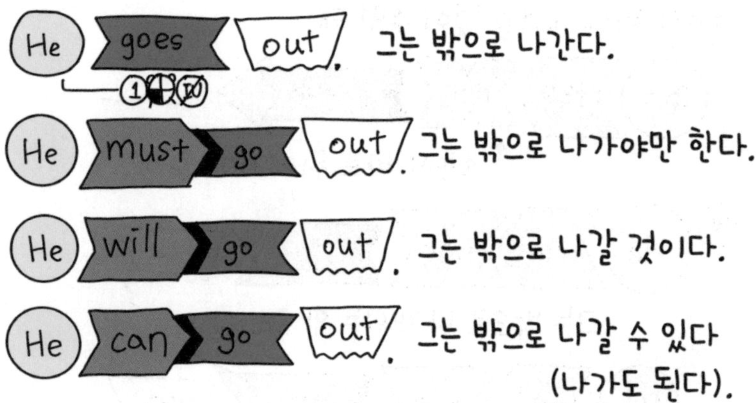
He goes out. 그는 밖으로 나간다.
He must go out. 그는 밖으로 나가야만 한다.
He will go out. 그는 밖으로 나갈 것이다.
He can go out. 그는 밖으로 나갈 수 있다 (나가도 된다).

조동사가 나오면 어려울 거 같다고? 아냐. 조동사가 나오면 오히려 동사원형이라 사용이 더 편해. 시간, 개수, 누구인지 따질 필요가 없거든.

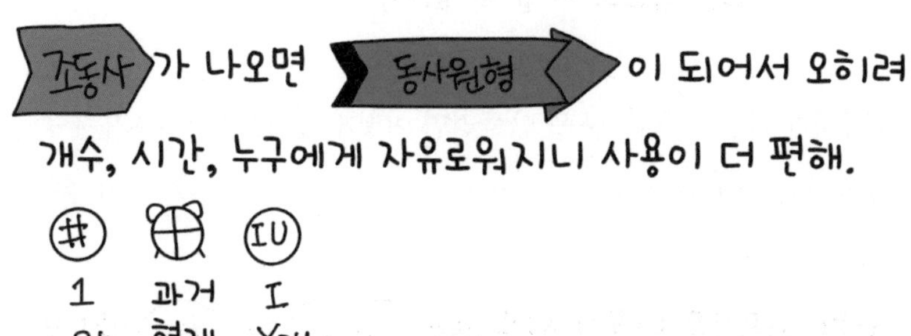
조동사가 나오면 동사원형이 되어서 오히려
개수, 시간, 누구에게 자유로워지니 사용이 더 편해.
#
IU
1
2+
과거
현재
미래
I
You
그외

그럼 조동사가 나올 때 부정문을 만들려면 어떻게 해야 할까? 조동사 바로 뒤에 not을 붙이면 돼. 간단하지? 다만, '조동사+not'이 결합한 뒤 줄여진 축약형을 기억해 줘.

그럼 부정문을 만들 때는 어떻게 할까? 엄청 쉬워.

조동사 뒤에 not을 넣어 주면 돼.

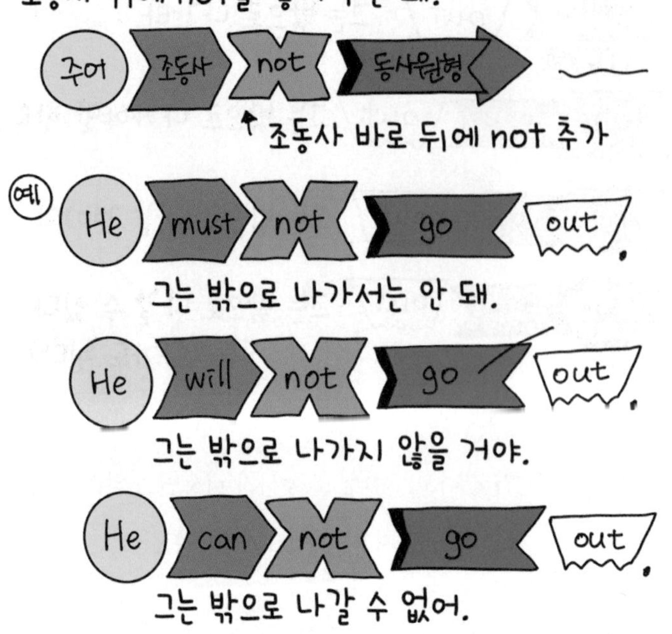

주어
조동사
not
동사원형
조동사 바로 뒤에 not 추가
예
He must not go out.
그는 밖으로 나가서는 안 돼.
He will not go out.
그는 밖으로 나가지 않을 거야.
He can not go out.
그는 밖으로 나갈 수 없어.

조동사가 나올 때 의문문을 만들려면 어떻게 할까? 문장의 6가지 종류 중 의문문에서 배웠었지? 조동사가 주어 앞으로 나가고 물음표(?)를 붙여 주면 돼.

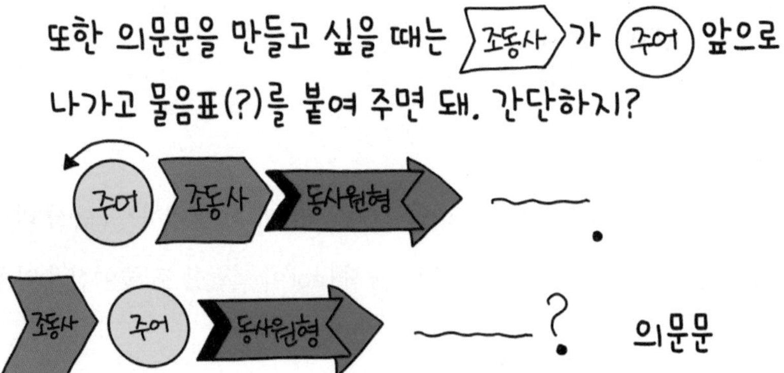

또한 의문문을 만들고 싶을 때는 조동사가 주어 앞으로 나가고 물음표(?)를 붙여 주면 돼. 간단하지?
주어
조동사
동사원형
조동사
주어
동사원형
?
의문문

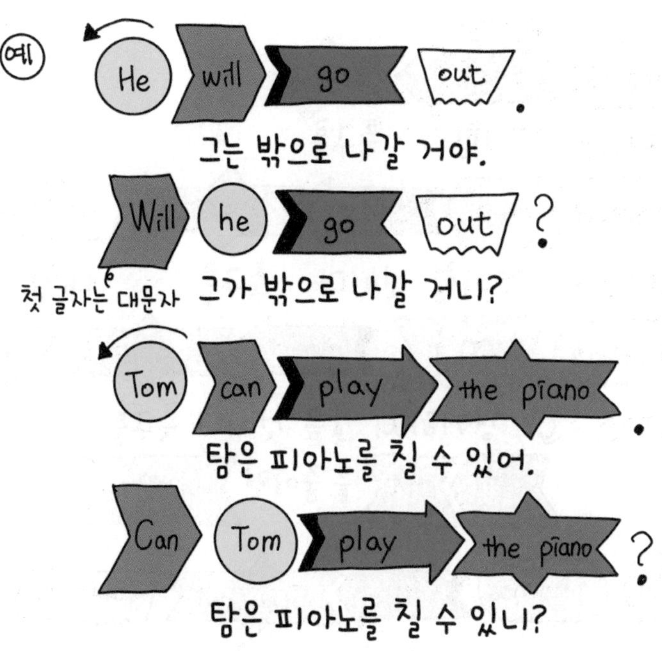
예
He
will
go
out
그는 밖으로 나갈 거야.
Will
he
go
out
?
첫 글자는 대문자
그가 밖으로 나갈 거니?
Tom
can
play
the piano
탐은 피아노를 칠 수 있어.
Can
Tom
play
the piano
?
탐은 피아노를 칠 수 있니?

10-2 조동사 will

자, 첫 번째 배울 조동사는 'will'이야. 들어본 적 있지? '~할 것이다'라는 뜻으로, 미래를 나타내거나 의지를 밝히는 표현이야. 조동사니까 'will+동사원형'으로 표현해. 부정문은 'will not'이라 won't로 줄여서 사용할 때가 많아. 의문문은 will이 주어 앞으로 나가면 돼. 다음 그림으로 보자.

조동사
will
~할 것이다(미래, 의지)

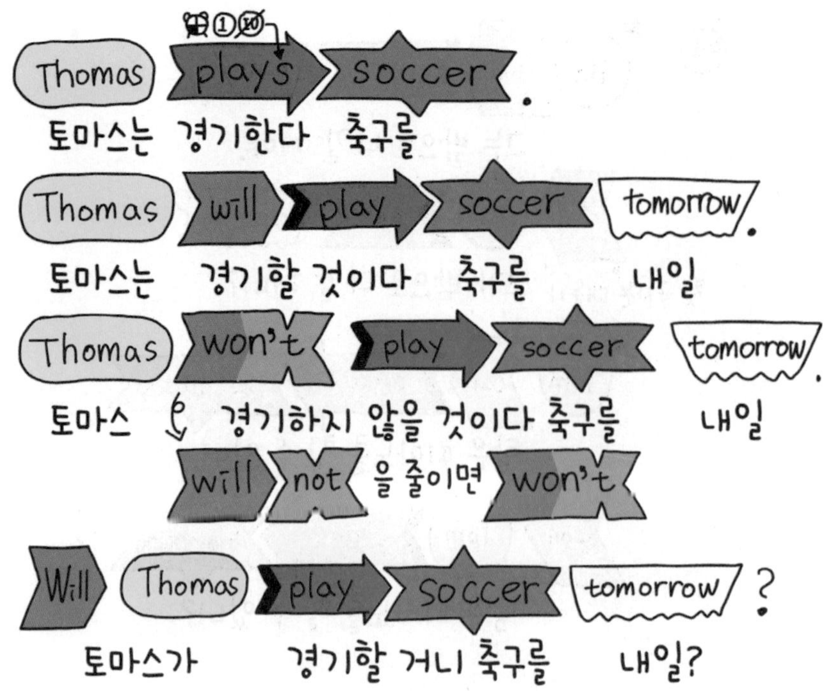
Thomas
plays
soccer
토마스는 경기한다 축구를
Thomas
will
play
soccer
tomorrow
토마스는 경기할 것이다 축구를 내일
Thomas
won't
play
soccer
tomorrow
토마스 경기하지 않을 것이다 축구를 내일
will
not
을 줄이면
won't
Will
Thomas
play
soccer
tomorrow
토마스가 경기할 거니 축구를 내일?
* 'will you~?'로 물으면 '~해 줄래?' 부탁 요청하는 거야.

Will
you
open
the window
너가 열어 줄래 창문을?

10-3 조동사 can

두 번째로 배울 조동사는 'can'이야. 'I can do it(나는 할 수 있어).'이라고 들어 본 적 있니? can은 '할 수 있다'는 능력을 나타내거나, '해도 된다'는 허락을 뜻하거나, '~일 수도 있다'는 추측의 가능성을 표현하기도 해. 조동사니까 'can+동사원형'으로 표현하고, 부정문은 'can not'을 줄여서 can't(할 수 없어)를 사용해. 의문문은 Can이 주어 앞으로 나가고 물음표(?)를 붙여 주면 돼.

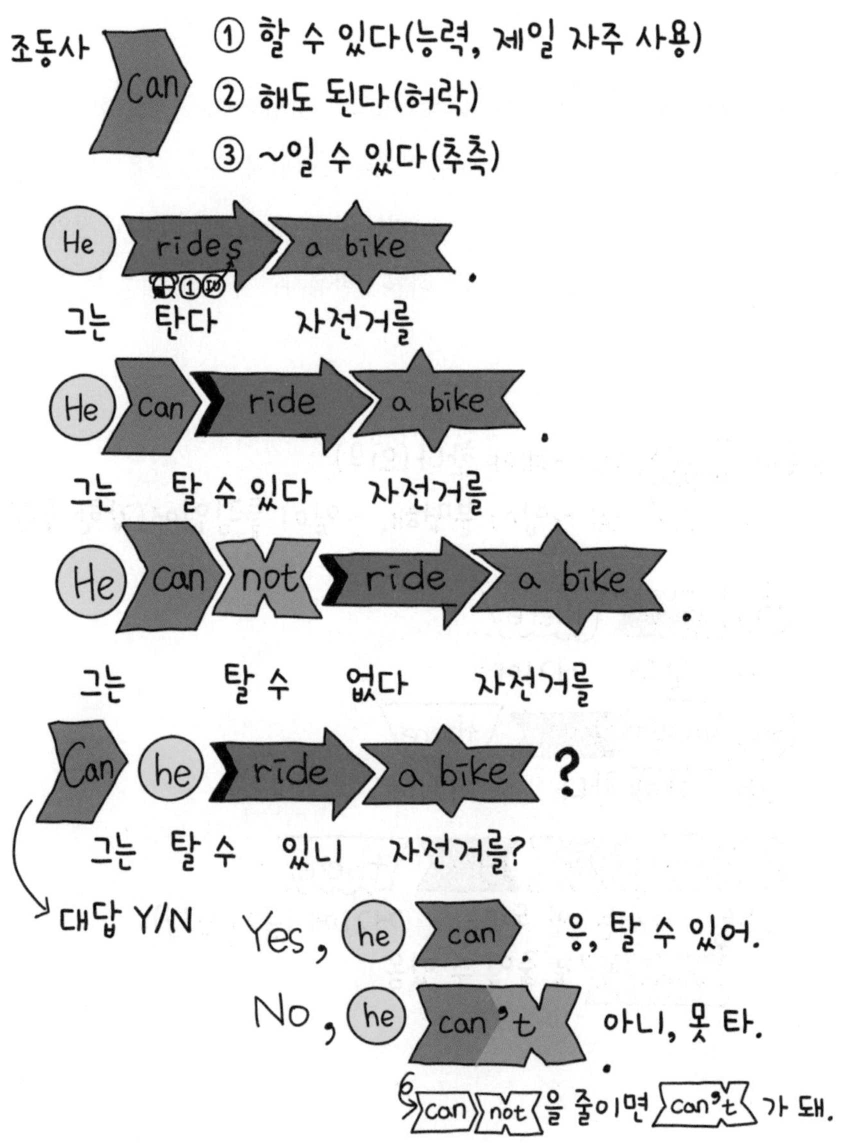
조동사
can
① 할 수 있다(능력, 제일 자주 사용)
② 해도 된다(허락)
③ ~일 수 있다(추측)
He rides a bike.
그는 탄다 자전거를
He can ride a bike.
그는 탈 수 있다 자전거를
He can not ride a bike.
그는 탈 수 없다 자전거를
Can he ride a bike?
그는 탈 수 있니 자전거를?
대답 Y/N
Yes, he can. 응, 탈 수 있어.
No, he can't. 아니, 못 타.
can not을 줄이면 can't가 돼.

10-4 조동사 must

세 번째로 배울 조동사는 'must'야. must는 강압적으로 '해야 한다'는 뉘앙스를 주는 조동사로 'must+동사원형'으로 표현되지. 부정문을 만들 때는 'must+not+동사원형'이야. 의문문으로 쓰지는 않아. must보다 약간 덜 강압적인 느낌을 주려면 'have to'를 쓰면 되는데, 이건 일반동사라서 시간, 개수, 누구에 영향은 받아.

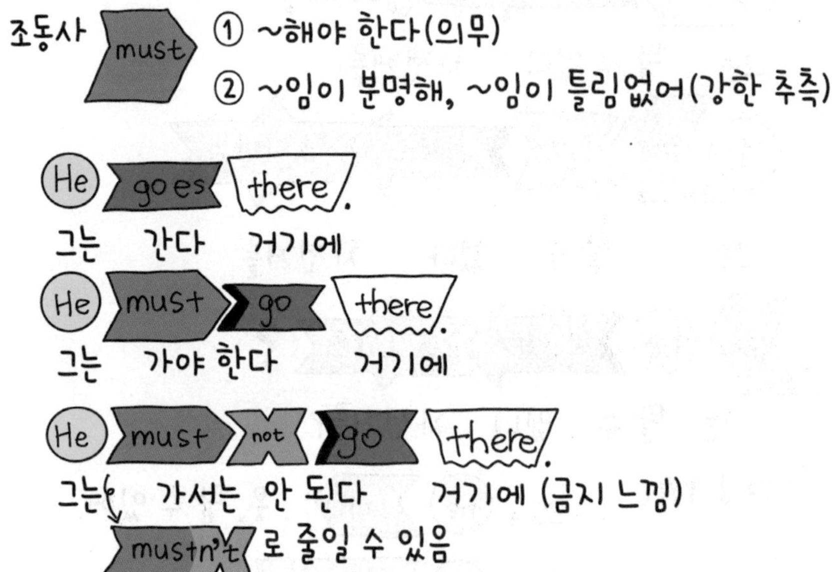
조동사 must
① ~해야 한다(의무)
② ~임이 분명해, ~임이 틀림없어(강한 추측)
He goes there.
그는 간다 거기에
He must go there.
그는 가야 한다 거기에
He must not go there.
그는 가서는 안 된다 거기에 (금지 느낌)
mustn't 로 줄일 수 있음

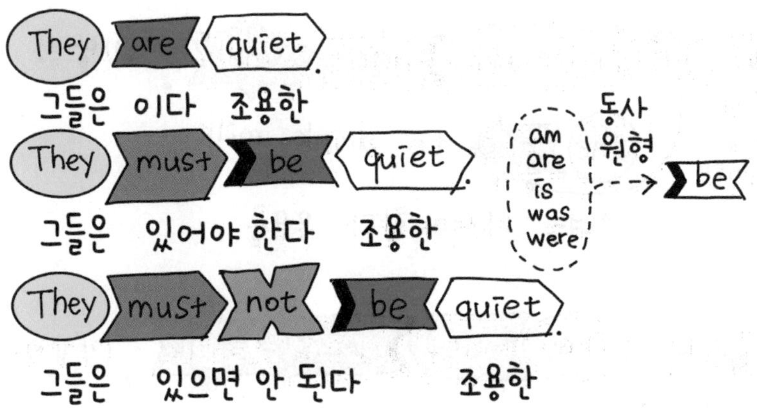
They are quiet.
그들은 이다 조용한
They must be quiet.
그들은 있어야 한다 조용한
am
are
is
was
were
동사 원형
be
They must not be quiet.
그들은 있으면 안 된다 조용한

조동사 must는 일반동사인 have to와 비슷하지만 약간 강도는 달라. 둘 다 '해야 한다'는 뜻이지만 must는 매우 강한 표현이고, have to는 그보단 약한 표현이야. have to로 바뀔 때는 have가 일반동사라서 시간, 개수, 누구인지에 영향을 받아. 그림으로 설명해 줄게.

조동사 must ↔ (have to / has to / had to) 로 바뀔 수 있어. 단, 일반동사라서 시개누 따라

You must drink milk. 말의 느낌 차이

현재 단수 You

너는 마셔야 한다 우유를 (강압적)

You have to drink milk.

너는 마셔야 한다 우유를 (덜 강압적)

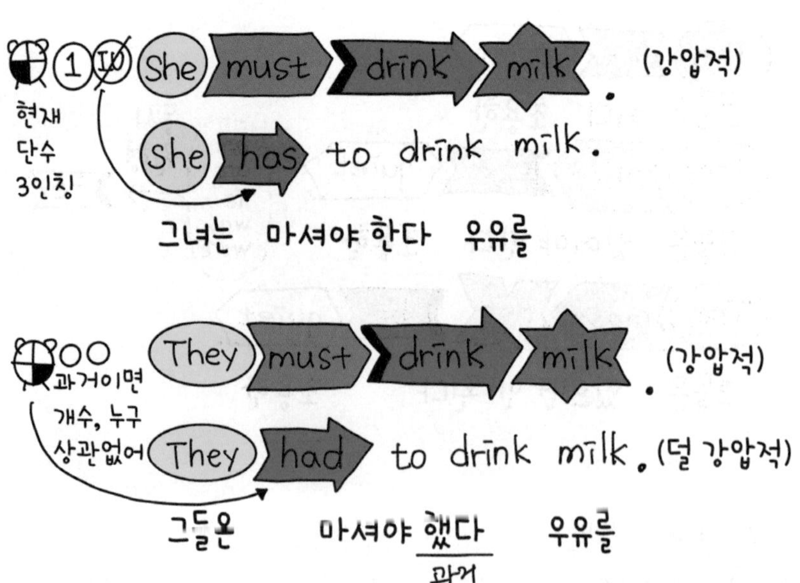
She must drink milk. (강압적)
현재
단수
3인칭
She has to drink milk.
그녀는 마셔야 한다 우유를
They must drink milk. (강압적)
과거이면
개수, 누구
상관없어
They had to drink milk. (덜 강압적)
그들은 마셔야 했다 우유를
과거

조동사가 아닌 have to는 부정형이 don't have to인데 뜻이 크게 달라져. must not은 '절대 해서는 안 된다(강한 금지)'이지만 don't have to는 '~할 필요 없어'라는 뜻으로 바뀌니까 주의해야 해.

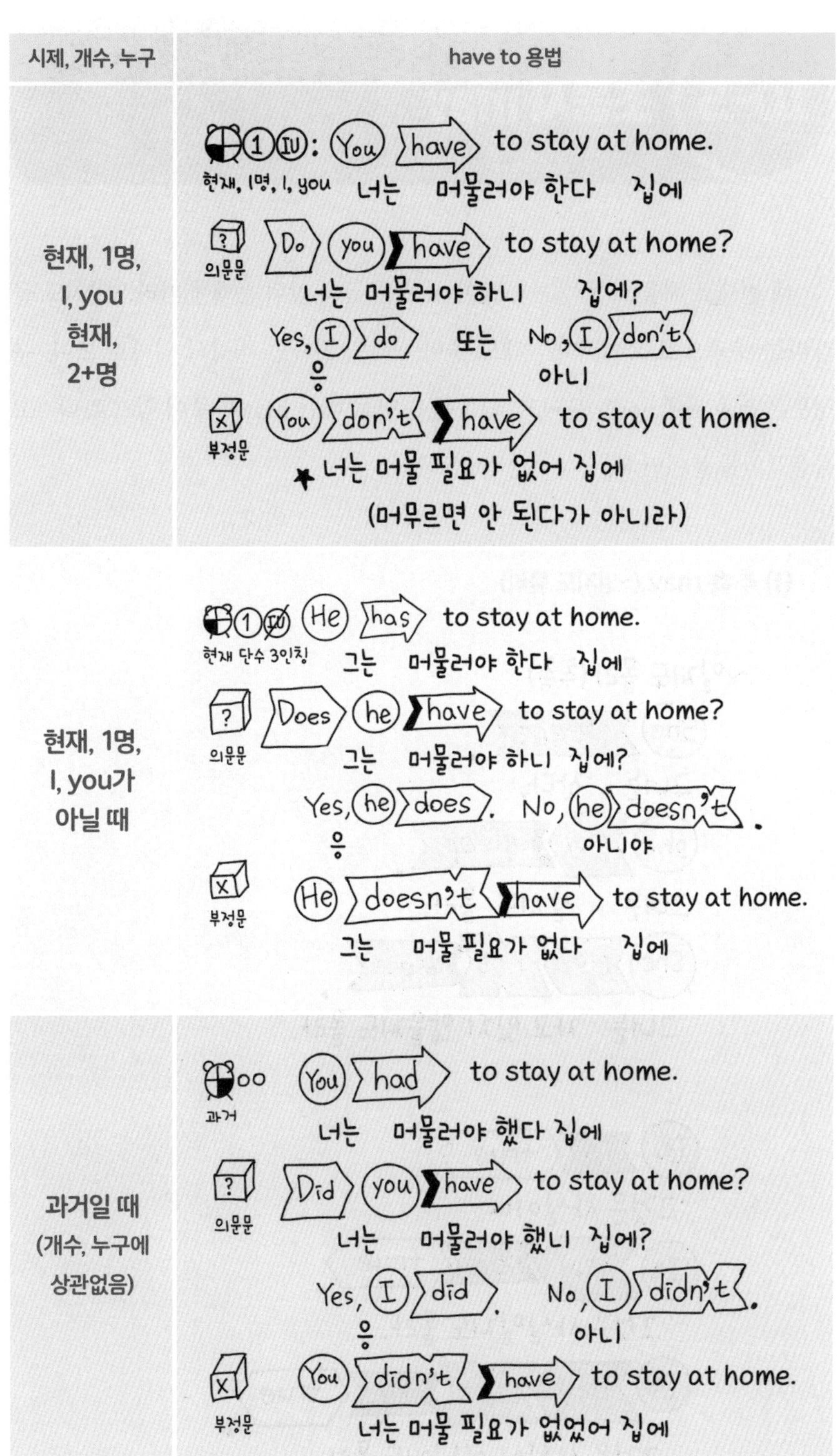

시제, 개수, 누구	have to 용법
현재, 1명, I, you 현재, 2+명	현재, 1명, I, you: You have to stay at home. 너는 머물러야 한다 집에 의문문 Do you have to stay at home? 너는 머물러야 하니 집에? Yes, I do 또는 No, I don't 응 아니 부정문 You don't have to stay at home. ★ 너는 머물 필요가 없어 집에 (머무르면 안 된다가 아니라)
현재, 1명, I, you가 아닐 때	현재 단수 3인칭 He has to stay at home. 그는 머물러야 한다 집에 의문문 Does he have to stay at home? 그는 머물러야 하니 집에? Yes, he does. No, he doesn't. 응 아니야 부정문 He doesn't have to stay at home. 그는 머물 필요가 없다 집에
과거일 때 (개수, 누구에 상관없음)	과거 You had to stay at home. 너는 머물러야 했다 집에 의문문 Did you have to stay at home? 너는 머물러야 했니 집에? Yes, I did. No, I didn't. 응 아니 부정문 You didn't have to stay at home. 너는 머물 필요가 없었어 집에

10-5 조동사 may

네 번째로 배울 조동사는 'may'야. may는 글의 앞뒤 문맥에 따라 '~일지도 몰라'라는 추측으로 쓰이거나, '~해도 좋다, ~해도 된다'는 허락의 의미로 쓰여. 부정문은 may 뒤에 not을 붙이고, 의문문을 만들 때는 May가 주어 앞으로 나가고 물음표(?)를 붙이면 돼.

(1) 추측 may (~일지도 몰라)

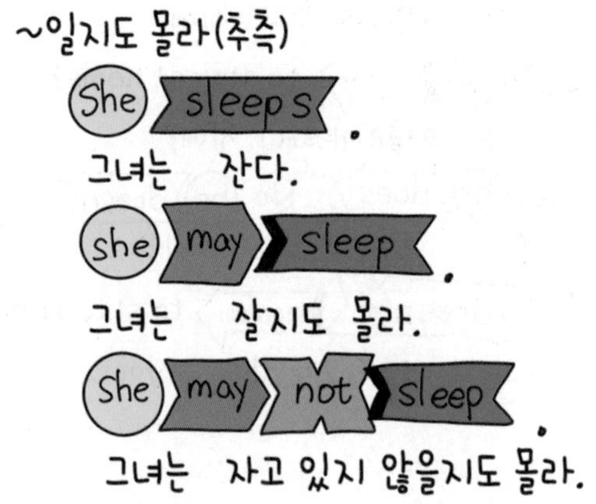
~일지도 몰라(추측)
She sleeps.
그녀는 잔다.
she may sleep.
그녀는 잘지도 몰라.
She may not sleep.
그녀는 자고 있지 않을지도 몰라.

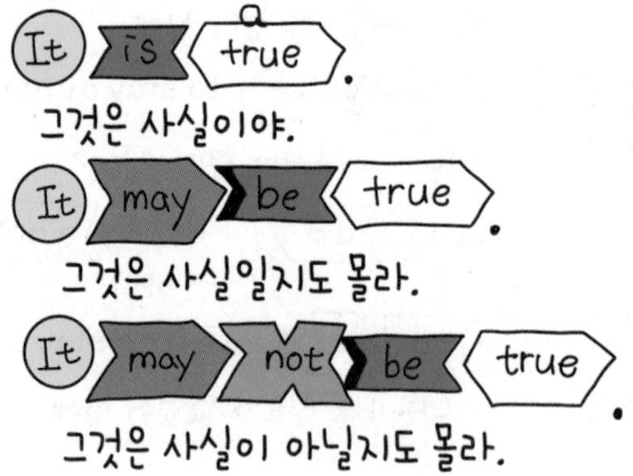
It is a true.
그것은 사실이야.
It may be true.
그것은 사실일지도 몰라.
It may not be true.
그것은 사실이 아닐지도 몰라.

(2) 허락 may (~해도 된다)

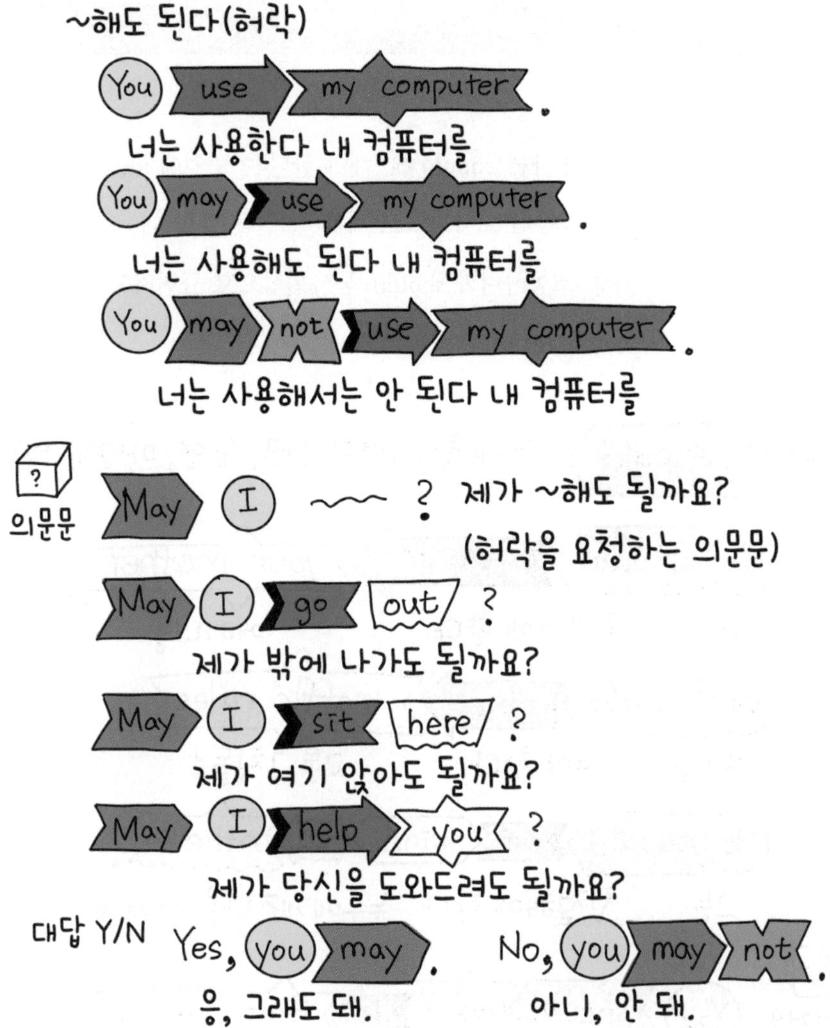
~해도 된다(허락)
You use my computer.
너는 사용한다 내 컴퓨터를
You may use my computer.
너는 사용해도 된다 내 컴퓨터를
You may not use my computer.
너는 사용해서는 안 된다 내 컴퓨터를
?
의문문
May I ~~~ ?
제가 ~해도 될까요?
(허락을 요청하는 의문문)
May I go out?
제가 밖에 나가도 될까요?
May I sit here?
제가 여기 앉아도 될까요?
May I help you?
제가 당신을 도와드려도 될까요?
대답 Y/N
Yes, you may.
응, 그래도 돼.
No, you may not.
아니, 안 돼.

다시 한번 정리하면,

조동사 may
① ~일지도 몰라(추측)
② ~해도 된다(허락)

10-6 조동사 should

다섯 번째로 배울 조동사는 'should'야. '해야 한다'는 뜻인데 must, have to 보다 강도가 더 약하고, 마땅히 도덕적으로 해야 할 일을 말할 때(~하는 게 좋겠다, ~하는 게 옳아) 사용해. 조동사니까 'should+동사원형'으로 표현하고 부정문은 'should not'을 줄여서 shouldn't야.

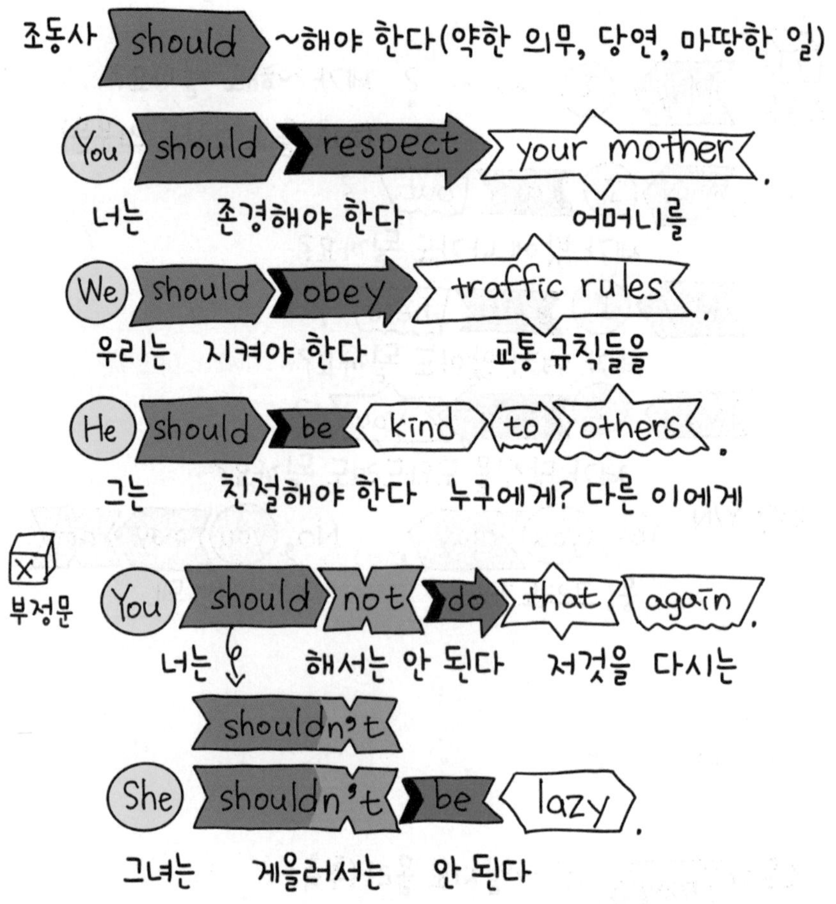

조동사 should ~해야 한다(약한 의무, 당연, 마땅한 일)
You should respect your mother.
너는 존경해야 한다 어머니를
We should obey traffic rules.
우리는 지켜야 한다 교통 규칙들을
He should be kind to others.
그는 친절해야 한다 누구에게? 다른 이에게
부정문
You should not do that again.
너는 해서는 안 된다 저것을 다시는
shouldn't
She shouldn't be lazy.
그녀는 게을러서는 안 된다

지금까지 조동사 다섯 가지를 배웠지? 그럼 한눈에 보이도록 정리해 볼까?

1) 조동사는 동사를 도와주는 역할을 하고 뒤에 동사원형이 온다.

2) 부정문은 조동사 바로 뒤에 not을 붙이고, 의문문은 조동사를 주어 앞으로 보내고 물음표(?)를 붙인다.

3) will, can, must, may, should 등의 조동사가 있다.

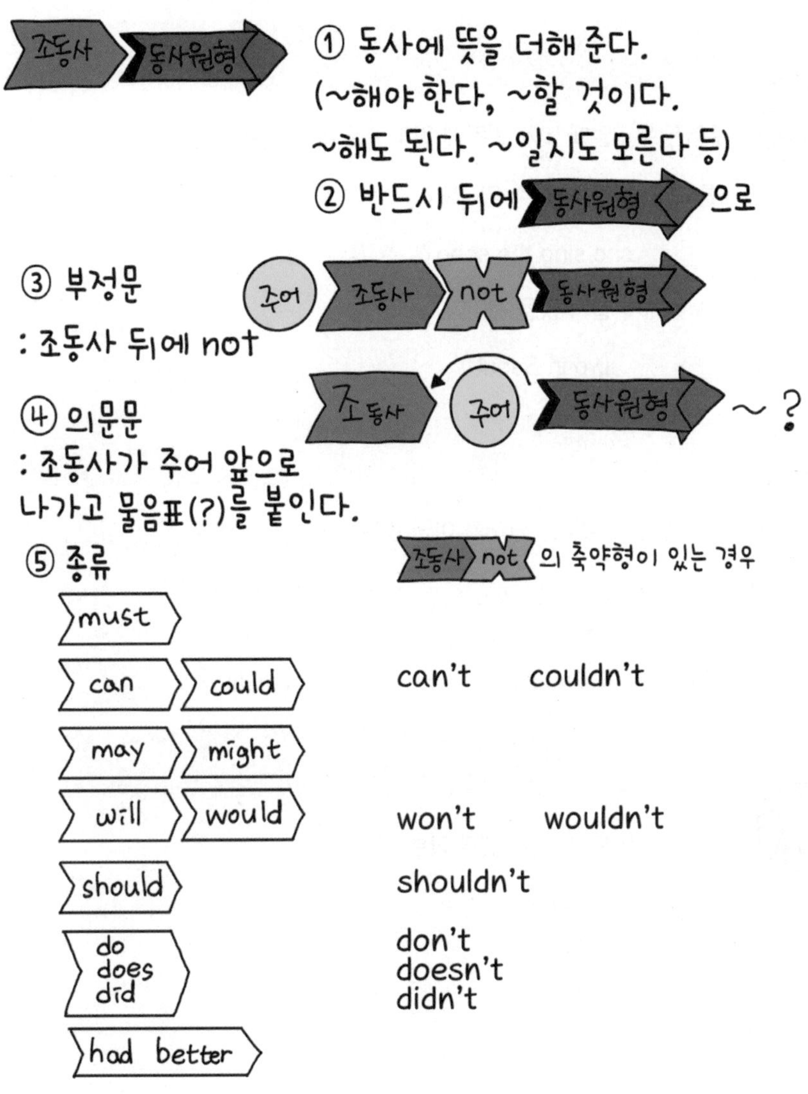
조동사
동사원형
① 동사에 뜻을 더해 준다.
(~해야 한다, ~할 것이다.
~해도 된다. ~일지도 모른다 등)
② 반드시 뒤에 동사원형 으로
③ 부정문
: 조동사 뒤에 not
주어
조동사
not
동사원형
④ 의문문
: 조동사가 주어 앞으로
나가고 물음표(?)를 붙인다.
조동사
주어
동사원형
~?
⑤ 종류
조동사 not 의 축약형이 있는 경우
must
can could
can't couldn't
may might
will would
won't wouldn't
should
shouldn't
do does did
don't doesn't didn't
had better

QUIZ QUIZ

1 다음 두 문장이 같도록 빈칸에 알맞은 말을 쓰시오.

I am going to buy the bag. 난 그 가방을 살 것이다.
= I ____________ buy the bag.

2 주어진 우리말에 맞게 빈칸에 알맞은 말을 쓰시오.

① 그녀를 그 노래를 부를 수 있나요?

_________ she sing the song?

② 나는 서울에서 살지 않을 것이다.

I _________ live in Seoul.

3 다음 빈칸에 알맞은 단어가 아닌 것은?

It's too cold here. ____________ I turn on the heater?
너무 여기 추워요. 히터를 틀어도 될까요?

① Could ② Should ③ May ④ Can

4 다음 중 쓰임이 나머지 넷과 다른 것은?

① You may take a rest.
② It may rain tonight.
③ He may need help.
④ She may be rich.
⑤ He may be an Italian.

QUIZ 정답

1

정답: will

will=be going to 미래시제를 나타낸다.
미래 시제는 크게 현재형/조동사 will, shall/be going to로 표현할 수 있다.

- 왕래발착(오고, 가고 출발, 도착)일 경우는 현재시제로 확실한 미래의 느낌을 나타낸다. He leaves at 7.
- 조동사 will(~일 것이다), shall(현대 영어에서 자주 사용되지 않음)을 사용해서 미래의 느낌을 나타낸다. will은 즉흥적인 결정, 의지를 나타낸다.
- be going to는 미리 계획된 미래라는 뉘앙스이다.

2

정답: Can, won't

① can은 능력을 나타내는 조동사이다. 조동사가 있을 경우에는 의문문을 만들 때 조동사가 주어 앞으로 간다.

② won't는 will not을 줄인 축약어이다. 미래의 느낌과 의지의 느낌이 담겨 있다.

3

정답: ②

May, Can, Could는 허락을 나타내는 조동사이다. 조동사가 있을 경우에는 의문문을 만들 때 조동사가 주어 앞으로 간다. could는 조금 더 공손한 느낌을 준다.

4

정답: ①

may에는 2가지 뜻이 있는데, '–해도 좋다(허락)'와 '–일지도 모른다(추측)'이다. 1번만 허락에 대한 느낌이다.

Tense

CHAPTER 11

시제

미래
대과거
현재
과거

진행시제

완료시제

영어로 생각하는 사고방식에서 가장 기초는 시간과 개수에 예민해지는 거라고 했지? 자, 이번에는 시간을 표현하는 시제에 대해 배워 볼게. 한국인이 쓰는 시간 개념과 다른 경우가 제일 헷갈리니 주의해야 해.

문장에서의 시간을 나타내는 것은 time이 아니라 'tense'라고 불러. 시간에 대한 긴장감이랄까? 현재, 과거, 미래가 있고, 현재진행, 과거진행, 그리고 영어 동화책이나 소설에 많이 등장하는 현재완료, 과거완료까지 그림으로 이야기해 줄게.

11-1 시제 비주얼 아이콘

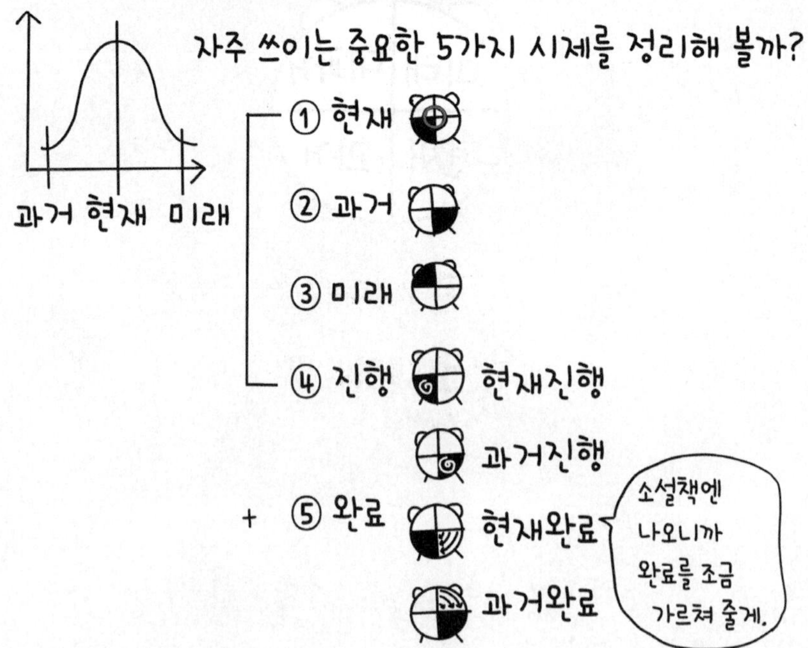
시제(시간을 표현하는 방법이야.)
과거 현재 미래
자주 쓰이는 중요한 5가지 시제를 정리해 볼까?
① 현재
② 과거
③ 미래
④ 진행
현재진행
과거진행
+ ⑤ 완료
현재완료
과거완료
소설책엔 나오니까 완료를 조금 가르쳐 줄게.

11-2 현재시제는 특별히 이해가 필요해

현재형을 그림으로 표현하려고 수십 번 그려 봤어. 그러다 영어의 시간 개념을 한눈에 보이게 하려고 자명종 시계에 과거의 과거, 과거, 현재, 미래를 4등분해서 색칠하여 표현했어. 현재형은 현재 이 순간이 아니라 상태, 반복적인 습관, 진리, 속담처럼 늘 당연한 일을 표현하는 시제야.

현재를 한눈에 보이게 하려면 어떤 그림이 좋을까…
끝없이 고민한 끝에 만든 그림이야. 이해가 잘 되니?

미래
더 예전 과거
현재
과거

현재를 기준으로
다가올 시간은 미래, 지나간 시간은 과거야.

시간을 표현하는 부분이 동사 라서 동사의 시제는 정말 중요해. 그럼 현재형부터 배워 볼까?

그런데 현재형은 지금 이 순간의 행동이 아니야. 그럼 뭐냐고?

현재형

① 현재의 상태

He is my teacher.
그는 이다 나의 선생님

② 반복적인 행동(패턴, 습관)

He Watches TV at 8.
그는 본다 티비를 8시에

③ 일반적인 사실, 진리, 속담

The sun rises in the east.
태양은 올라온다 동쪽에서

현재동사는 크게 be동사와 일반동사(be동사가 아닌 거 전부)로 나눠져.

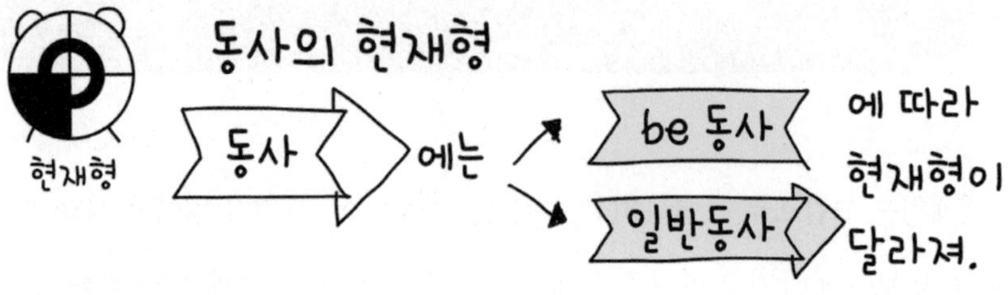
동사의 현재형
현재형
동사
에는
be 동사
일반동사
에 따라
현재형이
달라져.

(1) 현재형 be동사

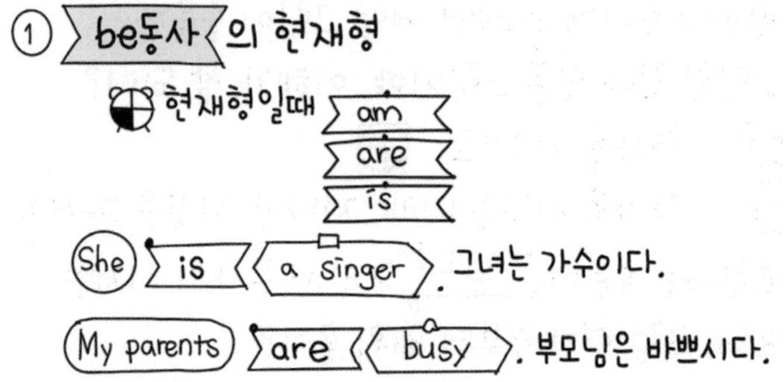
① be동사의 현재형
현재형일때
am
are
is
She is a singer. 그녀는 가수이다.
My parents are busy. 부모님은 바쁘시다.

(2) 현재형 일반동사

현재형 일반동사는 정말 헷갈려. 심지어 복잡한 과거형보다 더 조심해야 해.

3인칭 단수 현재이면 동사에 s/es를 붙인다고 외우지만, 실제 사용은 훨씬 어려워. '3인칭 단수 현재'라는 표현이 정말 불편해.

현재형이 과거형보다 더 헷갈리기 쉽다고?
맞아. 차라리 과거형은 외운 대로 사용하면 되는데, 기준이 되는 현재형이 문장을 쓸 때 실수가 제일 많이 나올 수도 있어.
왜냐하면, 「주어가 3인칭 단수 현재이면 일반동사에 s/es를 붙인다」가 원칙이기 때문이야.
(아마도 일본 한자를 해석한) 문법 용어는 영어를 너무 어렵게 만든다고 생각해. 우리가 일상에서 단수(1개란 말을 꼭 이렇게 써야겠니?), 3인칭(I가 1인칭, You가 2인칭, 나머지는 전부 다 3인칭이야)이란 말을 전혀 쓰지 않기 때문에 머리 속이 까매지는 거지.

3인칭 단수 현재란 표현은 가뜩이나 어려운 외국어를 외국어로 표현한 느낌이야. 알고리즘의 순서도 맞지 않고. 앞으로는 문장을 볼 때 '시간-개수-누구'인지 확인해서 s/es를 붙이는 방법이 낫다고 생각해. 자, 그림으로 보여 줄게.

[동사의 시제 판단 기준의 알고리즘]

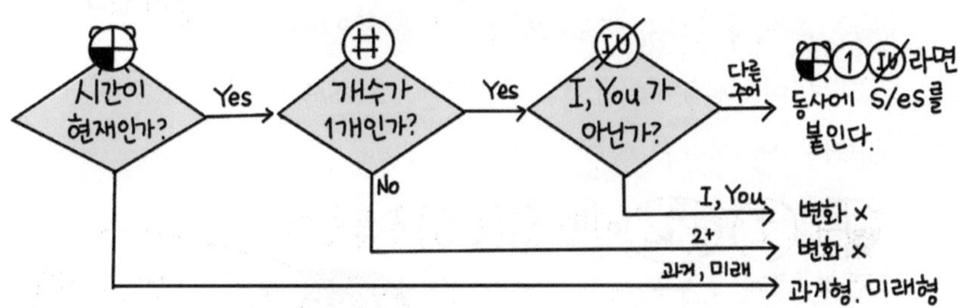
시간이 현재인가?
Yes
개수가 1개인가?
Yes
I, You 가 아닌가?
다른 주어
1 라면 동사에 S/es를 붙인다.
No
I, You
변화 ×
2+
변화 ×
과거, 미래
과거형, 미래형

자, 영어를 잘 말하고 쓰려면 직관적인 게 훨씬 쉽고 효과적이야.
주어가 시간, 개수, 누구인지 생각해 보며 표현하는 거야.

현재 1개 I, You

I like Thomas.
You like Thomas.

오옷! 한눈에 이해가 되네.

현재 1개 I, You 아닌 나머지

He likes Thomas.
She likes Thomas.
Jane likes Thomas.
The man likes Thomas.
This cat likes Thomas.

역시 시간과 개수는 늘 예민하게 챙겨야 하는구나!

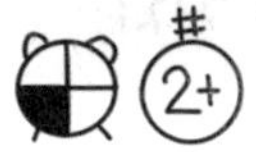

현재 2개 이상 누구든 상관없음

They like Thomas.
The girls like Thomas.
Dogs like Thomas.

시간
개수

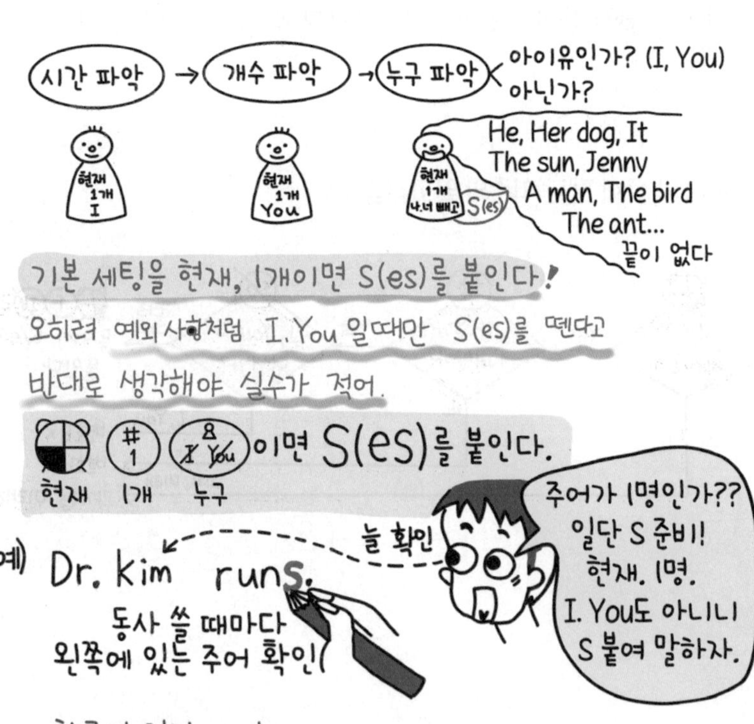

시간 파악 → 개수 파악 → 누구 파악
아이유인가? (I, You) 아닌가?
현재 1개 I
현재 1개 You
현재 1개 나,너 빼고 S(es)
He, Her dog, It
The sun, Jenny
A man, The bird
The ant...
끝이 없다
기본 세팅을 현재, 1개이면 S(es)를 붙인다!
오히려 예외 사항처럼 I, You 일때만 S(es)를 뗀다고
반대로 생각해야 실수가 적어.
이면 S(es)를 붙인다.
현재 1개 누구
예) Dr. kim runs.
늘 확인
동사 쓸 때마다 왼쪽에 있는 주어 확인!
주어가 1명인가?? 일단 S 준비! 현재, 1명. I, You도 아니니 S 붙여 말하자.

한국인 입장에서는
(현)(1)(I You) 일 때 'S' 붙이는 걸 제일 잘 까먹어.

11-3 과거시제

과거형은 현재보다 좀 이전 시간에 색칠을 한 시계 모양으로 표현했어. 현재형이 6~9시를 기준으로 삼았기 때문에, 그 전 3~6시를 색칠한 시계 아이콘이야. 이미 지나간 일, 역사적 사실 등을 과거형으로 사용해.

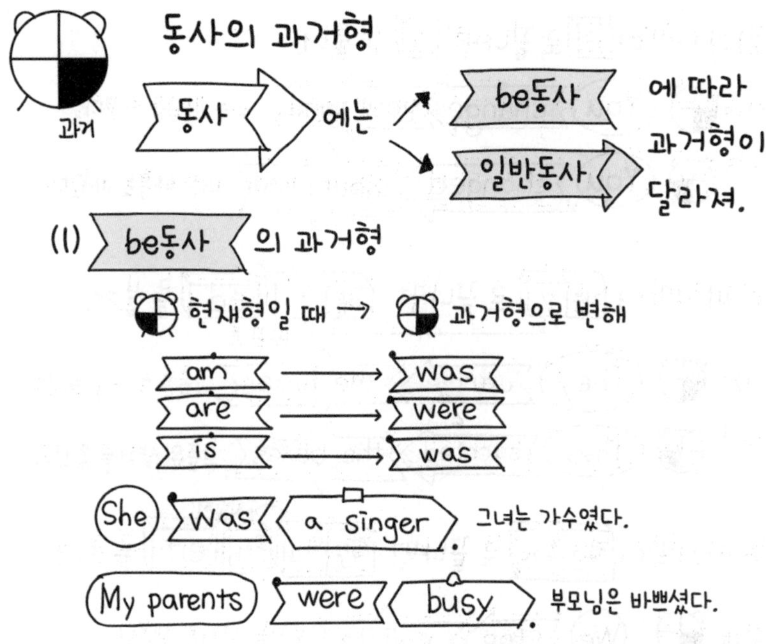
과거
동사의 과거형
동사
에는
be동사
일반동사
에 따라
과거형이
달라져.
(1) be동사 의 과거형
현재형일 때 → 과거형으로 변해
am → was
are → were
is → was
She was a singer 그녀는 가수였다.
My parents were busy 부모님은 바쁘셨다.

일반동사의 과거형은 보통 ed를 붙이고 규칙적인 변화를 하지만, 불규칙하게 변하는 동사들도 꽤 많아. 그건 외우는 수밖에 없어. 특히, 영어 동화책에는 다 과거형으로 나오기 때문에 오히려 현재형보다 더 자주 보니까 동사의 과거형은 꼭 알아야 해.

한국어에서 '먹다'에 'ㅆ'을 붙여 '먹었다'가 되듯이, 일반동사 과거는 주로 'ed'를 붙이는 패턴이 있어서 다음과 같이 변해.

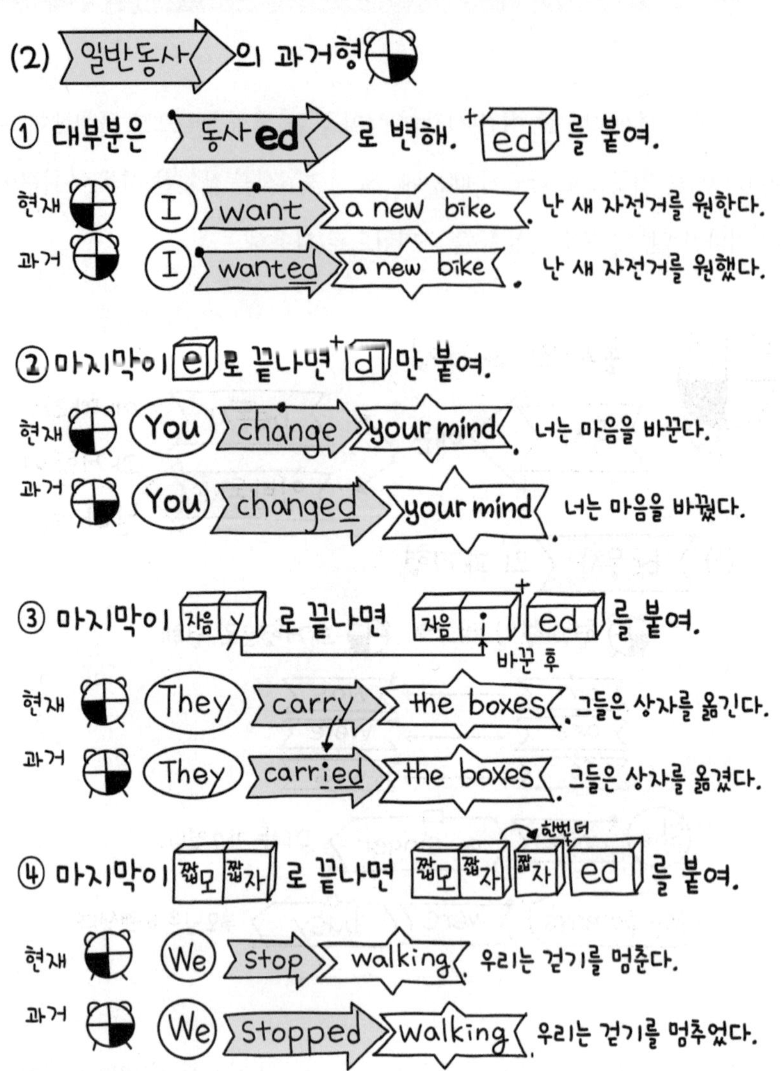
(2) 일반동사의 과거형
① 대부분은 동사ed로 변해. +ed를 붙여.
현재 I want a new bike. 난 새 자전거를 원한다.
과거 I wanted a new bike. 난 새 자전거를 원했다.
② 마지막이 e로 끝나면 +d만 붙여.
현재 You change your mind. 너는 마음을 바꾼다.
과거 You changed your mind. 너는 마음을 바꿨다.
③ 마지막이 자음 y로 끝나면 자음 i +ed를 붙여.
바꾼 후
현재 They carry the boxes. 그들은 상자를 옮긴다.
과거 They carried the boxes. 그들은 상자를 옮겼다.
④ 마지막이 짧모 짧자로 끝나면 짧모 짧자 짧자 ed를 붙여.
한번 더
현재 We stop walking. 우리는 걷기를 멈춘다.
과거 We stopped walking. 우리는 걷기를 멈추었다.

하지만 이 패턴에서 벗어나는 불규칙 과거형은 입에 붙이고, 손에 붙이고, 몸으로 익히자.

11-4 미래시제

미래형은 현재보다 좀 더 지난 시간에 색칠을 한 시계 모양으로 표현했어. 현재를 6~9시 위치라고 기준을 삼았기 때문에, 그 이후의 시간인 9~12시에 색칠을 한 원형시계 아이콘으로 그렸어.

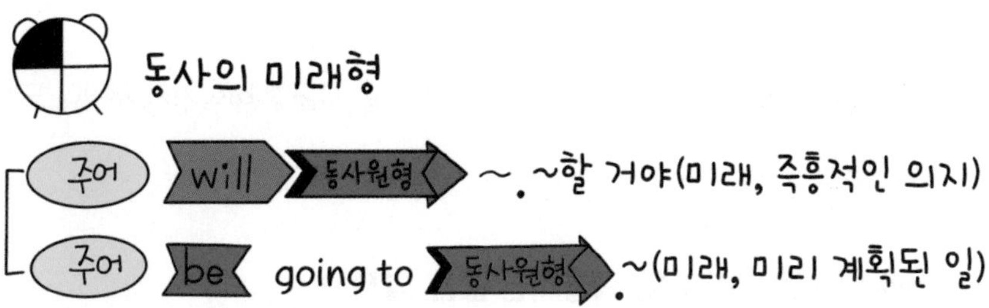

동사의 미래형
주어
will
동사원형
~. ~할 거야(미래, 즉흥적인 의지)
주어
be
going to
동사원형
.~(미래, 미리 계획된 일)

미래시제는 조동사 'will, shall' 등을 써서 '~할 것이다'라는 아직 오지 않은 미래 가능성의 느낌을 표현해. 또는 'be going to'를 사용하여 '~하러 갈 일이 있다'라는 느낌을 주는 표현도 가능하지. will은 즉흥적인 결심이나 의지인 반면, be going to는 미리 계획된 일이라는 뉘앙스를 주는 차이가 있어.

예 병원에 갈 거야. (미국에서 'hospital'은 아주 큰 병을 치료하는 경우를 말하고, 주로 'see a doctor'라는 표현을 사용해.)

(미리 계획된 거라면) I am going to see a doctor.

(갑자기 몸이 아파서) I will see a doctor.

그런데 미래인데 현재형으로 쓰는 경우도 봤다고? 맞아. 아주 확실한 미래의 느낌을 가질 경우는 현재형이나 현재진행형으로도 사용해. 시제 tense에서 현재는 가능성의 정도가 가장 높은 느낌이고, 말하고자 하는 미래가 99% 가능성이면 그냥 현재로 표현하는 거지. 또한 왕래발착동사라고 부르는 'go, come, leave, arrive 가다, 오다, 떠나다, 도착하다' 등의 동사도 예정이 확실한 느낌일 때는 그냥 현재형을 사용해.

예 I am having Japanese food in the evening. 저녁에 일본 음식 먹을 거야.

We are eating out. 우리 외식할 거야.

The flight to Seoul arrives this evening. 서울행 비행기가 저녁에 도착할거야.

(1) will 앞으로 일어날 일, 즉흥적인 결심, 의지

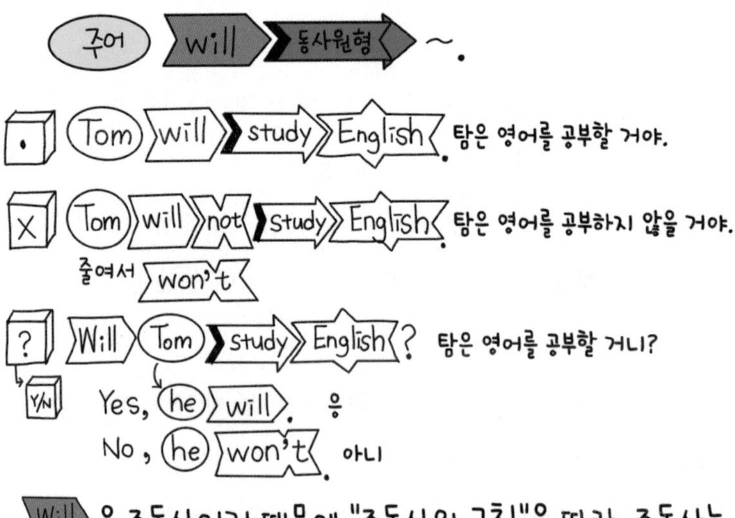

주어 will 동사원형 ~.
Tom will study English. 탐은 영어를 공부할 거야.
Tom will not study English. 탐은 영어를 공부하지 않을 거야.
줄여서 won't
? Will Tom study English? 탐은 영어를 공부할 거니?
Y/N
Yes, he will. 응
No, he won't. 아니

will 은 조동사이기 때문에 "조동사의 규칙"을 따라. 조동사는 항상 뒤에 동사원형 이 나오고 부정문은 조동사 바로 뒤에 not 을 붙여. 의문문은 조동사 가 주어 앞으로 나가고 물음표(?)를 끝에 붙이지. will not 을 줄여서 won't 가 되는 거 기억해.

(2) be going to 앞으로 일어날 일, 미리 계획된 일

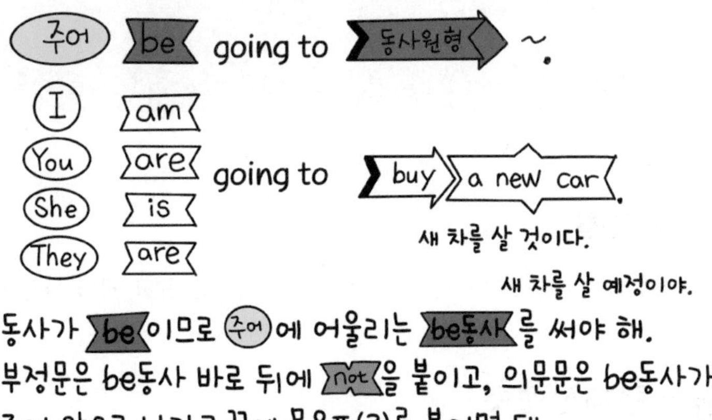
주어 be going to 동사원형 ~.
I am
You are
She is
They are
going to buy a new car.
새 차를 살 것이다.
새 차를 살 예정이야.
동사가 be이므로 주어에 어울리는 be동사를 써야 해.
부정문은 be동사 바로 뒤에 not을 붙이고, 의문문은 be동사가
주어 앞으로 나가고 끝에 물음표(?)를 붙이면 돼.

Tom is going to study English.
탐은 영어를 공부할 거야.

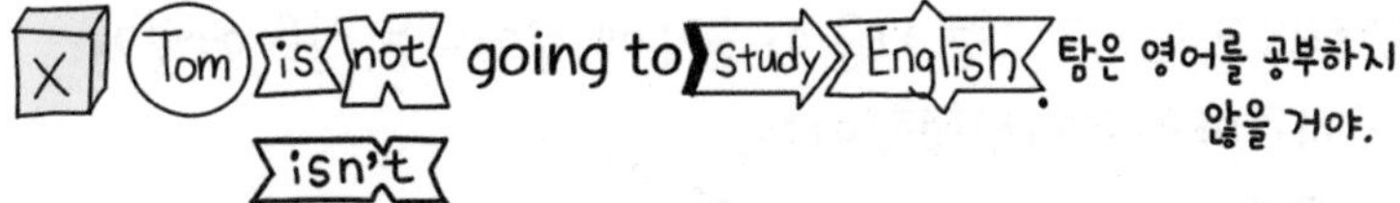
X
Tom is not going to study English.
isn't
탐은 영어를 공부하지 않을 거야.

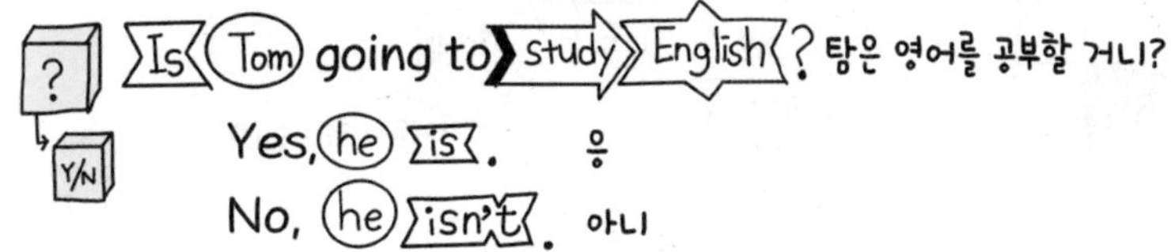
?
Is Tom going to study English?
탐은 영어를 공부할 거니?
Y/N
Yes, he is.
응
No, he isn't.
아니

(3) 이외에 확실하고 가까운 미래인 경우엔 현재시제로 미래를 표현해. (특히 왕래발착동사)

예 He leaves at 10.

그는 10시에 떠날 거야.

It is Monday tomorrow.

내일은 월요일이야.

11-5 진행시제

(1) 현재진행형

현재 진행 중인 일을 나타내며, 가끔 확실한 미래를 말할 때도 사용해.

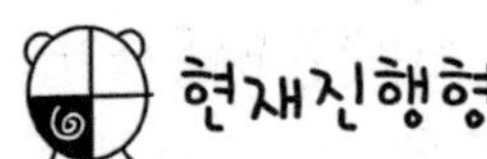
현재진행형

현재형이 지금 이 순간에 일어난 일이 아니라
현재의 상태, 반복적인 습관, 진리, 속담(항상 같은 느낌인 거)을
표현한다고 했지? 그럼 지금 이 순간에 일어나는 일은 어떻게
말할까? 바로 현재진행형이야.

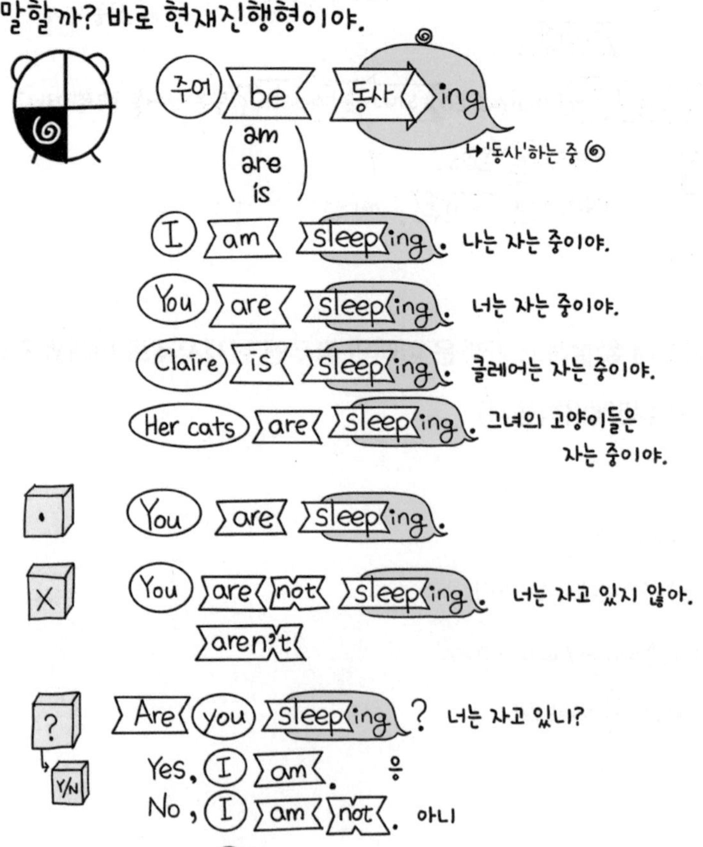
주어 be 동사 ing
am
are
is
↳'동사'하는 중
I am sleeping. 나는 자는 중이야.
You are sleeping. 너는 자는 중이야.
Claire is sleeping. 클레어는 자는 중이야.
Her cats are sleeping. 그녀의 고양이들은 자는 중이야.
You are sleeping.
You are not sleeping. 너는 자고 있지 않아.
aren't
Are you sleeping? 너는 자고 있니?
Y/N
Yes, I am. 응
No, I am not. 아니
I'm

(2) 과거진행형

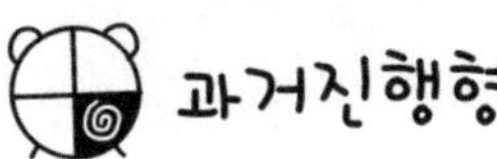
과거진행형

과거의 순간에 일어났던 일은 과거진행형으로 표현해.
과거형 be동사(was, were) 다음에 동사에 ing를 붙여서
'~하는 중'을 표현하면 돼. 쉽지?

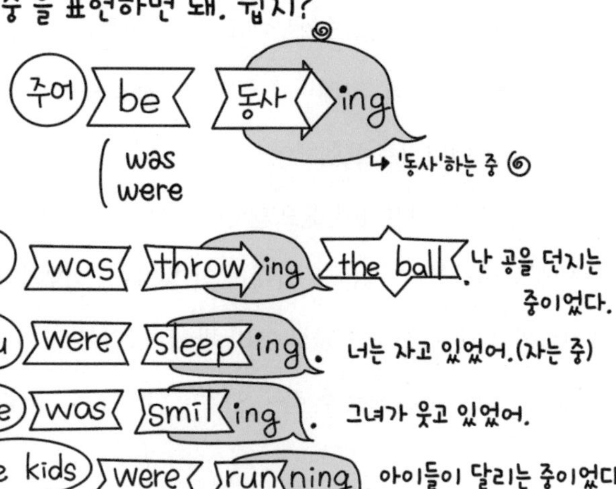
주어
be
was
were
동사
ing
'동사'하는 중
I
was
throw
ing
the ball
난 공을 던지는 중이었다.
You
were
sleep
ing
너는 자고 있었어.(자는 중)
She
was
smil
ing
그녀가 웃고 있었어.
The kids
were
run
ning
아이들이 달리는 중이었다.

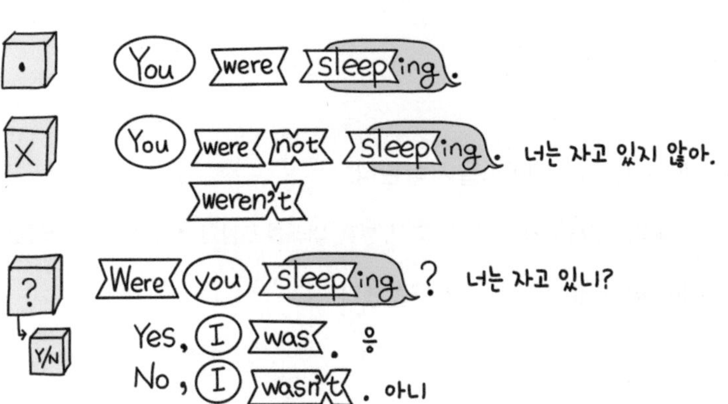
You
were
sleep
ing
You
were
not
sleep
ing
너는 자고 있지 않아.
weren't
Were
you
sleep
ing
?
너는 자고 있니?
Y/N
Yes, I was. 응
No, I wasn't. 아니

11-6 완료시제

(1) 현재완료

완료시제는 한국어에는 없는 개념이고, 중·고등학교 시험에도 잘 나오기 때문에 그 느낌을 잘 익혀야 해. 그래머콘에서는 과거를 포함하는 화살표와 현재에 방점을 찍은 느낌을 이미지로 표현했어.

현재완료는 과거의 시간까지 훑으면서도 현재를 강조하는 느낌이야. 과거와 현재를 동시에 표현하는 시제는 우리에게 참 낯설어. 어떻게 하면 이해하기 쉬울까 고민하다가 피아노를 연상해서 그려 봤어. 다장조 도가 현재라면 그 아래 옥타브를 과거로 여기고 손끝으로 쭉~ 훑다가 현재(도)를 강하게 누르는 느낌이랄까?

'have(has)+과거분사'를 이용해서 과거를 아우르는 현재라는 독특한 영어의 사고방식을 표현하는 거야.

예 I love John. 난 John을 사랑한다.

(현재형은 현재 순간이 아니라 과거, 현재, 미래를 포함한 늘, 일상이라는 느낌)

I loved John. 난 John을 사랑했다.

(과거엔 사랑했다. 지금은 알 수 없음)

I have loved John. 난 John을 사랑해 왔다.

(과거부터 지금까지 사랑한다.)

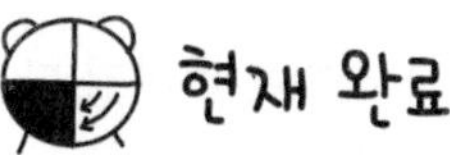

현재 완료

이건 영어 동화책이나 소설을 읽으면 정말 자주 나오는 표현이야. 간단하게만 알려 줄게.

현재
과거

최대한 이해를 도우려고 만든 그림이야. 현재인데(색칠: 현재) 과거로부터 영향을 받았다는 느낌이 있는 시제야. 한국의 시간 개념과 달라.

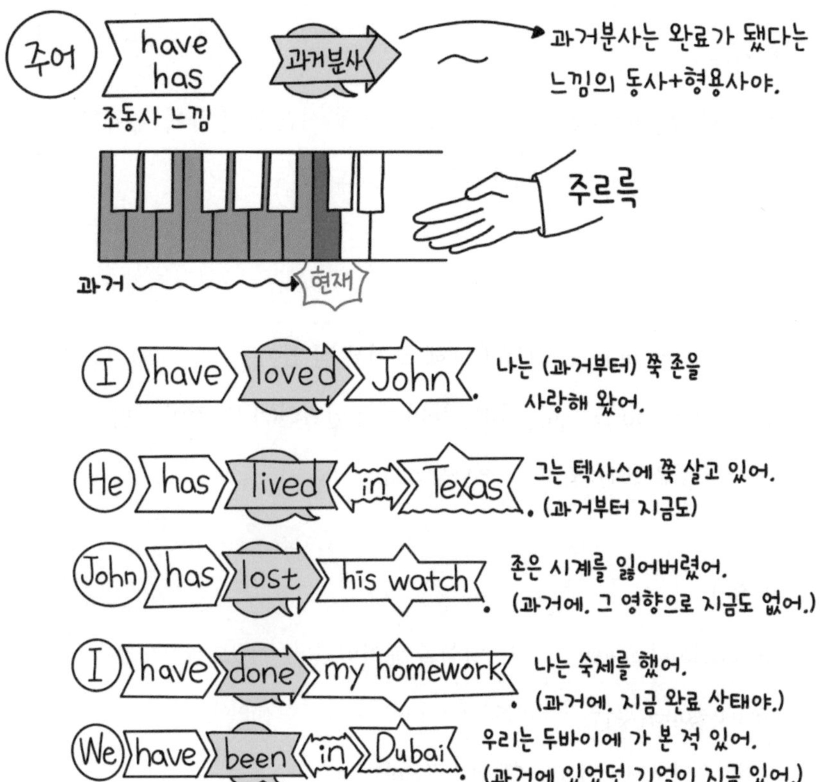

주어
have
has
조동사 느낌
과거분사
~
과거분사는 완료가 됐다는 느낌의 동사+형용사야.
주르륵
과거
현재
I have loved John.
나는 (과거부터) 쭉 존을 사랑해 왔어.
He has lived in Texas.
그는 텍사스에 쭉 살고 있어. (과거부터 지금도)
John has lost his watch.
존은 시계를 잃어버렸어. (과거에, 그 영향으로 지금도 없어.)
I have done my homework.
나는 숙제를 했어. (과거에, 지금 완료 상태야.)
We have been in Dubai.
우리는 두바이에 가 본 적 있어. (과거에 있었던 기억이 지금 있어.)

현재완료는 4가지의 느낌을 갖고 있고, 특히 중학교 시험에서 완전 단골 문제이지. 그렇지만 시험을 위한 공부가 아니라 그 느낌을 이해하면 되는 거야.

1) 완료

He has finished his homework. 그는 숙제를 막 끝냈다.

(과거부터 숙제해서 막 완료했다는 뉘앙스를 주는 거야.)

2) 계속

He has been in the car for 2 hours. 그는 두 시간 동안 차에 쭉 있다.

(과거의 일이 현재에 주는 영향과 계속되고 있는 느낌)

3) 경험

I've heard about it. 난 그것에 대해 들어본 적 있어.

She has been to Dubai. 그녀는 두바이에 있었던(가 본) 적이 있다.

(과거의 경험을 현재에도 가지고 있다는 느낌)

4) 결과

She has lost her key. 그녀는 열쇠를 잃어버렸어. (지금도 열쇠가 없어.)

He has gone. 그는 가 버렸어. (그가 떠나서 지금 여기 없어.)

(과거의 일이 현재에 미치는 영향력을 강조하는 느낌)

(2) 과거완료

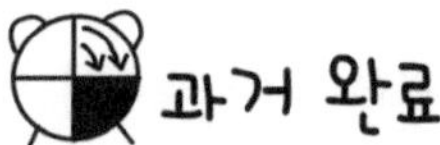
과거 완료

영어 동화책이나 소설책을 읽으면 거의 다 기본이 과거시제야. 과거를 기준으로 볼 때 예전 과거로부터 영향을 받는 느낌이 있는 시제야. 한국의 시간 개념으로는 없는 시제이지.

과거의 과거 ⟶ 과거를 그림으로 표현한 게 바로 이거야.
한 시점이 아니라

주어 had 과거분사 ~ → 과거분사는 완료가 됐다는 느낌의 동사+형용사야.
조동사 느낌

주르륵

더 예전 과거 → 과거 현재

I had loved John. 나는 (대과거부터) 쭉 존을 사랑해 왔어.

He had lived in Texas. 그는 텍사스에 쭉 살고 있었어. (이전 과거부터)

John had lost his watch. 존은 시계를 잃어버렸어. (이전 과거에. 그래서 없어.)

I had done my homework. 나는 숙제를 했어. (이전 과거에. 완료 상태야.)

We had been in Dubai. 우리는 두바이에 가 본 적 있었어. (대과거에 있었던 기억이 있었다.)

과거완료시제는 이전 시간의 영향력을 말하는 시제야. 그래머콘으로는 대과거를 포함하는 화살표와 과거에 방점을 찍은 느낌을 이미지로 표현했어.

과거완료는 대과거의 시간까지 훑으면서도 과거를 강조하는 느낌이야. 과거와 현재를 동시에 표현하는 시제는 우리에게 참 낯설어. 어떻게 하면 이해가 잘될까 고민하다가 피아노를 연상해서 그려봤어. 현재 도를 기준으로 두 옥타브 낮은 대과거부터 손끝으로 쭉~ 훑다가 한 옥타브 낮은 도를 강하게 누르는 느낌이랄까?

피아노가 어려우면 계단으로 이미지 메이킹을 해 보자. 아파트 1층 문을 현재라고 기준을 잡아. 그 다음 엘리베이터를 타고 지하 2층(대과거)부터 쭉 올라와서 지하 1층(과거)에 도착해서 땡 하고 소리가 나는 거야.

'had+과거분사'를 이용해서 대과거(이전 과거)를 아우르는 과거라는 독특한 영어의 사고방식을 표현하는 거지.

(3) 미래완료

미래완료시제도 있지만 별로 자주 쓰이지는 않아. 그래머콘으로는 현재를 포함하는 화살표와 미래에 방점을 찍은 이미지겠지? 예문 하나만 보여 줄게.

예 She will have finished her report by tomorrow.

그녀는 내일까지 그녀의 보고서를 완성할 것이다.

(현재에 해서 미래에 완료하는 느낌)

시제를 이해하면 영어의 큰 산을 넘은 거야. 어려운 시제 파트를 공부할 때 이 그래머콘이 많은 도움이 되길 바랄게!

QUIZ QUIZ

1 다음 중 문법상 잘못된 것은?

① He is having many toys.
② She likes him very much.
③ Jane has lost her watch.
④ Have you been to Paris?

2 주어진 동사를 이용하여 진행시제로 바꾸시오.

① 너는 지금 피아노를 치고 있니? (play)
⇨ ____________ you ____________ the piano now?

② Claire는 지금 자전거를 타고 있지 않다. (ride)
⇨ Claire _________ _________ _________ a bike now.

3 다음 두 문장이 같은 의미가 되도록 괄호 안에 주어진 단어를 이용하여 문장의 빈칸을 완성하시오.

① He lost his watch. He still doesn't have it.
⇨ He ________________ . (lose)

② I began to learn Chinese last year. I still learn Chinese now.
⇨ I ________________ Chinese for 2 years. (learn)

4 다음 괄호 안에서 알맞은 것을 고르시오.

① The sun (rises / rose / will rise) in the east.
② I (do / done / will do) my homework tomorrow.
③ He (lives / lived / will live) in Busan from 1970 to 1973

QUIZ 정답

1

정답: ①

have가 '가지고 있다'라는 뜻일 때 상태동사는 진행형으로 쓰이지 않는다. 직전도 지금도 직후도 가지고 있기 때문에 어색하다.

예 I am liking him. (×) → I like him. (○)

2

① 정답: Are, playing

② 정답: is not riding

3

① 정답: has lost his watch
현재완료 (과거의 사건이 현재까지 영향을 주는 느낌 – 현재완료: 결과)

② 정답: have learned
현재완료 (과거의 사건이 현재까지 계속 되는 느낌 – 현재완료: 계속)

4

정답: rises, will do, lived

① 과학적 사실을 나타내는 경우는 현재형으로 표현하고, The sun이 1개이면서 I / you가 아니므로 s를 붙여야 한다(3인칭 단수 현재). 태양은 동쪽에서 뜬다.

② tomorrow가 있으므로 미래 시제이다. 나는 내일 숙제를 할 것이다.

③ 기간이 명확한 과거의 일을 나타내므로 과거형 동사를 써야 한다. 그는 1970년부터 1973년까지 부산에 살았다.

CHAPTER 12

의문사

(의문사는 품사가 아니다!)

항상 문장의
맨 처음에
의문사

영어 문법의 이름을 정할 때 '말씀 사(詞)'를 이용하여 모두 '~~사(땡땡사)'라고 만들어서 헷갈릴 거야. 하지만 의문사는 품사가 아니야. 영어로도 part of speech에 들어가지 않고 이름이 독특해. 'Question word'라고 하며, 의문사는 그냥 물어보는 의문문일 때 문장의 맨 앞에 나오는 말이야.

의문사는 품사가 아니야.

품사는 8가지였지? 명사 동사 대명사 형용사 부사 전치사 접속사 감탄사

같은 '~사'로 끝나도 to 부정사 동명사 분사 의문사는 품사가 아니야. 여러 품사로 쓰이는 거야.

의문사는 육하원칙 알지?

'누가, 언제, 어디서, 무엇을 ,어떻게, 왜'라는 뜻으로 쓰는 거야.

의문사에는 3가지가 있어.
① 의문대명사
Who
누가
What
무엇이
Which
어떤 것이
② 의문형용사
Whose
누구의
What
무슨
Which
어떤
③ 의문부사
When
언제
Where
어디서
Why
왜
How
어떻게

12-1 의문대명사

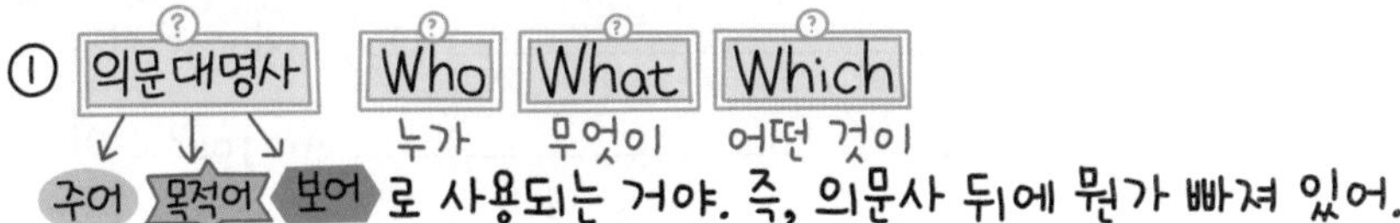

의문사는 문장의 맨 처음에 쓰여!
① 의문대명사 Who What Which
누가 무엇이 어떤 것이
주어 목적어 보어 로 사용되는 거야. 즉, 의문사 뒤에 뭔가 빠져 있어.

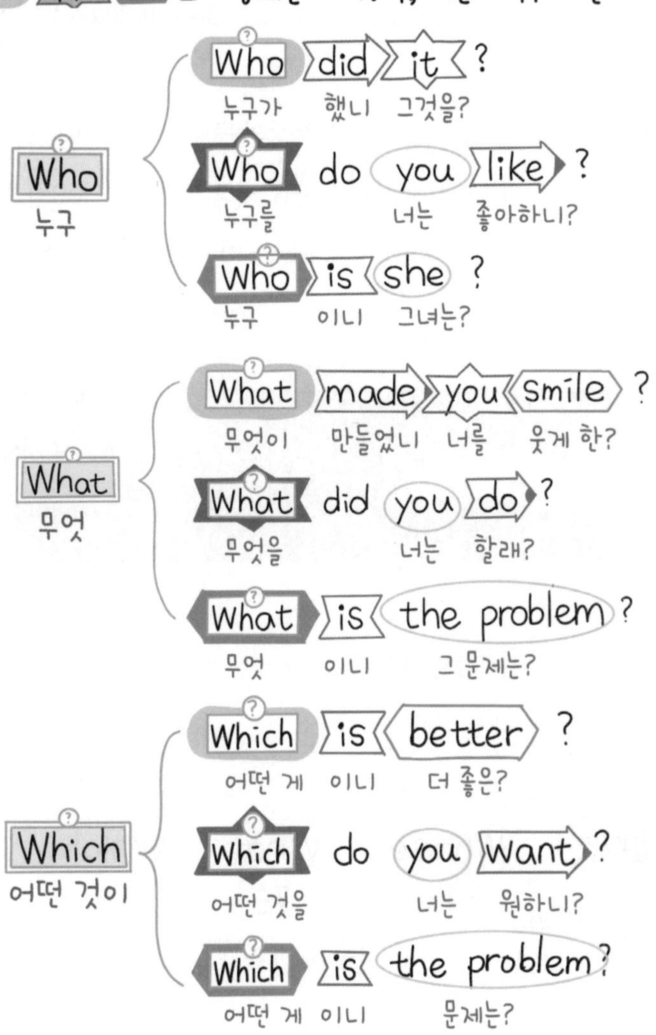

Who
누구
Who did it ?
누구가 했니 그것을?
Who do you like ?
누구를 너는 좋아하니?
Who is she ?
누구 이니 그녀는?
What
무엇
What made you smile ?
무엇이 만들었니 너를 웃게 한?
What did you do ?
무엇을 너는 할래?
What is the problem ?
무엇 이니 그 문제는?
Which
어떤 것이
Which is better ?
어떤 게 이니 더 좋은?
Which do you want ?
어떤 것을 너는 원하니?
Which is the problem ?
어떤 게 이니 문제는?

'what 무엇, who 누구, which 어떤 것'은 의문사라서 문장 맨 처음에 나오고 대명사로 주로 쓰여. 명사류이기 때문에 주어, 보어, 목적어로 사용해. 즉, 의문사를 손으로 가리고 보면 중요한 뭔가 하나가 빠져 있는 느낌이 있어.

What make you happy? ———— Make you happy? 주어 부족
what do you do ———— Do you do? 목적어 부족
Who are you? ———— Are you? 보어 부족
Who does she like ———— Does she like? 목적어 부족

의문대명사는 명사를 대신하기 때문에 문장의 주어, 목적어, 보어로 쓰이는 거야. 이 세 가지는 문장의 핵심이어서 의문사를 빼고 보면 뭔가 중요한 문장 요소가 빠져 있는 거지. 'who 누구, what 무엇, which 어떤 것'이란 뜻이야.

12-2 의문형용사

의문형용사는 바로 뒤에 있는 명사를 꾸며 주는 역할을 해. 'whose 누구의, what 무슨, which 어떤'이란 뜻이야.

의문형용사
형용사니까 바로 뒤에 꼭 명사가 나와야 해.
Whose
누구의
What
무슨
Which
어떤
의문형용사
명사

Whose phone is this?
누구의 전화 이니 이것은?
What color is it?
무슨 색깔 이니 그것은?
Which one do you want?
어떤 것을 너는 원하니?

12-3 의문부사

반면에 'When, Where, Why, How'는 의문사니까 문장 맨 처음에 나오고, 주로 부사로 주로 쓰여. 의문사가 부사로 쓰이는 경우이므로, 의문사를 손으로 가리고 보아도 문장은 문제 없어 보여.

Where are you going? ________________ Are you going? (○)

When did he arrive? ________________ Did he arrive? (○)

즉, 의문부사는 문장을 풍부하게 꾸며 주는 부사 역할을 해. 부사는 문장 형식의 뼈대가 아니기 때문에 의문사를 빼고 봐도 문장이 온전하고 문제가 없어. 의문부사는 5W1H, 한국의 육하원칙 중에 '언제, 어디서, 어떻게, 왜'를 묘사하는, 품사가 아닌 언어라고 정리할게.

의문부사
When
언제
Where
어디서
Why
왜
How
어떻게
부사는 문장의 필수 뼈대가 아니므로
의문부사 뒤에는 완전한 문장 구조가 나와.
(즉, 의문부사를 빼도 문장이 전혀 어색하지 않아.)

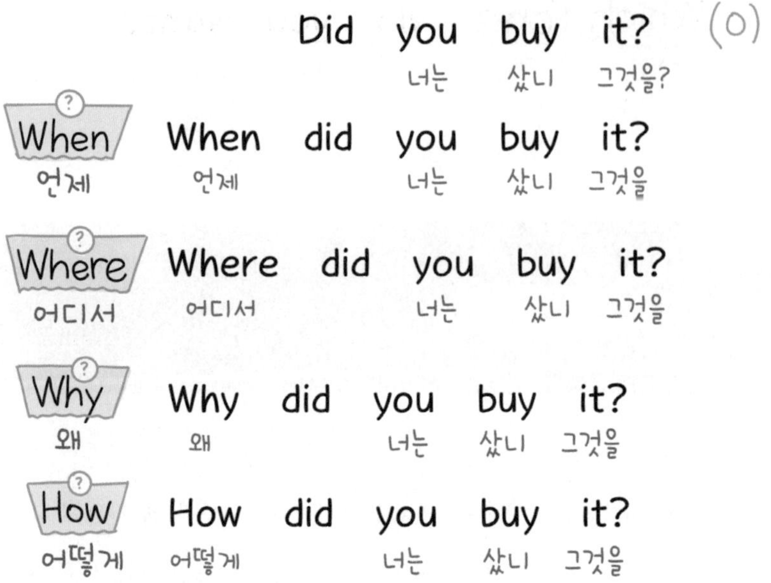
Did you buy it? (O)
너는 샀니 그것을?
When
언제
When did you buy it?
언제 너는 샀니 그것을
Where
어디서
Where did you buy it?
어디서 너는 샀니 그것을
Why
왜
Why did you buy it?
왜 너는 샀니 그것을
How
어떻게
How did you buy it?
어떻게 너는 샀니 그것을

의문사는 위와 같은 형태들이 있고, 특정 품사가 아니야. 의문문을 만들 때 사용하는 특별한 단어, question word인 거야. 자, 그럼 의문사랑 비슷해 보이는 관계대명사로 가 볼까?

QUIZ QUIZ

1 다음 빈칸에 들어갈 알맞은 말을 고르시오.

A: ________ do you like, Coke or Seven Up?
b: I like coke.

① Who ② What ③ How ④ Which ⑤ Why

2 다음 문장의 밑줄 친 부분을 어법에 맞게 고쳐 쓰시오.

① <u>Whom</u> teaches you math?
② <u>Which</u> does your mother do?

3 다음 괄호 안에서 의미상 옳은 것을 고르시오.

① (Where / Who) did they run?
② (Why / When) is your birthday?
③ (What / How) do you go there?

4 다음 대화의 문맥에 맞도록 빈칸을 채우시오.

A: ________ is her name?
B: Her name is Claire.
A: ________ ________ is her hair?
B: It's brown.
A: ________ ________ does she like best?
B: She likes strawberry.

QUIZ 정답

1

정답: ④

뒷 부분이 두 가지 중의 하나를 고르는 것이므로 which(어느 것)이다.

2

정답: Who, What

① Who(주어) 누가 너에게 수학을 가르치니?

② What(목적어) 네 엄마는 무엇을 하시니?

3

정답: Where, When, How

① 어디에서 그들이 달렸니?

② 언제 네 생일이니?

③ 너는 어떻게 거기에 가니?

4

정답: What 너 이름이 뭐니?
What color / Which color 그녀의 머리카락이 무슨 색이니?
What fruit / Which fruit 어떤 과일을 가장 좋아하니?

CHAPTER 13

관계대명사와 관계부사

관계대명사

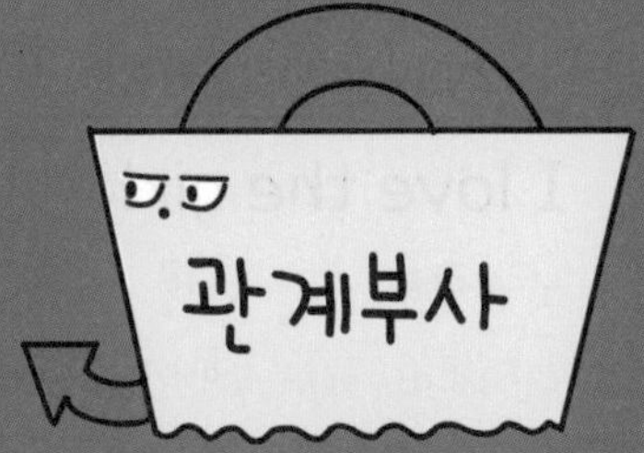
관계부사

13-1 관계대명사는 언제 사용해?

관계대명사는 어떤 대상을 아주 길고 자세하게 설명하고 싶은데, 두 문장이 아니라 한 문장에서 설명하려고 할 때 사용해. "난 이웃에 살았던 그 소녀를 사랑한다." 이렇게 말할 수 있잖아. 그런데 영어에서는 핵심이 되는 말을 말을 먼저 하기 때문에, "난 그 소녀를 사랑하는데 who 걘 이웃에 살았다."라는 이런 느낌이지. 관계대명사 이후의 문장 전체는 앞 단어(선행사)를 꾸며 주는 형용사절이 되는 거야. 기다란 형용사절을 이끄는 대장 역할이랄까? 문장 중간에 나오는 who는 '누구'라는 뜻의 의문사가 아니라 관계대명사(걘, 걔를)야!

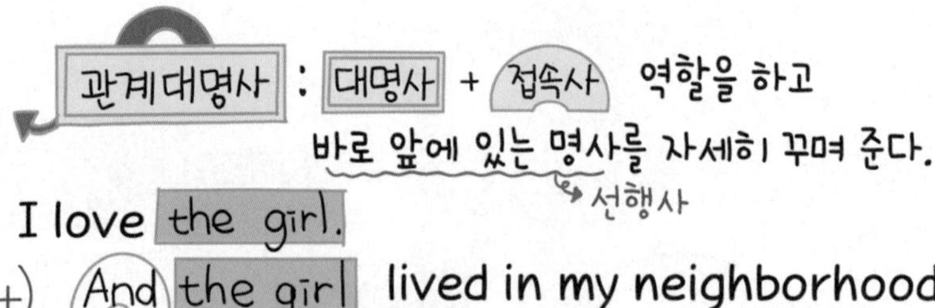
관계대명사 : 대명사 + 접속사 역할을 하고
바로 앞에 있는 명사를 자세히 꾸며 준다.
선행사
I love the girl.
+) And the girl lived in my neighborhood.

I love the girl who lived in my neighborhood.

난 사랑해 그 소녀를 걔는 살았다 에서 내 이웃

(난 내 이웃에서 살았던 그 소녀를 사랑한다.)

아하! 겹치는 단어를 중복하지 않기 위해 관계대명사를 쓰는구나.

관계대명사가 이끄는 절은 앞단어(선행사)를 꾸며 주는 형용사절(문장 덩어리) 역할을 주로 하는 거야.

I love the girl who lived in my neighborhood.

13-2 앞 명사(선행사)가 사람인 경우

관계대명사는 선행사가 사람인지 아닌지를 구분해서 사용해. 사람이라면 그 선행사가 다음 문장에서 주어인지, 목적어인지, 소유격인지에 따라서 달라져. 주격 관계대명사는 who, 목적격 관계대명사는 whom(who), 소유격 관계대명사는 whose를 사용하면 돼.

선행사가 사람인 경우

주격 who

He is my friend. He helped me before.

He is my friend who helped me before.

그는 이다 내 친구 걔는 도왔다 나를 전에

소유격 whose

I met a girl. Her hair is brown.

I met a girl whose hair is brown.

나는 만났다 소녀를 걔의 머리는 이다 갈색

목적격 who whom 둘 다 가능! 목적격은 생략 가능해.

I found the boy. My mom met him at church.

I found the boy who/whom my mom met at church.

나는 찾았다 그 소년을 걔를 우리 엄마가 만났다 교회에서

I found the boy my mom met at church.

나는 찾았다 그 소년을 내 엄마가 만났던 교회에서

13-3 앞 명사(선행사)가 사람이 아닌 경우

관계대명사는 선행사가 사람인지 아닌지를 구분해서 사용해. 사람이 아닌 동물이나 사물이면 그 앞 단어(선행사)가 다음 문장에서 주어인지, 목적어인지, 소유격인지에 따라서 달라져. 다음을 보자. 주격 관계대명사는 which, 목적격 관계대명사는 which, 소유격 관계대명사는 whose를 사용하면 돼. 겹치는 부분이 주어로 쓰였나, 목적어로 쓰였나, 소유격으로 쓰였나를 보는 거야.

선행사가 동물·사물인 경우(즉, 사람이 아니라면)

주격 which

This is a book. It is about flowers.

This is a book which is about flowers.

이것은 이다 책 그건 이다 관한 꽃에

소유격 whose

This is a book. Its cover is gold.

This is a book whose cover is gold.

이것은 이다 책 그것의 겉표지는 이다 금색

목적격 which : 목적격은 생략 가능해.

This is a book. Jenny liked it.

This is a book which Jenny liked.

이것은 이다 책 그것을 제니가 좋아했다

This is a book Jenny liked.

이것은 이다 책 제니가 좋아했던

13-4 사용이 편한 관계대명사 that

바로 앞의 선행사가 사람인지 아닌지를 구분해서 관계대명사를 고르는 게 귀찮고 까다롭지? 그래서 주격이나 목적격 관계대명사는 that으로 바꿔서 쓸 수 있어. 오호~ 마음에 든다고?

선행사가 사람·동물·사물 인 경우

주격 who = that

He is my friend who helped me before.

He is my friend that helped me before.

그는 이다 내 친구 걔는 도왔다 나를 전에

목적격 who whom 둘 다 가능! 목적격은 생략 가능

I found the boy who / whom my mom met at church.

I found the boy that my mom met at church.

나는 찾았다 그 소년을 걔를 우리 엄마가 만났다 교회에서

주격 which

This is a book which is about flower.

This is a book that is about flower.

이것은 이다 책 그건 이다 관한 꽃에

목적격 which : 목적격은 생략 가능

This is a book which Jenny liked.

This is a book that Jenny liked.

이것은 이다 책 그걸 제니가 좋아했던

단, that만 사용할 수 있는 경우도 있어. 앞 단어(선행사)가 서수이거나 최상급, 수량형용사(some, any, much, little, no, all 등) 느낌이면 that만 사용해야 해.

꼭 that만 쓰는 경우

① 앞 명사(선행사)가 something, anything

You can get anything that is in my room.

넌 가져가도 돼 어떤 것 ~~which~~ 이다 내 방에

② 앞 명사(선행사)가 형용사의 최상급인 경우

Jenny is the best person that I've seen.

제니는 이다 최고의 사람 ~~who~~ 내가 보았던

③ 앞 명사(선행사)에 첫 번째, 두 번째 서수가 나올 경우

It's the first movie that I have made.

그것은 이다 첫 번째 영화 ~~which~~ 내가 만들었던

④ 앞 명사(선행사)에 all, much, little, no가 있을 경우

The candies are all that I can give you.

그 사탕들이 이다 전부 내가 줄 수 있다 너에게

13-5 앞 명사(선행사)를 삼키고 있는 관계대명사 what

관계대명사 what은 아주 독특하고 자주 쓰는 표현이라 주의해서 익혀 보자. 지금까지는 앞 단어(선행사)를 꾸며 주는 형용사절의 대장 역할이었다면(~하는), what은 그 앞 단어를 삼켜서 명사 역할을 동시에 하는 거야(~하는 것). 쉽게 말하자면 what은 the thing which를 하나로 압축했다고 생각하면 편해.

관계대명사 what

That is the thing which Stella said.

That is what Stella said.
저것이 이다 ~ ~는 것 스텔라가 말한

what = the thing which = ~하는 것
관계대명사 (선행사 the thing을 포함)
다른 관계대명사가 선행사를 꾸미는 형용사절이지만

예) I can give you the food which you want.
나는 줄 수 있다 너에게 음식을 너가 원하는

「what = 선행사 + 관계대명사」라서 명사절로 쓰인다. (주어, 보어, 목적어)
(선행사 → 명사)

I can give you what you want.
나는 줄 수 있다 너에게 너가 원하는 것을.
(you: ~에게)

What she said made me angry.
그녀가 말한 것이 만들었다 나를 화나게

This is what I need.
이것이 이다 내가 필요한 것

13-6 관계부사는 또 뭐야? 관계대명사랑 뭐가 다르지?

관계대명사는 선행사를 꾸며 주는 대명사 역할을 하지만, 관계부사는 선행사 뒤에서 부사 역할을 하는 거야. 맨 끝에 전치사가 오면 문장이 어색하다고 느껴서, '전치사+관계대명사'가 관계부사 하나로 압축되는 거야.

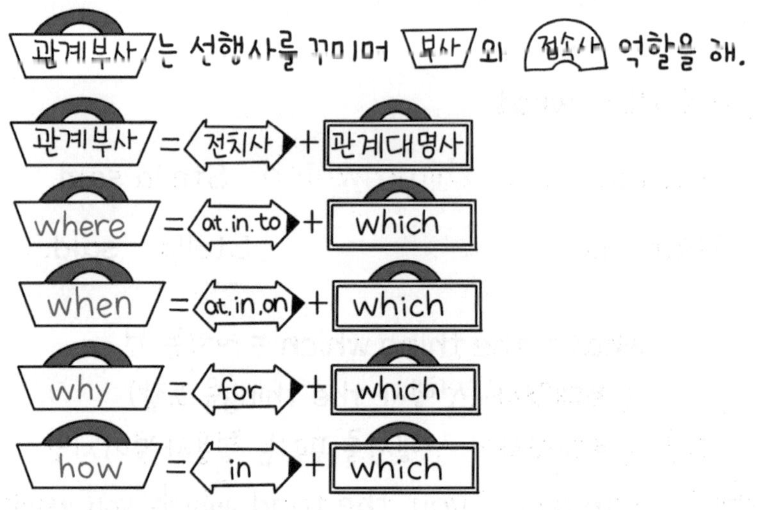

관계부사 는 선행사를 꾸미며 부사 와 접속사 역할을 해.
관계부사 = 전치사 + 관계대명사
where = at.in.to + which
when = at.in.on + which
why = for + which
how = in + which

관계부사를 이해하려면 다음 문장이 틀렸다는 걸 알아차려야 해.

완벽해 보인다고? 아니야.

This is the house which I met her. (×)

뭐가 틀렸을까? 선행사 the house가 뒷 문장에서 달라붙을 만한 자리가 없다는 거야. 관계대명사가 이끄는 문장 안에 선행사(명사)가 들어갈 공간이 비어 있어야 하는데 I met her가 온전한 문장이잖아. the house를 넣으려면 어디에 들어가야 하니? I met her in the house. 아하! in이 필요한 문장이었던 거야.

This is the house which I met her in. (○)

그런데 in으로 끝나니 뭔가 어색하지? 그래서 in을 관계대명사 앞으로 당겨오는 거지.

This is the house in which I met her. (○)

하지만 전치사를 안 쓰고 더 편하게 쓰고 싶어서 관계부사라는 습관이 생긴 거야.

This is the house where I met her. (○)

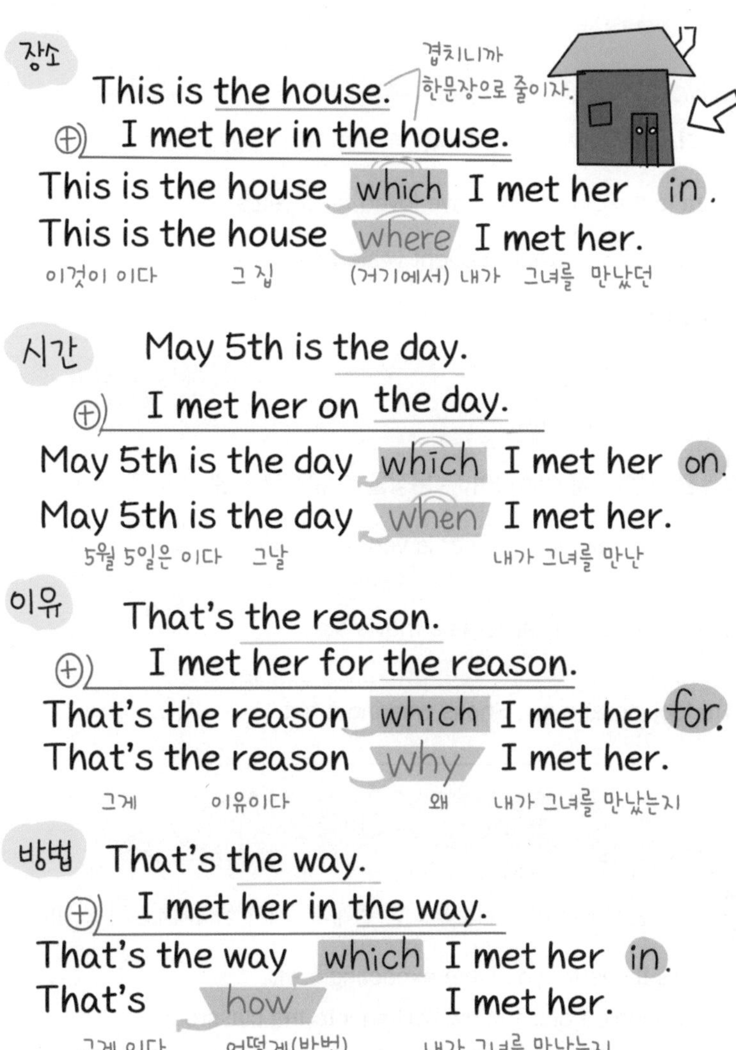

장소
This is the house.
겹치니까 한문장으로 줄이자.
⊕ I met her in the house.
This is the house which I met her in.
This is the house where I met her.
이것이 이다 그 집 (거기에서) 내가 그녀를 만났던
시간
May 5th is the day.
⊕ I met her on the day.
May 5th is the day which I met her on.
May 5th is the day when I met her.
5월 5일은 이다 그날 내가 그녀를 만난
이유
That's the reason.
⊕ I met her for the reason.
That's the reason which I met her for.
That's the reason why I met her.
그게 이유이다 왜 내가 그녀를 만났는지
방법
That's the way.
⊕ I met her in the way.
That's the way which I met her in.
That's how I met her.
그게 이다 어떻게(방법) 내가 그녀를 만났는지
*the way와 how는 동시에 쓰지 않아.

QUIZ QUIZ

1 다음 괄호 안에서 알맞은 것을 고르시오.

① Is that the boy (who / which) borrowed your pencil?
② That cat (who / that) you found belongs to Claire.
③ I know the girl (who / whose) hair is very long.

2 다음 문장에서 어법상 어색한 부분을 찾아 바르게 고치시오.

① Sara is the girl which I have loved for 3 years.
② It is the phone what I bought yesterday.
③ That's which I wanted.

3 관계대명사를 이용하여 두 문장을 한 문장으로 완성하시오. (that은 제외)

① He has a new car. The car is very expensive.
⇨ ________________________________
② I know a boy. His sister is a movie star.
⇨ ________________________________
③ I'm looking at a girl. She is wearing a hat.
⇨ ________________________________

4 다음 문장에서 어느 위치에 어떤 관계대명사가 생략되었는지 쓰시오.

① Is this the letter you were expecting?
② Two people I didn't know walked into the classroom.
③ This is the T-shirt I bought on Friday.

QUIZ 정답

1

정답: who, that, whose

① 선행사가 사람이니까 who
② 선행사가 사람이 아니니까(사물, 동물) which 또는 that이다. that
③ 선행사 the girl과 hair가 소유의 관계이므로 소유격 whose

2

① which → who (선행사가 사람이므로)
② what은 선행사를 포함한 개념인데 선행사 the phone이 있으므로 맞지 않고 사물이므로 what → which
③ which 앞에 선행사가 없다. what은 선행사를 포함하는 개념이므로 which → what (저게 내가 원하는 거야.)

3

정답: ① He has a new car which is very expensive.
정답: ② I know a boy whose sister is a movie star.
정답: ③ I'm looking at a girl who is wearing a hat.

4

① letter와 you 사이 which 또는 that
② people과 I 사이 who 또는 that
③ T-shirt와 I 사이 which 또는 that

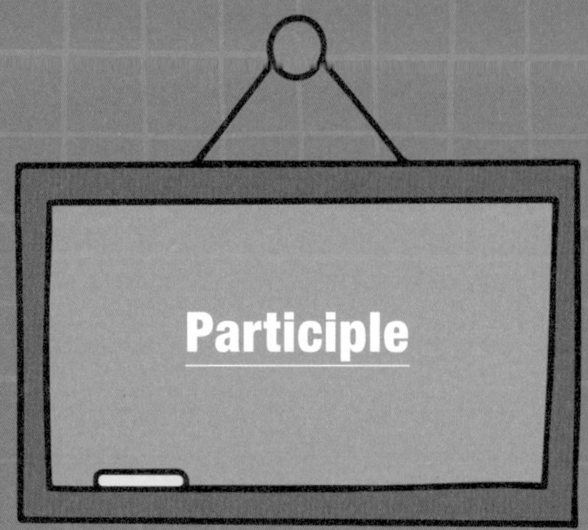
Participle

CHAPTER 14

분사

동사
ing
현재분사

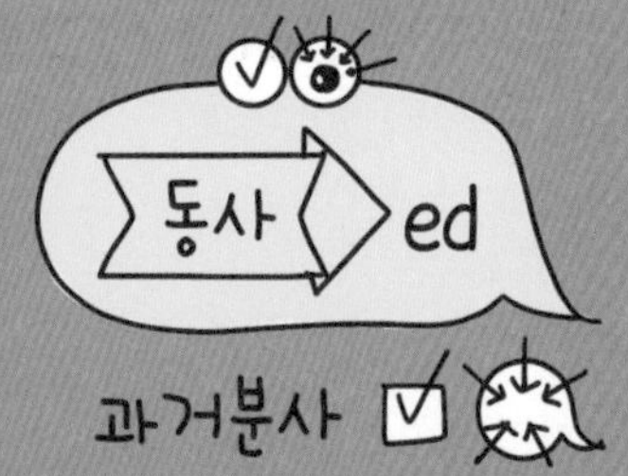
동사
ed
과거분사

14-1 분사는 동사형용사

분사라는 용어는 일본식 한자 표현이야. 'participle'의 'part'를 보고 '나눌 분'을 사용한 건데, 사실 의미랑 전혀 상관이 없어. 분사를 동사형용사라고 불렀다면 훨씬 쉽고 이해가 빨랐을 거야.

동사가 명사가 되고 싶으면 to부정사의 명사적 용법이나 동명사로 바꾼다고 했지? 동사의 형태를 살짝 바꾸어서 형용사 기능을 가지도록 한 걸 분사라고 해. 분사에는 크게 현재분사와 과거분사가 있어.

분사란? 동사

동사의 성격을 가지면서도 형용사 역할을 하는 게 분사야.

즉, 동사형용사라고 생각하자.

- 현재분사 동사ing
- 과거분사 동사ed

14-2 현재분사의 2가지 용법

현재분사는 두 가지 뜻이 있는데 진행의 느낌을 주거나 능동의 느낌(~하게 하는)을 갖고 있어. 동사이면서 형용사인 걸 그래머콘으로 표현했어. 진행 아이콘(빙글빙글 진행 중)과 능동(방향이 밖으로 향하는)의 아이콘도 같이 외워 보자.

현재분사
동사 ing
① 진행 느낌 (~하고 있는)
I saw sleeping cats.
난 보았다 자고 있는 고양이들
Cats were sleeping.
고양이들은 이었다 자고 있는
② 능동 느낌 (~하게 하는)
~함을 주는
(타동사
에너지가 밖으로)
I hate a boring movie.
난 싫어해 지루하게 하는 영화
The movie is boring.
그 영화는 이다 지루하게 하는

14-3 과거분사의 2가지 용법

과거분사도 두 가지 뜻이 있어. 완료의 느낌을 주거나 수동의 느낌(~함을 받은, 당한, ~해진)을 갖고 있지. 동사이면서 형용사인 걸 그래머콘으로 표현했고, 완료 아이콘(체크)과 수동(방향이 안으로 향하는)의 아이콘도 같이 외워 보자.

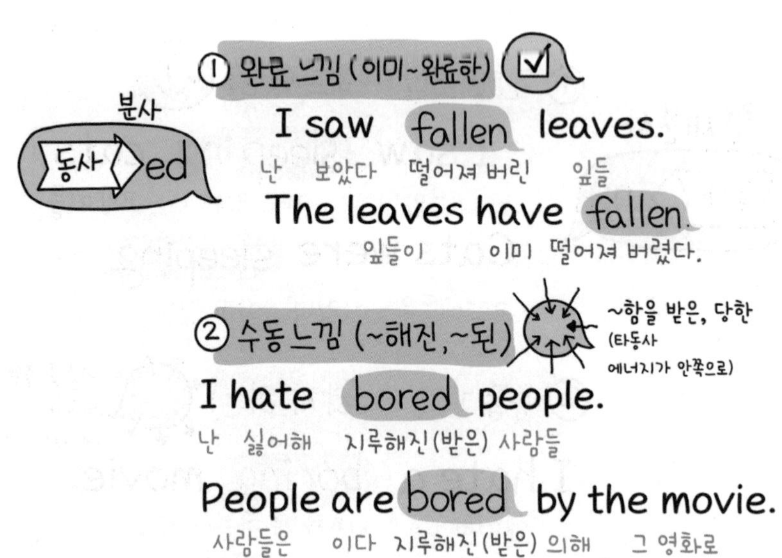
① 완료 느낌 (이미~완료한)
분사
동사 ed
I saw fallen leaves.
난 보았다 떨어져 버린 잎들
The leaves have fallen.
잎들이 이미 떨어져 버렸다.
② 수동 느낌 (~해진, ~된)
~함을 받은, 당한
(타동사
에너지가 안쪽으로)
I hate bored people.
난 싫어해 지루해진(받은) 사람들
People are bored by the movie.
사람들은 이다 지루해진(받은) 의해 그 영화로

14-4 형용사 같은 분사의 역할

형용사는 명사를 꾸미거나(짧으면 앞에서, 길어지면 뒤에서) 보어 자리에 들어가서 설명 보충 역할을 한다고 배웠지? 동사형용사인 분사도 그 역할이 정확히 똑같아.

분사는 동사형용사랬지? 그래서 형용사처럼 쓰여.

형용사는 ① 명사를 꾸미거나 형용사 명사
② 보어에 들어가서 설명해 보어

(1) 명사를 꾸며 주는 분사(동사형용사)

마찬가지로 분사(동사형용사)는 ①, ②로 쓰여.

① 분사가 혼자서 명사를 꾸밀 땐 명사 앞에서!

I saw crying cats.
난 보았다 울고 있는 고양이들

Look at the broken window.
보아라 → 그 깨져 버린 창문을

② 분사가 긴 덩어리로 꾸밀 때는 명사 뒤에서!

The cat crying under the table is mine.
고양이 탁자 아래에서 울고 있는 이다 내 것

(2) 보충 설명해 주는 보어로서의 분사(동사형용사)

① 주인공을 자세히 설명하는 주격 보어

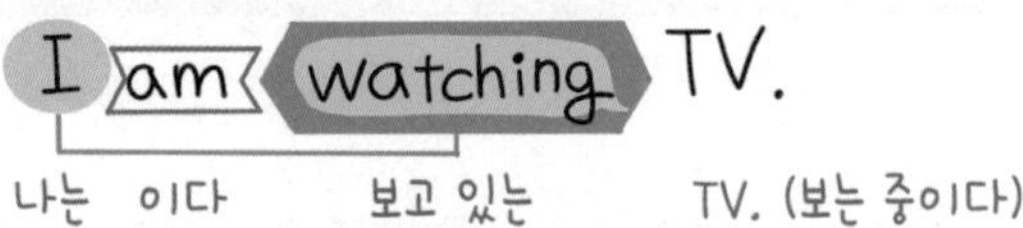
I am watching TV.
나는 이다 보고 있는 TV. (보는 중이다)

② 목적어를 자세히 설명하는 목적격 보어

I saw her cooking in the kitchen.
나는 보았다 그녀를(가) 요리하는 것을 부엌에서

14-5 현재분사와 동명사가 똑같아서 헷갈린다고?

현재분사랑 동명사는 모두 -ing 모양이라 형태는 완전히 같은데, 사용되는 역할이 다를 뿐이야. 실제 사용 속에서 익혀야 해.

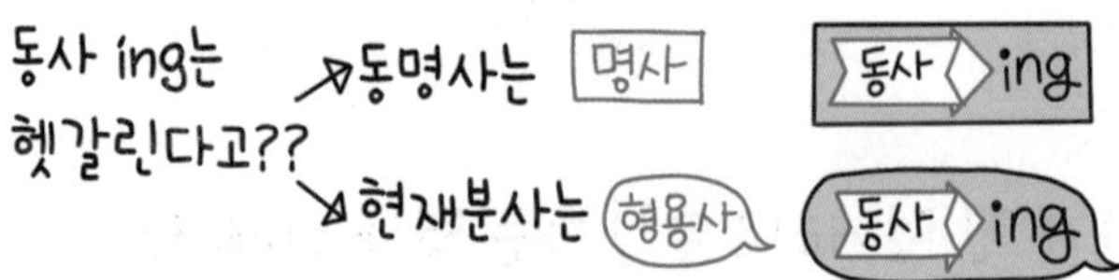
동사 ing는
헷갈린다고??
동명사는 명사
동사 ing
현재분사는 형용사
동사 ing

예 Playing the piano is fun.

피아노 치는 것 (명사)

He is playing the piano.

피아노 치는 중인 (형용사)

14-6 분사구문은 접속사를 생략한 세련된 문장

분사구문은 접속사를 생략한 문장인데 첫 부분이 분사로 시작하기 때문에 분사구문이라고 하는 거야.

앞부분이 종속절이고 뒷부분이 주절(주인)일 때, 접속사가 있는 문장을 더 짧고 세련되게 표현하는 방식이지. 접속사를 날려 버리고, 같은 주어라면 주어도 생략하고, 동사를 현재분사인 ~ing 형태로 표현하는 방식인 거야.

접속사+주어+동사~~, 주어+동사~~~.
>> (접속사+주어+) **동사ing**~~, 주어+동사~~~.

예 난 그에게 화가 났기 때문에, 난 그의 집을 방문했다.
화나서, 난 그의 집을 방문했다.

한국말도 이렇게 표현하듯이, 접속사나 주어는 생략하고 동사를 현재분사 형태로 줄여서 세련되게 말하는 방식이야.

분사구문을 만드는 방법은 다음의 3단계와 같아.

1) 접속사를 생략한다.
2) 종속절의 주어가 주절의 주어와 같다면, 접속사 다음에 오는 주어를 지운다.
3) 양쪽 절의 동사의 시제가 같다면, 동사를 현재분사로 바꾼다(ing 형태).

하지만 여기서 중요한 문제 4가지가 있어. 이를 해결해 보자.

(1) 접속사에 있는 종속절의 주어와 주절의 주어가 다르다면?

헷갈림을 방지하기 위해 생략하면 안 되고 주어를 남겨 줘야 해.

예 Because it was rainy, the floor was slippery.

It being rainy, the floor was slippery.

비가 왔기 때문에 바닥이 미끄러웠다.

(2) 접속사에 있는 종속절의 시제와 주절의 시제가 다르다면?

시제가 중요한 영어 문화권에선 이 시간 차이를 반드시 표현해야 해.

종속절이 주절보다 먼저 일어난 일을 나타내기 위해서는 'having p.p.(현재분사+과거분사가 같이 나옴)'로 표현하면서 시차를 분명히 밝혀 주는 거야.

예 As the T-shirt was bought 5 years ago, it is out of fashion.

Being bought 5 years ago, it is out of fashion. (×) 틀렸어.

Having been bought 5 years ago, it is out of fashion. (○) 시차 표현!

그 티셔츠를 5년 전에 샀기 때문에 그건 유행에 안 맞아.

(3) 접속사에 있는 종속절에 be동사가 너무 자주 나오는데?

being이나 having been은 연결하는 느낌일 뿐이라 자주 생략해서 표현해. 특히 수동태나 진행형이 나오면 분사가 겹치기 때문에 생략해서 사용하는 거야.

예 When he was having dinner, he happened to see her.

저녁을 먹고 있을 때, 그는 그녀를 보게 되었다.

Being having dinner, he happened to see her.

Having dinner, he happened to see her.

(4) 과거분사로 시작하는 분사구문도 있던데? 원칙이 다른 건가?

아니야. 분사구문을 만들 때 동사ing(현재분사)로 표현하는 원칙은 동일해. 본래 문장이 수동태라 being이 생략되고(3번) 겉보기에 과거분사만 보일 뿐이야.

예 Defeated by her, he felt shame.

그녀에게 졌기 때문에 그는 수치스러웠다.

Being defeated by her, he felt shame.

Because he was defeated by her, he felt shame.

분사구문이랑 분사도 달라.

분사로 시작하는 구로 된 절이야. 접속사로 이루어진 절을 줄여서 표현해.

분사구문 레시피(만드는 법): 부사절 길이를 줄여서 세련되게~!

① 접속사 를 뺀다.

② 주절의 주어와 같다면 부사절의 주어를 뺀다. 주어가 다르면? 남겨 둔다.

③ 양쪽 절의 동사시제가 같다면 동사를 동사ing 로 형태로 바꾼다.

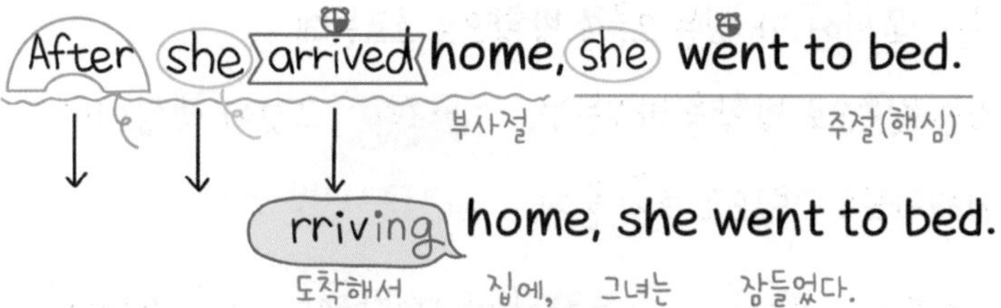
After she arrived home, she went to bed.
부사절
주절(핵심)
rriving home, she went to bed.
도착해서 집에, 그녀는 잠들었다.

④ 양쪽 절의 동사시제가 차이 나면(시차) 그 시간 차이의 느낌을 살려 주기 위해 동사를 having 동사P.P.로 바꾼다.

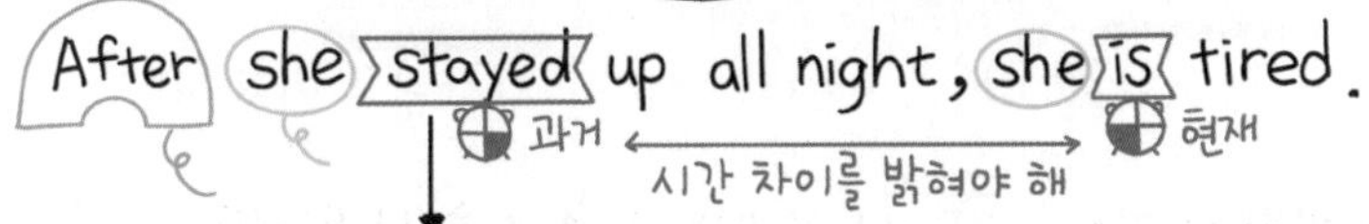
After she stayed up all night, she is tired.
과거
현재
시간 차이를 밝혀야 해

Staying (X): 지금 깨어 있어서 지금 피곤하다.

Having stayed up all night, she is tired.

밤새 깨어 있었기 때문에 그녀는 피곤하다(지금)

14-7 타동사의 방향이 바뀌는 수동태

(1) 화살표인 타동사여야 수동태 개념이 가능해.

수동태를 그냥 외우면서 공부하는데, 잘 생각해 보면 동사에는 자동사와 타동사가 있잖아. 그중 타동사만 오른쪽으로 향하는 화살표(벡터 느낌)이기 때문에 방향성이 있는 타동사만 수동태가 가능해. 즉, 3형식 이상이여야 하고, 자동사는 방향이 없기 때문에 능동태(원래 방향)나 수동태(뒤집어진 방향)가 아예 불가능해.

수동태의 핵심은 (타동사의) 방향이야.
수동태는 영어식 사고방식을 깨달아야 해.
타동사 가 오른쪽을 향하는 화살표라고 했지? 즉, 방향이 있는 거야.
타동사 는 목적어 가 있는 오른쪽 방향으로 흐르는데
주어 가 있는 왼쪽으로 방향을 바꾸는것. 타동사 (과거분사(방향 바뀜)) 그것이 핵심이야.
한눈에 이해하도록 그림으로 보여 줄게.

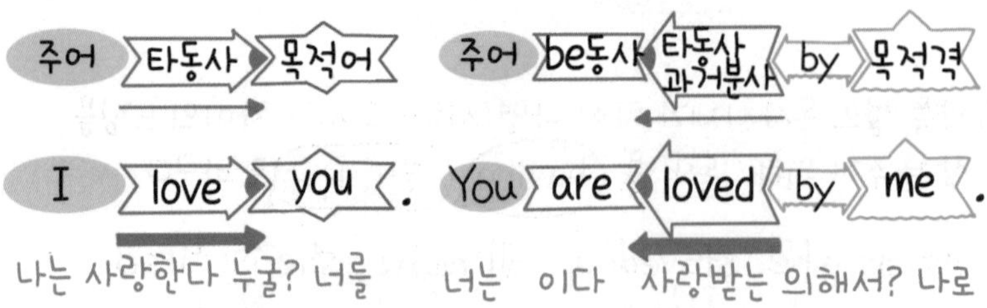

주어
타동사
목적어
주어
be동사
타동사
과거분사
by
목적격
I
love
you
.
You
are
loved
by
me
.
나는 사랑한다 누굴? 너를
너는 이다 사랑받는 의해서? 나로

그래서 방향이 있는 타동사 가 있는 3, 4, 5 형식 문장만
수동태가 가능하고 자동사 문장은 불가능해.
핵심은 방향이 뒤집어지는 것이라는 느낌을 잡고 시작하자.

(2) 과거분사의 수동 개념이 수동태에 쭉 이어지는 거야.

수동태를 무조건 외울 게 아니라, 과거분사를 먼저 이해하면 그냥 '아하~' 하고 알 수 있어. 과거분사는 완료의 느낌(다 했다)과 수동의 느낌(~함을 받은, 당한, ~해진)을 갖고 있다고 한 거 기억하니?

분사
동사 ed
① 완료 느낌(이미~완료한)
I saw fallen leaves.
난 보았다 떨어져 버린 잎들
The leaves have fallen.
잎들이 이미 떨어져 버렸다
② 수동 느낌(!해진, ~된)
방향 반대로!
I hate bored people.
난 싫어해 지루해진(받은) 사람들
People are bored by the movie.
사람들은 이다 지루해진(받은)의해 그 영화로

그중에 두 번째 수동 느낌의 과거분사를 이용한 것이 바로 수동태야. 사실 과거분사를 이해하면 수동태라는 용어를 따로 외울 필요도 없어.

예 He is loved by everyone. 그는 모든 이에게 사랑받았다.

그는/ 상태이다/ 사랑을 받는/ 누구에 의해?/ 모든 사람

이렇게 be동사는 '~상태이다'라고 서술하고, 'loved 사랑을 받은(당한)'이라는 과거분사(동사형용사)가 보충 설명하는 구조가 전부인 거야. 뒷 부분인 by~는 자주 생략하기도 해. 중요한 건 타동사가 등장하는 문장을 수동태로 바꿔 줄 수 있다는 거지.

예 Everyone loves him. 모든 사람이 그를 사랑한다.

He is loved by everyone. 그는 모든 사람에게 사랑받았다.

이렇게 전환을 자유롭게 할 수 있으면 되는 거야. 그럼 3, 4, 5형식으로 쓰면 되지 대체 왜 수동태가 있는 거냐고? 주어가 되는 부분을 강조하고 스포트라이트를 비춰 주기 위해서야.

자, 그럼 수동태 만드는 방법을 배워 보자.

목적어를 주어 자리에 당겨 오고, 'be동사(~상태이다)+과거분사(수동 느낌이라 왼쪽으로 향하는 방향)'로 쓰면 돼. 원래 문장의 주어는 by 뒤에 붙여야 하는데, by가 전치사이기 때문에 전치사 다음엔 목적격(오각형별)이라 꼭 목적격으로 바꾸어서 써 줘야 해.

예 She ate the cookies alone. 그녀는 쿠키들을 혼자 먹었다.

The cookies were eaten alone by she. (×)

The cookies were eaten alone by her. (○) 전치사+전치사의 목적어(목적격)

그 쿠키들은 그녀에 의해서 먹어졌다.

수동태(the passive) 문장 만드는 법

3형식 문장 기차 기억나지?

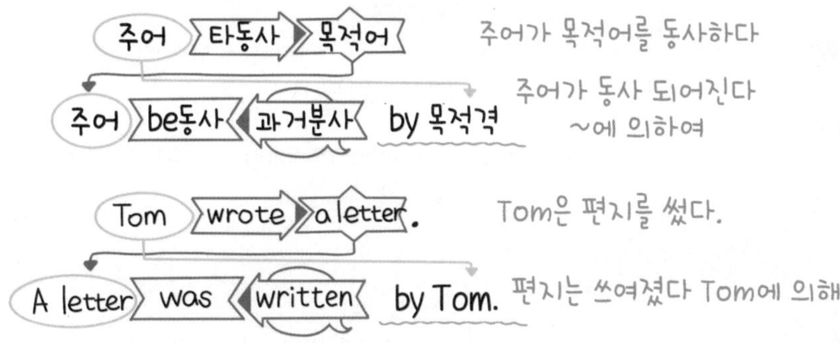
주어
타동사
목적어
주어가 목적어를 동사하다
주어
be동사
과거분사
by 목적격
주어가 동사 되어진다
~에 의하여
Tom
wrote
a letter.
Tom은 편지를 썼다.
A letter
was
written
by Tom.
편지는 쓰여졌다 Tom에 의해

①원래 문장의 목적어를 주어로 가지고 와서 넣는다.

②원래 문장의 동사를 be동사 과거분사 로 바꾼다. 끝!

③원래 문장의 주어를 문장 맨 뒤에다
by 목적격으로 바꾸어 넣는다.

이건 안 써도 되는 옵션이다.

핵심은 ①과 ②가 수동태라는 것이다.

*현재형이면 be동사 am are is 과거형이면 be동사 was were

즉, 수동태의 시(개)누를
be동사가 짊어지는 거야. be동사+과거분사

QUIZ QUIZ

1 다음 중 동사의 현재분사형이 잘못된 것은?

① eat–eating ② run–running ③ dance–dancing ④ die–dieing

2 다음 우리말과 일치하도록 괄호 안에서 알맞은 것을 고르시오.

① 떨어지는 잎
= a (falling / fallen) leaf

② 잃어버린 시계
= a (losing / lost) watch

③ 찢어진 드레스
= a (tearing / torn) dress

④ 구운 감자
= (baking / baked) potatoes

3 나머지 셋과 성격이 다른 것은?

① He's reading a book.
② I like singing.
③ Many girls are cooking.
④ She saw a running man.

4 다음 문장을 분사구문으로 바꿔 쓰시오.

① When I arrived there, I saw him dancing on the stage.
⇨ ______________________________

② After he had failed the test, he didn't want to try again.
⇨ ______________________________

QUIZ 정답

1

정답: ④

4번 ie로 끝나면 ie를 y로 바꾸고 ing을 붙인다. dying

2

① falling 떨어지고 있는

② torn (타인으로부터) 찢어진: dress가 무엇을 찢는 게 아니기 때문

③ lost (누군가가) 잃어버린: watch 시계가 스스로 잃어버린 게 아니라 누군가 잃어버렸기 때문

④ baked (누군가가) 구운: potatoes 감자가 스스로 구운 게 아니라 사람이 구웠기 때문

3

정답: ②

ing 모양이지만 현재분사일 수도 있고 동명사일 수도 있다. 문맥에서 동명사로 쓰인 것은 2번 뿐이다.

① 그는 책을 읽는 중이다 (읽는 중) ② 나는 노래하는 것을 좋아한다 (노래하는 것)
③ 많은 소녀들은 요리하고 있다. (요리하는 중) ④ 그녀는 달리는 남자를 보았다. (달리는 중)

4

분사구문을 만들 때는 우선 접속사를 떼어 버리고, 주어가 같으면 주어도 떼어 버리고, 시제가 같으면 ing로 바꾸고 시제가 다르면 having p.p.로 표현한다.

① 주어가 같고, 시제도 같기 때문에

Arriving there, I saw him dancing on the stage.

② 주어가 같고, 시제는 다르기 때문에 (과거완료 / 과거)

Having failed the test, he didn't want to try again.

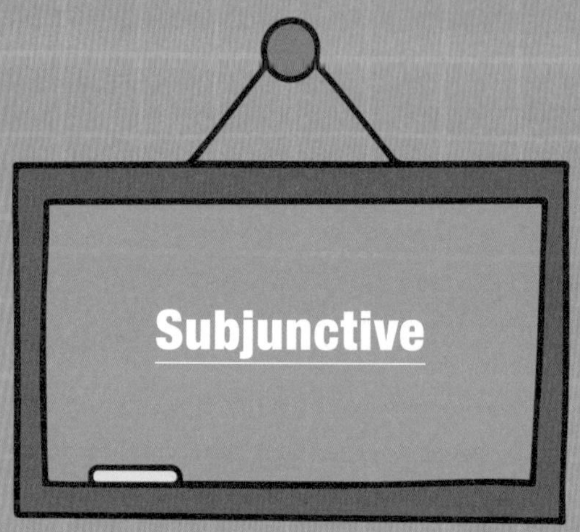
Subjunctive

CHAPTER 15

가정법

만약, 가능성↓

과거
완료
현재
과거

15-1 가능성의 여부를 섬세하게 표현하는 사고방식

가정법은 한국인이 제일 어려워하는 문법이라서 이해도 안 되고 머리를 쥐어뜯기 쉬워. 가정법을 달달 외우기 전에 우리는 영어권 사고방식을 이해해야 해. 영어권 사람들은 해상 무역, 장사하던 사고방식이라 개수에 예민하다고 했지? 동사를 사용할 때 시제, 개수, 누구를 생각하며 표시를 하잖아.

가정법

영어식 사고방식에서는 시제 개수 누구에 예민하댔지?
자, 하나 더 사실 가능성을 섬세하게 나타내기 위해 시제로 표현하는 게 바로 가정법이야.
시제를 tense라고 하지?

0% 100%

그런데 '만약~~'이라는 생각에서 그게 현실에서 가능한 생각인지, 현실과 동떨어진 가능성이 거의 없는 생각인지를 정확하게 구분하는 섬세함이 있어. 왜일까? 만약 사업을 하고 있는데 상대방이 "내 배가 이번 달에 들어오면 너에게 1억을 줄게."라고 말할 경우, 가능성의 여부는 너무 중요하기 때문이야. 상대방이 실제 1억을 줄 거라는 느낌과, 아니면 '배가 폭풍우를 만나 들어올 가능성은 없는데 내 배가 이번 달에 들어오면 너에게 1억을 줄 텐데….'라며 말 그대로 '가정'을 해 본 느낌일 경우는 전혀 다른 거야.

원어민의 사고방식으로 이러한 가능성을 구체적으로 드러내 주기 위해 역시나 동사의 시제를 사용해. 신기하지? 가능성과 시제가 무슨 상관이냐고?

그 이유는 현재형 시제가 늘 변함없는 느낌, 항상 그러한 느낌을 주기 때문이야. 현재(가능성 99%)와 거리감을 주기 위해 현재의 일이라도 과거시제로 꺾어 주는 거야.

한 단계 시제를 내려 줌으로써 가능성에서 멀어진 거리감, 가능성이 거의 없다는 걸 표현하는 거지. 지금 로또에 당첨된다면 페라리를 살 거야. 가능성이 1%도 안 되겠지? 그러면 그걸 현재형이지만 과거형으로 내려서 가능성이 거의 없다는 걸 분명히 밝혀 주는 거지. 현재형이라면 변함없는 사실과 같은 팽팽한 긴장감인데, 일부러 과거형을 써서 사실로부터 거리가 멀고 가능성이 없다는 느낌을 동사의 시제를 이용해 표현하는 것이랄까?

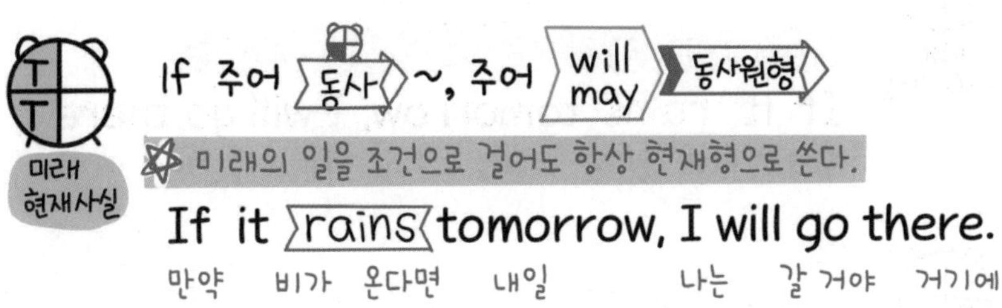
T
T
미래
현재사실
If 주어 동사 ~, 주어 will may 동사원형
미래의 일을 조건으로 걸어도 항상 현재형으로 쓴다.
If it rains tomorrow, I will go there.
만약 비가 온다면 내일 나는 갈 거야 거기에

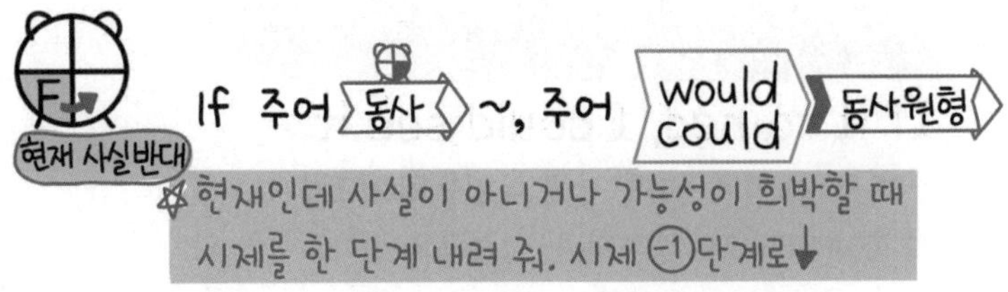
F
현재 사실반대
If 주어 동사 ~, 주어 would could 동사원형
현재인데 사실이 아니거나 가능성이 희박할 때
시제를 한 단계 내려 줘. 시제 -1 단계로
If it rained, I could see it.
만약 (지금) 비가 온다면 난 볼 수 있을 텐데 그걸
(즉 현재 비가 오지 않아서, 난 그걸 볼 수 없다)

15-2 현재인데 가능성이 없는 경우

If I won the lottery, I would buy a Ferrari.

내가 복권에 당첨되면(현재미래+가능성 0.1%), 페라리를 살 거야.

If I were you, I wouldn't do that.

내가 너라면(현재+가능성 0%), 난 그런 거 안할 텐데.

미래
현재사실

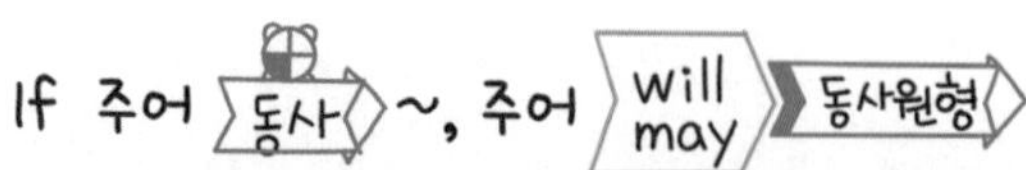

If 주어 동사 ~, 주어 will may 동사원형

✡ 미래의 일을 조건으로 걸어도 항상 현재형으로 쓴다.

If it rains tomorrow, I will go there.

만약 비가 온다면 내일 나는 갈 거야 거기에

현재 사실반대

If 주어 동사 ~, 주어 would could 동사원형

✡ 현재인데 사실이 아니거나 가능성이 희박할 때 시제를 한 단계 내려 줘. 시제 -1단계로↓

If it rained, I could see it.

만약 (지금) 비가 온다면 난 볼 수 있을 텐데 그걸

(즉 현재 비가 오지 않아서, 난 그걸 볼 수 없다)

If 주어 had p.p. ~, 주어 would could have p.p.~

과거 사실반대 ✡ 과거인데 사실이 아니거나 가능성이 거의 없으면 시제를 한 단계 내려 줘. 시제 -1단계로↓ 과거완료

If it had rained, I could have seen it.

만약 (그때) 비가 왔었다면 난 볼 수 있었을 텐데 그걸.

(과거에 비가 오지 않았기 때문에 난 그걸 볼 수 없었다.)

만약 기준이 과거형이면 다시 한 단계 시제를 꺾어서 대과거(과거완료)로 표현함으로서 가능성이 거의 없다고 표현을 해.

15-3 과거인데 가능성이 없는 경우

If I had been you, I wouldn't have done that.

내가 너였더라면(과거+가능성 0%), 난 그런 거 안했을 텐데.

If I had had enough money in 2016, I would have bought a house.

내가 2016년에 충분한 돈이 있었다면(과거+가능성 0%), 난 집을 샀을 텐데.

가정법의 핵심은, 원어민의 사고방식이 이렇게 사실 가능성 여부에 매우 예민하고, 그것을 동사의 시제를 한 단계 내려 주는 방식으로 상대방에게 정확히 표현한다는 거야. 주절에서는 가능 조동사가 등장하기 때문에 조동사가 시제를 뒤집어쓰는 거지. (would가 과거, 과거완료 시제를 짊어짐)

시제+가능성	If~~만약 ~라면	핵심 문장(주절) -일 것이다
진리, 사실(100%)	현재	현재동사
미래(가능성 있음 50%↑)	현재	will(may)등+동사원형
현재(가능성 있음 50%↑)	현재	will(may)등+동사원형
현재(가능성 없음 1%)	과거(일부러 -1시제 꺾음)	would(might) 등+동사원형
과거 (가능성 없음 1%)	과거완료(일부러 -1시제 꺾음) had p.p.	would(might) 등+have p.p. had가 have로 동사원형이 되어야 한다.

*** 가정법만 정리해 볼게 (가능성이 거의 없는 경우: -1시제)**

실제 시간	가능성	가정법 표현(-1)	If 주어	동사	주어 would (will 과거형)	동사 (조동사 다음은 동사원형이라서)
현재	1% 가능성 적음	과거	If 주어	과거	주어 would	동사 원형
과거	1% 가능성 적음	과거 완료	If 주어	had 과거분사	주어 would	have 과거분사

15-4 세상에서 제일 쉬운 가정법 비유

가정법의 이해를 돕기 위해서 음... 집을 그려 볼게.

가능성이 거의 없으니 내려가자 한 층 아래로

1층 현재
지하1층 과거
지하2층 과거완료 (대과거)

시제는 현재인데 가능성이 없으면 -1층으로 내려가서 과거로 표현하기(지하 1층)

시제는 과거인데 가능성이 없으면 -1층으로 내려가서 과거완료로 표현하기(지하 2층)

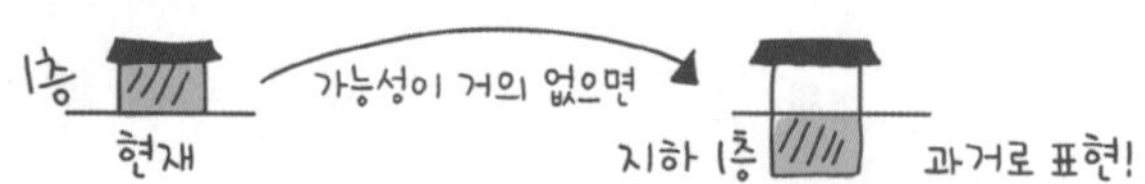

1층
현재
가능성이 거의 없으면
지하 1층
과거로 표현!

현재 내가 너라면, 난 집에 갈텐데.(현재, 나 ≠ 너 가능성 0%)

If I were you, I would go home.

were: 과거 / would: 과거 / go: 조동사 다음엔 동사원형!

*가정법에서 be동사는 ~~was~~ 'were'만 쓴다.

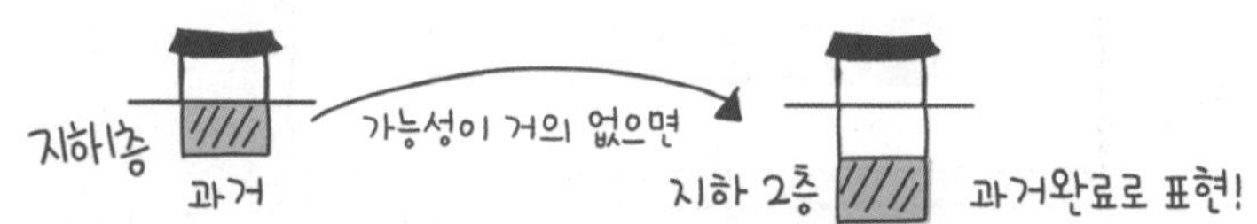
지하1층
과거
가능성이 거의 없으면
지하 2층
과거완료로 표현!

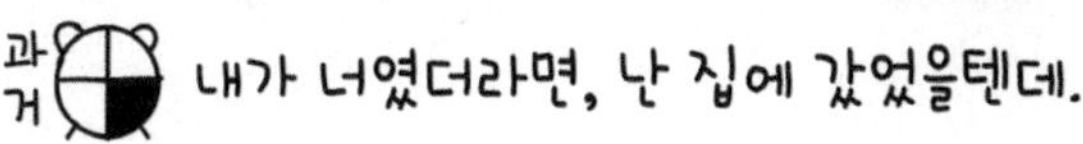
과거

내가 너였더라면, 난 집에 갔었을텐데.(과거, 가능성 0%)

If I had been you, I would have gone home.

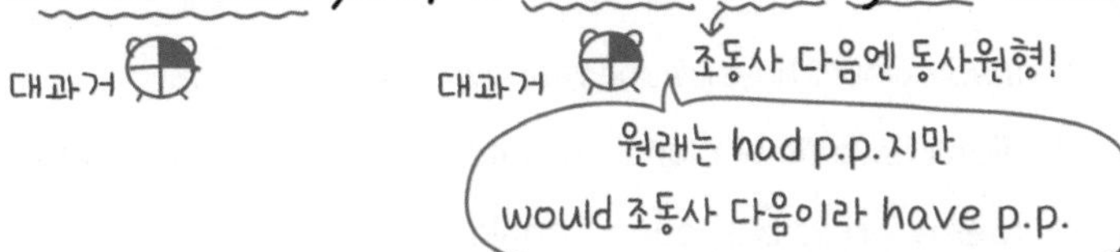
대과거
대과거
조동사 다음엔 동사원형!
원래는 had p.p.지만
would 조동사 다음이라 have p.p.

"유튜브
<그래머콘>에서
자세한 설명을 들으세요."

QUIZ QUIZ

1 다음 괄호 안에서 알맞은 것을 고르시오.

① If I (had / would have) much money, I could buy a car.

② If I didn't have other plans, I (went / could go) shopping with you.

③ If I (were / would be) young, I could enjoy this party.

2 다음 문장을 가정법 문장으로 바꾸어 쓰시오.

① As I am not old enough, I cannot go abroad alone.

⇨ If ______________________________, I could go abroad alone.

② As I didn't know your address, I couldn't visit you.

⇨ ______________________________, I could have visited you.

3 다음 괄호 안에서 알맞은 것을 고르시오.

① If my mother liked animals, I (could / can) own a dog.

② If She (answered / answers) my phone, I could apologize to her.

③ If I (finished / finish) my work, I will go out to play baseball.

4 다음 중 빈칸에 들어갈 말로 알맞은 것은?

If I had missed the bus, I ____________________ late for school.

① would be ② will be ③ would have been ④ would had been

QUIZ 정답

1

정답: had, could go, were

① 만약, 가능성이 낮으면 → 현재이더라도 한 단계 시제를 내려가서 과거로 표현한다. (내가 지금 돈이 많다면, 차를 살 텐데.) had

② if절이 과거형이고 주절에서는 조동사가 나와야 하니 could go이다. (내가 다른 계획이 없다면, 너랑 쇼핑을 갈 텐데.)

③ if 가정법에서 be동사는 was가 아니라, were를 쓴다. [내가 젊다면(불가능), 난 이 파티를 즐길 텐데.]

2

① If I were old enough (내가 나이가 되었다면 혼자 해외로 갈 텐데.) 현재에 가능성이 낮은 경우라서 과거로 한 단계 내려서 표현하는 것이다.

② If I had known your address (내가 너의 주소를 알았더라면, 너를 방문했었을 텐데.) 과거에 가능성이 낮은 경우라서 과거완료로 한 단계 더 내려서 표현한 것이다.

3

정답: could, answered, finish

① 현재지만 가능성이 없기 때문에 과거로 내려서 표현한 것이다. 조동사도 과거로 내려가니까 could이다. (우리 엄마가 동물을 좋아한다면 나는 강아지를 가질 수 있을 텐데.)

② 현재지만 가능성이 없기 때문에 과거로 내려서 표현한다. (그녀가 내 전화에 답한다면 난 그녀에게 사과할 수 있을 텐데.)

③ 주절이 미래형이므로, if절은 일반 if 문장(조건문)이다. 또 주의할 점은 일반 if 문장이 만약이란 뜻의 부사절이면 미래 시제를 현재로 표현한다는 것이다. 특히 주어가 3인칭 단수인 he였다면 finishes로 표현해야 한다. (숙제를 끝내면 난 야구를 하러 나갈 수 있다.)

4

정답: ③

과거형인데 반대로 생각한 것이기 때문에, 과거완료로 표현한다.

If ~ had p.p., ~ would(시제) have(조동사 뒤라서 동사원형) p.p.(과거분사)

(내가 버스를 놓쳤다면, 난 학교에 지각했을 것이다.)

영문법 비주얼 아이콘, 그래머콘

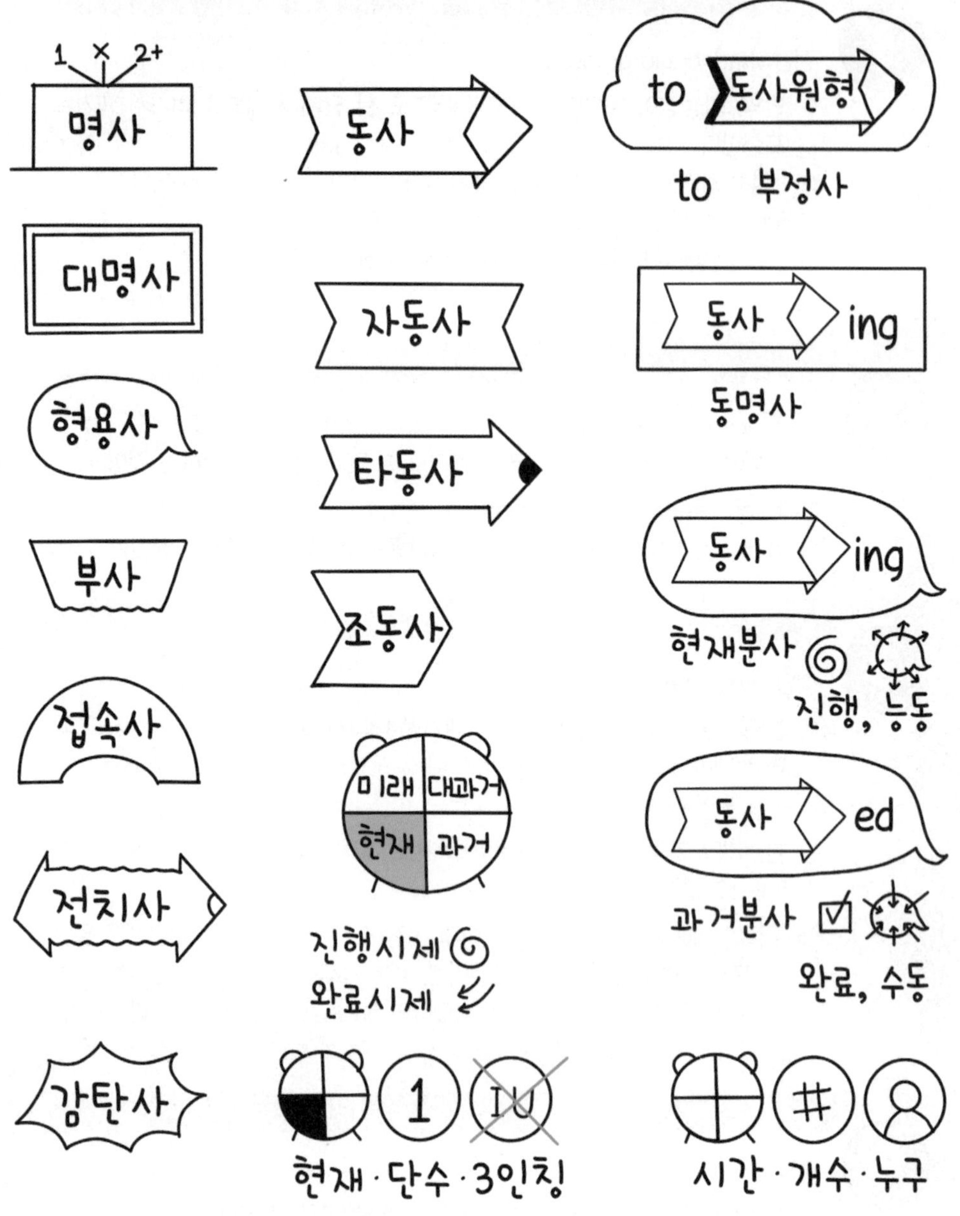

1
×
2+
명사
동사
to 동사원형
to 부정사
대명사
자동사
동사 ing
동명사
형용사
타동사
부사
조동사
동사 ing
현재분사
진행, 능동
접속사
미래
대과거
현재
과거
동사 ed
전치사
진행시제
완료시제
과거분사
완료, 수동
감탄사
1
IU
현재 · 단수 · 3인칭
#
시간 · 개수 · 누구

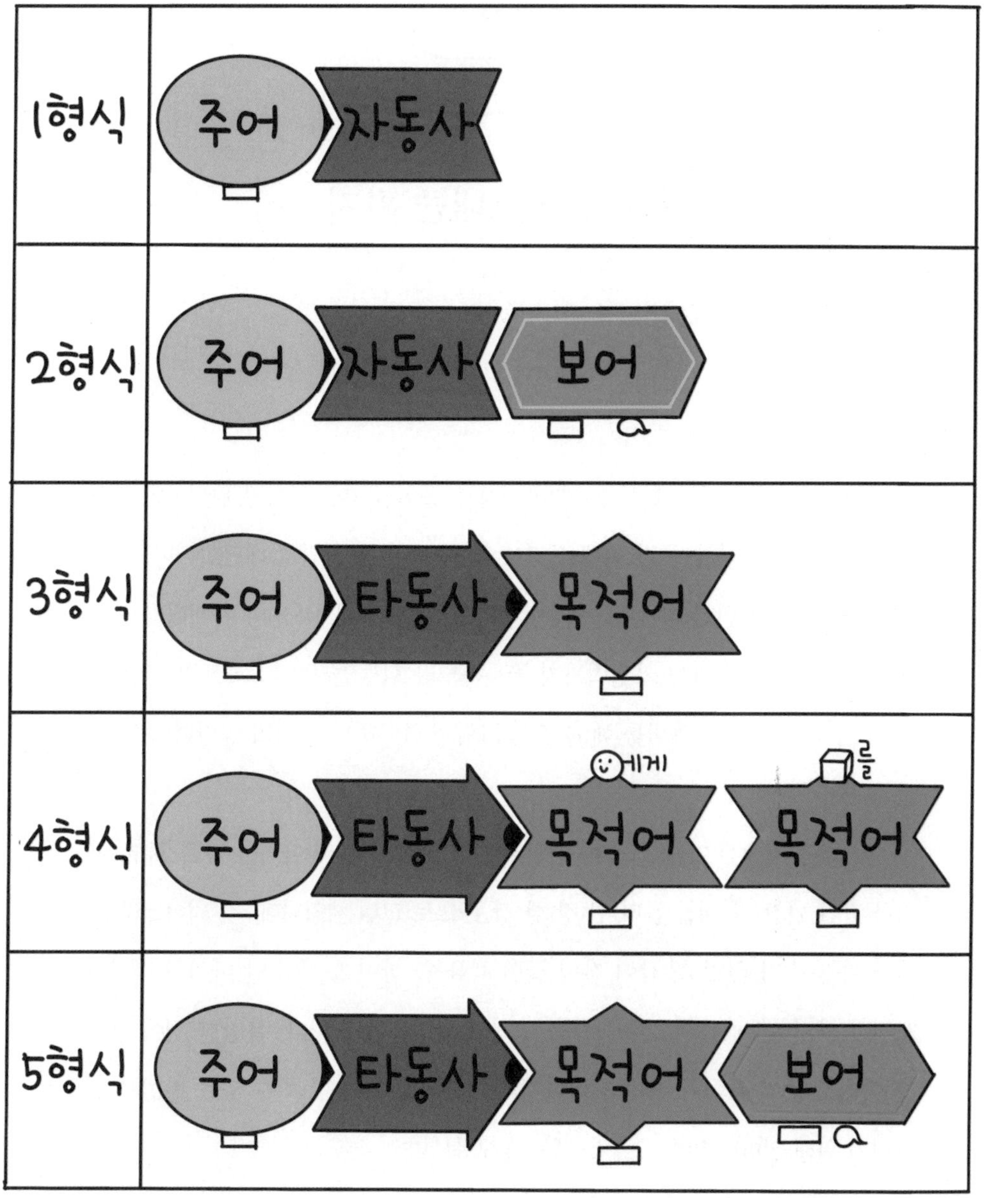

1형식	주어 자동사
2형식	주어 자동사 보어
3형식	주어 타동사 목적어
4형식	주어 타동사 목적어(에게) 목적어(를)
5형식	주어 타동사 목적어 보어

에필로그

독자에게 보내는 편지

독자 여러분 안녕하세요. 이 책의 저자 한송이입니다. 영어권 원어민의 언어 규칙을 익히며 이해하는 긴 여행을 같이 해 주어서 참 고맙고 대단합니다. 특히 후반부의 동사의 변신 이야기(to부정사, 동명사, 현재분사, 과거분사)와 관계대명사 및 한국인들이 헷갈려 하는 가정법까지 공부하느라 힘들었지요? 그래도 딱딱한 책이 아닌, 직접 옆에서 과외를 해 주듯이 그림을 하나하나 그리며 설명해 주고 싶었답니다.

이 책은 저에겐 아주 소중한 책입니다. 미국에서 셋째 아기를 낳은 직후, 아기가 잠깐 낮잠 잘 때를 틈타 한 장 한 장 손으로 그린 책입니다. 젖 먹이느라 커피도 마실 수가 없었고, 같이 잠이 들면 책을 쓸 짬이 도저히 안 나서 허벅지를 꼬집어 가며 A4에 볼펜으로 그림을 그리고 설명을 썼습니다. 복잡한 영어 구조를 어려운 문법 용어가 아니라 이미지로 퍼즐처럼 끼워 맞출 수 있는 방법을 고안하기 위해 얼마나 많이 수정을 했는지 모릅니다.

한국에 돌아와 서정 초등학교에 근무하면서, A4에 볼펜으로 그렸던 그림들을 다시 아이패드에 옮겨 그리는 것도 매우 힘들었습니다. 200개가 넘는 그림이라 손으로 그려야 할 분량이 너무 많았고 손목이 아파서 정형외과에 가서 치료를 받기도 했습니다.

이 책은 저희 아들 덕분에(?) 급작스레 쓰게 되었습니다. 저희 아들이 1학년 때 갑자기 미국에 가게 되어 영어의 실수를 조금씩 고쳐 주려고 설명을 시작했는데, 문법 용어 자체가 너무 어려워서 안타까웠습니다. 아들에게 영어를 가르치다가 속이 터져서 직접 만든 이미지로 알려 주었습니다. 또 요즘 영어를 유치원 때부터 배우는 학생들은 많아졌지만 아이들의 눈높이에 맞추어 가르쳐 주는 영어 문법책은 없다는 사실이 참 안타까웠습니다. 초등학교 저학년도 알기 쉽도록 일본식 한자 표현으로 된 용어가 아니라, 직관적인 그림 이미지를 통해 엄마가 아이에게 말하듯 설명해 주는 책을 쓰게 되었습니다.

이미지 자체로 영어 문법이 느껴질 수 있도록 제작하였고, 손 그림 및 아이패드로 직접 그린 아이콘 그림들 200여 개를 통해서 문법을 쉽고 재미있게 접근할 수 있도록 하였습니다.

요즘 초등학생들의 영어 수준은 천차만별이라, ABC를 외우는 수준에서 해리포터 원서를 읽고 토플까지 공부하는 등 다양한 스펙트럼을 보입니다. 영어 시작 시점이 낮아지고 있는 상황에서, 원서를 읽는 아이들도 그저 원서만 읽는 것이 아니라 문법이 기본 뼈대가 되어야 정확한 writing과 reading 및 speaking이 가능합니다. 아이들의 수요와 눈높이에 맞도록 재미있게 다가가는 영문법 책이 꼭 필요하다고 생각했습니다.

비주얼 아이콘을 사용하고 있는 책은 없습니다. 이 책에는 누구나 그림을 보면서 문법이 이해되는 개념이 담겨 있습니다. 직관적이며 재밌는 책으로 만들고 싶었습니다. 아이콘 그림으로 자연스럽게 영문법의 이해와 연결될 수 있도록 접합점을 만들고 싶었습니다.

'어려운 용어가 아니라 그림을 보고 바로 직관적으로 이해가 될 수 있어야 한다. 또 가로로 긴 단어를 통째로 포함하려면 아이콘 도형은 반드시 가로가 길어야 한다.' 특히, 초·중·고 학생들이 영어 공부를 할 때 실제 책이나 문제집 위에 손 그림으로 품사나 문장 형식을 그려 볼 수 있는 아이콘(그래머콘)을 제작하기 위해 진심으로 고민했습니다. 그래야 학생 스스로 직접 문상 위에 그려 보면서 이해할 수 있기 때문입니다.

'어떤 도형과 색으로 설명을 해야 유치원생, 초등학생들도, 영포자인 청소년들이나 어른들도 찰떡같이 알아듣게 할 수 있을까? 시제는 어떻게 하면 '아하!' 무릎을 칠 만큼 쉽게 이해하게 만들 수 있을까? 기왕이면 주어-동사-목적어가 퍼즐처럼 끼워 맞춰질 수는 없을까?'

2018년 가을에 그리기 시작해서 출판까지 5년 가까이 걸린 이 책이 많은 초·중·고 학생들과 어른들에게 도움이 되면 좋겠다는 소망으로 여기까지 왔습니다. 제가 제작한 비주얼 아이콘, 그래머콘을 이용해서 '와! 이해가 잘 돼!' 엄지척을 외치며 영어 개념을 이해했다는 후기가 있다면 정말 말할 수 없이 기쁠 겁니다. 유치원생부터 초등, 중등생을 넘어 할아버지·할머니까지 그래머콘을 통해 영어식 사고방식을 이해하고 영문법을 쉽고 재밌게 배울 수 있도록 도움을 주는 게 제 소망입니다.

게임을 잘 하려면 규칙을 잘 알아야 하듯이, 영어를 잘 하려면 그 규칙인 영문법을 잘 이해하면서 실제로 최대한 말하고, 듣고, 쓰고, 읽는 과정을 통해야만 발전합니다. 영문법을 그래머콘으로 직관적으로 이해한 후, 문장을 통째로 입술에 붙이고 손끝에 붙이세요. 영어는 언어이기 때문에 머리로 하는 공부가 아니라, 수영이나 골프처럼 몸으로 익히는 체화(體化)가 무엇보다 중요하니까요. 당신을 진심으로 응원합니다!

그리고 책을 쓰는 동안 묵묵히 응원해 준 남편과 사랑하는 세 아이에게 이 책을 바칩니다. 스마트폰 시대에 책을 한 권 사는 것이 큰 결심이고, 책 한 권을 읽는 것이 정말 쉽지 않다는 것을 누구보다 잘 압니다. 참으로 소중한 시간을 내어서 이 책을 읽어 주시는 독자님들께 진심으로 감사드립니다.

한송이

인스타그램 @grammar.con

유튜브 그래머콘 @grammarcon

http://grammarcon.com/

Foreign Copyright:
Joonwon Lee　　Mobile: 82-10-4624-6629
Address: 3F, 127, Yanghwa-ro, Mapo-gu, Seoul, Republic of Korea
3rd Floor
Telephone: 82-2-3142-4151
E-mail: jwlee@cyber.co.kr

비주얼 영문법 그래머콘

2024. 3. 13. 1판 1쇄 인쇄
2024. 3. 20. 1판 1쇄 발행

지은이 | 한솔이
펴낸이 | 이종춘
펴낸곳 | BM ㈜도서출판 성안당
주소 | 04032 서울시 마포구 양화로 127 첨단빌딩 3층(출판기획 R&D 센터)
10881 경기도 파주시 문발로 112 파주 출판 문화도시(제작 및 물류)
전화 | 02) 3142-0036
031) 950-6300
팩스 | 031) 955-0510
등록 | 1973. 2. 1. 제406-2005-000046호
출판사 홈페이지 | www.cyber.co.kr
ISBN | 978-89-315-8753-1 (13740)
정가 | 19,000원

이 책을 만든 사람들
책임 | 최옥현
진행 | 오영미
교정 · 교열 | 이진영, 김은주
본문 · 표지 디자인 | 홍정순
홍보 | 김계향, 유미나, 정단비, 김주승
국제부 | 이선민, 조혜란
마케팅 | 구본철, 차정욱, 오영일, 나진호, 강호묵
마케팅 지원 | 장상범
제작 | 김유석

www.cyber.co.kr
성안당 Web 사이트

■ 도서 A/S 안내

성안당에서 발행하는 모든 도서는 저자와 출판사, 그리고 독자가 함께 만들어 나갑니다.
좋은 책을 펴내기 위해 많은 노력을 기울이고 있습니다. 혹시라도 내용상의 오류나 오탈자 등이 발견되면 **"좋은 책은 나라의 보배"**로서 우리 모두가 함께 만들어 간다는 마음으로 연락주시기 바랍니다. 수정 보완하여 더 나은 책이 되도록 최선을 다하겠습니다.
성안당은 늘 독자 여러분들의 소중한 의견을 기다리고 있습니다. 좋은 의견을 보내주시는 분께는 성안당 쇼핑몰의 포인트(3,000포인트)를 적립해 드립니다.
잘못 만들어진 책이나 부록 등이 파손된 경우에는 교환해 드립니다.